utb 6020

utb.

Eine Arbeitsgemeinschaft der Verlage

Brill | Schöningh – Fink · Paderborn
Brill | Vandenhoeck & Ruprecht · Göttingen – Böhlau · Wien · Köln
Verlag Barbara Budrich · Opladen · Toronto
facultas · Wien
Haupt Verlag · Bern
Verlag Julius Klinkhardt · Bad Heilbrunn
Mohr Siebeck · Tübingen
Narr Francke Attempto Verlag – expert verlag · Tübingen
Psychiatrie Verlag · Köln
Ernst Reinhardt Verlag · München
transcript Verlag · Bielefeld
Verlag Eugen Ulmer · Stuttgart
UVK Verlag · München
Waxmann · Münster · New York
wbv Publikation · Bielefeld
Wochenschau Verlag · Frankfurt am Main

Reihe „Aktuelle Perspektiven der Deutschdidaktik"

Die Reihe „Aktuelle Perspektiven der Deutschdidaktik" richtet sich an fortgeschrittene Studierende, Referendar*innen und Lehrkräfte, die sich gezielt und fachlich fundiert mit Themen beschäftigen wollen, die den gegenwärtigen deutschdidaktischen Forschungs- und Lehrdiskurs prägen. Die Bände der Reihe gehen dreischrittig vor: Sie stellen erstens den Forschungsdiskurs dar und verorten das Thema im Feld der Deutschdidaktik. Sie zeigen zweitens, wie und mit welchen (empirischen) Methoden Facetten des Gegenstands untersucht werden können. Sie schaffen drittens unterrichtliche Zugänge, indem sie das Potential ausgewählter Unterrichtsmaterialien und/oder Einstiege diskutieren. Die Bände sollen auf diese Weise einen Überblick über das jeweilige Forschungsfeld ermöglichen und zugleich dazu anregen, selbst eigene Forschung (z.B. in Studienprojekten, Masterarbeiten, Unterrichtsmodellen) zu initiieren und/oder das Thema im Unterricht aufzugreifen. Damit setzen die Bände sowohl Impulse für das Forschende Lernen und die deutschdidaktische Forschung als auch für die Praxis des Deutschunterrichts.

Reihenherausgebende:

Daniela Frickel, Akademische Oberrätin (Universität zu Köln, Institut für deutsche Sprache und Literatur II). Lehr- und Forschungsinteressen: Inklusionsorientierte Literaturdidaktik, Textkomplexität und Adaptivität im Literaturunterricht, Emotionen im Prozess sprachlich-literarischen Lernens, gendersensible Literaturanalyse/-didaktik.

Vivien Heller, Professorin für Sprachdidaktik (Bergische Universität Wuppertal, Germanistik), Lehr- und Forschungsinteressen: diskursive Praktiken und fachliches Lernen in Unterrichtsgesprächen, Erwerb von Diskurskompetenz (Erklären, Argumentieren) von Kindern mit heterogenen Lernvoraussetzungen, Adaptivität im inklusiven Deutschunterricht, fachdidaktische Professionalisierungsforschung

Matthias Knopp, Akademischer Rat (Universität zu Köln, Institut für deutsche Sprache und Literatur II). Lehr- und Forschungsinteressen: Sprache/Kommunikation in den digitalen Medien, Mediendidaktik/Medienkompetenz, Textproduktion und Textproduktionsprozesse in digitalen Medien

Kirsten Schindler, Professorin für Sprachdidaktik (Bergische Universität Wuppertal, Germanistik), Lehr- und Forschungsinteressen: digitales Schreiben, Schreiben in akademischen Kontexten, berufsbezogenes und kreatives Schreiben, geschlechterinklusive Deutschdidaktik

Nadine Bieker, Kirsten Schindler

Deutschdidaktik und Geschlecht

Konzepte und Materialien für den Unterricht

unter Mitarbeit von Kay Busch

1 Aktuelle Perspektiven der Deutschdidaktik

wbv

Gesamtherstellung:
wbv Media, Bielefeld
wbv.de

Einbandgestaltung:
siegel konzeption | gestaltung
Umschlagabbildung:
Christiane Zay

Bestellnummer: utb 6020
ISBN: 978-3-8252-6020-0
e-ISBN: 978-3-8385-6020-5

Online-Angebote oder elektronische Ausgaben sind erhältlich unter www.utb.de

Printed in Germany

Bibliografische Information der Deutschen Nationalbibliothek
Die Deutsche Nationalbibliothek verzeichnet diese Publikation in der Deutschen Nationalbibliografie;
detaillierte bibliografische Daten sind im Internet über http://dnb.d-nb.de abrufbar.

Inhalt

1 Einleitung

In der institutionellen (öffentlichen) Kommunikation solle nicht mehr gegendert werden, so entscheidet der Landtag des Bundeslandes Thüringen in seiner Sitzung Anfang November 2022 (mit 38 zu 74 Stimmen). Die knappe Entscheidung, die hitzige Debatte und die politische Verortung (CDU und AfD stimmen für den Antrag, SPD, Die Grünen und Die Linke dagegen) zeigen nicht nur, dass dem Thema geschlechterinklusiver (→ Kap. 2) Sprache eine hohe Bedeutung zugewiesen wird, sondern auch, dass die Einschätzungen darüber deutlich differieren[1]. Der zunächst in der Wissenschaft geführte Diskurs ist zu einer **gesamtgesellschaftlichen Frage** geworden, die breite Gruppen und gesellschaftliche Bereiche tangiert und polarisiert. Auch im Schulalltag wird die Frage nach einer geschlechterinklusiven Sprache immer häufiger diskutiert und stellt vor allem Lehrkräfte vor ein echtes Dilemma: Viele Lehrkräfte sind bereit und möchten eine geschlechterinklusive Sprache verwenden, viele Schüler:innen fordern diese gar ein, gleichzeitig gibt es aber große Teile in der Bildungsadministration und Politik, die sich gegen diese Formulierungen sträuben. Und eine Positionierung des Rates für deutsche Rechtschreibung (→ Kap. 2) gibt es zum aktuellen Zeitpunkt (Januar 2023) noch nicht.

Diesem Diskurs und der Debatte geht eine (immer noch aktuelle) **wissenschaftliche Diskussion** voraus, die bis weit in das letzte Jahrhundert zurückweist, konkret findet sie Ausdruck in einer 1973 erschienenen Veröffentlichung: Robin Lakoffs Text „Language and Women's Place" begründet und beeinflusst eine Forschungsrichtung, die sich als „Feministische Linguistik" (→ Kap. 2) versteht. Lakoff argumentiert in ihrem Beitrag, dass Frauen in der Sprache marginalisiert werden, das gelte sowohl in der Art und Weise, wie über sie gesprochen werde, als auch im Hinblick darauf, wie sie selbst sprächen (z. B. bezüglich der Nutzung von sogenannten *tag questions*; *tag questions* sind redeunterstützende Signale, die wiederholend am Ende von Äußerungen produziert werden und auf Zustimmung angelegt sind, wie z. B.: ne?). Senta Trömel-Plötz (→ Kap. 2), die ihre Ausbildung (Studium und Promotion) in den USA erhielt und sich auf die Arbeiten von Lakoff (u. a.) bezieht, schafft mit ihrem Beitrag und ihren späteren Arbeiten mit Luise F. Pusch (→ Kap. 2) die Etablierung der feministischen Linguistik in Deutschland. In „Linguistik und Frauensprache" (1978), dem ersten Text in dieser Reihe, stellt sie einen Zusammenhang zwischen der gesellschaftlichen Ungleichbehandlung von Männern und Frauen und der Ungleichheit im sprachlichen System her. Letzteres zeigt sie anschaulich an der Referenz von Pronomen: Der ver-

1 Die Plenarsitzung ist online und lässt sich über den folgenden Link anschauen: https://www.youtube.com/watch?v=C2F0S_WhMAY (Stichwortsuche über eine Suchmaschine (Videos): „Plenarsitzung Thüringen gendern"). Die Debatte beginnt nach der Lüftungspause ungefähr bei Stunde 5.

meintlich generische Gebrauch des Nomens verlange ein maskulines Possessivpronomen; Sätze wie

- *Wir brauchen jemanden, die ihren Mann steht
  oder
- *Man erlebt ihre Schwangerschaft und Geburt jedes Mal anders

würden als ungrammatisch wahrgenommen. Im engeren Sinne grammatische Fragen der Repräsentanz von Frauen in der Sprache sind ebenfalls Thema in den – höchst erfolgreichen – Publikationen von Luise F. Pusch, die bei Suhrkamp erschienen sind. „Das Deutsche als Männersprache" verkauft sich 140.000-mal (2017 in der 15. Auflage erschienen); kein anderes sprachwissenschaftliches Werk seit der Nachkriegszeit erreicht diese Zahl. Beide, Trömel-Plötz und Pusch, haben trotz vielfältiger und weit beachteter Publikations- und Vortragstätigkeit (und ihrer anerkannten linguistischen Expertise; beide sind habilitierte Linguistinnen) bis zum Ende ihrer Berufstätigkeit keine ordentliche Professur inne, beide verweisen auf den starken Widerstand ihrer (vornehmlich) männlichen Kollegen gegen ihre Berufung, deren Argumente waren: Eine **feministische Linguistik** (→ Kap. 2) sei keine richtige Linguistik, diese sei immer unpolitisch und neutral, sie beschreibe lediglich die Sprache und wolle sie nicht verändern (anders als die feministische Linguistik). Zudem seien die Interpretationen viel zu weitreichend, sie seien nicht linguistisch, sondern polemisch.

Parallel dazu verändern sich die Sprache und die **gesellschaftliche Wirklichkeit** aber tatsächlich. 1972 wird bereits in Behördenschreiben die Anrede Fräulein für unverheiratete Frauen verboten. Es dauert allerdings noch, bis sich diese Praxis auch in anderen Bereichen der Sprachverwendung durchsetzt. Die Markierung von Geschlechtlichkeit wird zunächst mit dem sogenannten Binnen-I umgesetzt, d. h. der Setzung von Majuskeln zur Markierung der femininen Movierung bei maskulinen Nomen wie z. B. bei PolizistInnen. Die Schweizer Zeitung WOZ ist 1983 das erste Presseorgan, das dies umsetzt, wenig später folgt die taz (vgl. BdKom 2020, 26). Die EMMA verwendet das Binnen-I seit 1987 (bis heute; dass hier keine geschlechterinklusiven (→ Kap. 2) Formen Verwendung finden, ist auffällig, entspricht aber dem Selbstverständnis der Zeitschrift). Im selben Jahr wird im Bundestag die Debatte um „geschlechtsneutrale Bezeichnungen, Formulierungen in Gesetzen, Rechtsvorschriften und Verwaltungsvorschriften" geführt, federführend initiiert von der damaligen Frauenministerin Rita Süssmuth. In Österreich erfuhr das Binnen-I ab 1990 Verbreitung; auch weitere Formen wie der Schrägstrich (Dozent/innen) und die Beidnennung (Dozentinnen und Dozenten) waren zunehmend in den entstehenden Leitfäden sowie im Sprachgebrauch vertreten (vgl. Kusterle 2011, 19–32). Später folgten geschlechterinklusive Gap_Schreibungen mit dem Ziel, nicht mehr nur Frauen und Männer sichtbar zu machen, sondern durch die „Lücke" das binäre (→ Kap. 2) Modell aufzubrechen und alle Geschlechtsidentitäten zu repräsentieren. Seit 2003/2004 werden Gendergap (Dozent_innen) und -stern (Dozent*innen) benutzt, seit etwa 2015 auch der Doppelpunkt

(Dozent:innen) (vgl. BdKom 2020, 30, 33, 38).[2] Und auch die gesellschaftliche Rolle der Frau verändert sich, insbesondere als Mitglied der Arbeitswelt: Erst seit 1969 dürfen (verheiratete) Frauen in Deutschland eigene Konten führen, seit 1977 ohne Zustimmung ihres Ehemannes Arbeitsverträge unterschreiben. Seit 1980 müssen laut Gesetz Männer und Frauen für die gleiche Arbeit das gleiche Gehalt bekommen. Seit 1994 müssen in Stellenausschreibungen Frauen explizit adressiert werden.

Seit den 1990er und dann seit den 2010er Jahren **verändert sich die wissenschaftliche Diskussion** auf mindestens dreifache Weise. Erstens werden zunehmend die grammatischen Arbeiten um empirische Studien ergänzt, das gilt beispielsweise für gesprächslinguistische Arbeiten (zum Sprach- und Rollenverhalten), für korpuslinguistische Untersuchungen (zur Häufigkeit und Verbreitung von Lexemen und Phrasemen) sowie für psycholinguistische Experimente zur Sprachverarbeitung (beispielsweise von generativen Maskulina). Es zeigt sich, dass sich die Idee, Frauen sprechen anders, in der Form nicht bestätigen lässt, vielmehr sind Position, Status, Rolle etc. für das Gesprächsverhalten von Relevanz. Das generische Maskulinum (→ Kap. 2), so zeigen korpuslinguistische wie grammatikhistorische Arbeiten, stellt keineswegs den Standardfall dar. Ebenso wie es schon im Grimmschen Wörterbuch feminine Movierungen gab, z. B. Gästin, stand das Maskulinum dafür, dass Berufe eben nicht für Frauen zugänglich waren. Und schließlich, zwischen der Verarbeitung regulärer Maskulina und generischer Maskulina wird kein Unterschied gemacht, die Idee, dass Maskulina des Typs die Studenten in unserer Vorstellung auch Frauen einschließen, lässt sich so nicht belegen (siehe auch die ausführliche Darstellung zu psycholinguistischen Befunden in Kap. 3.4).

Zweitens, der Wunsch, Frauen in der Sprache sichtbar zu machen, der inzwischen weitgehend – insbesondere durch die sogenannte Doppelform – umgesetzt wird, wird durch queer-feministische Aktivitäten erweitert. So geht es um die Sichtbarmachung aller Geschlechter. Formal äußert sich dies in der Erweiterung des sprachlichen Spektrums um _ (Unterstrich, Gender Gap), * (Genderstern), : (Doppelpunkt) u. a. Gleiches gilt für die Benennung und Auffächerung der Personalpronomina. Mit der Änderung des Personenstandsgesetzes im Dezember 2018 und der Möglichkeit, „divers" zusätzlich zu „männlich", „weiblich" und „ohne Eintrag" anzugeben, wird diese Entwicklung auch rechtlich bedeutsam (s. Kap. 3.1). Einzelne Vertreterinnen des Binnen-I können diese Entwicklung nicht mitgehen.

Drittens, insbesondere in Schulen und an Universitäten ist der Wunsch nach sprachlicher Veränderung groß, das zeigen die vielen Leitfäden zur geschlechtergerechten (→ Kap. 2) Sprache wie auch die – teils mutigen – sprachlichen Veränderungen. Allerdings: Die Umsetzung von selbst kleineren Veränderungen, beispielsweise von „Studentenparlament" zu „Studierendenparlament", können auch oftmals schwierig und langwierig sein, wie der Fall der studentischen Vertretung der TU Dresden zeigt, die eben diesen Vorschlag nach zweijährigem Einsatz erfolglos abbricht.

2 Für weitere Literatur zur Entstehung, zu den Vor- und Nachteilen verschiedener Schreibweisen inkl. Aussprachebeispielen, Formulierungshilfen und hier noch nicht genannten Schreibweisen siehe z. B. Diewald und Steinhauer (2020); BdKom (2020); Franz u. a. (2021); https://www.genderleicht.de/ (Journalistinnenbund 2020).

Besser gelingt die Umsetzung in wissenschaftlichen Publikationen; Verlage wie wissenschaftliche Zeitschriften positionieren sich hier oftmals gegen das generische Maskulinum. Digitale Publikationen sind in diesem Fall nicht nur schneller, sondern auch innovativer. Das Angebot wird über DUDEN-Bände und Hinweise für Journalist:innen etc. ergänzt. Hier können auch Studien zur Lesbarkeit und Verständlichkeit von Texten wichtige Hinweise liefern, wie sie ebenfalls zunehmend zur Verfügung stehen (s. Kap. 3.4).

Die Disziplin selbst nimmt eine Namensänderung vor, die feministische Linguistik (→ Kap. 2) wird zur **Genderlinguistik** (→ Kap. 2). Eine entsprechende Denomination an einer deutschen Hochschule existiert unseres Wissens aber nach wie vor nicht.

Schließlich: Debattiert wird inzwischen über einen Begriff, der noch am Anfang der Debatte mit großem Selbstverständnis benutzt wurde. Was aber verstehen wir 2023 unter „Frau"? Wer ist damit mitgemeint und wer ausgeschlossen, welche (biologischen, sozialen, individuellen etc.) Merkmale muss Frau enthalten, wird sie über die Opposition zu Mann und/oder als Hyponym zu Mensch verstanden?

Diese Frage weist aber zugleich auch über eine rein sprachwissenschaftliche Diskussion hinaus und wird beispielsweise auch in der **Literaturwissenschaft** breit diskutiert, die dazu auf Erkenntnisse der Kultur- und später Gender Studies zurückgreift (vgl. Schößler & Wille 2022). Die Auseinandersetzung wird theoretisch und disziplinär auf unterschiedliche Weise geführt und an verschiedene Theoretiker:innen zurückgebunden, siehe z. B. Karin Hausen, Jacques Lacan, Jacques Derrida, Michel Foucault, Susan Lanser und Judith Butler (→ Kap. 2), aber auch Virginia Woolf und Simone de Beauvoir. Nünning und Nünning haben diese kulturwissenschaftlichen Erkenntnisse mit der Erzähltheorie verknüpft (vgl. Nünning & Nünning 2004), Katja Kauer legt einen „queeren Blick" (→ Kap. 2) auf Texte und das subversive Potenzial literarischer Texte offen (vgl. Kauer 2019), Hans Krah erarbeitet einen Analysezugang zur Kinder- und Jugendliteratur unter dem Aspekt „Gender" (vgl. Krah 2016), und die Liste an Arbeiten könnte fortgeführt werden. Vielen diesen Arbeiten ist gemein, dass sie den Gender- bzw. Geschlechterbegriff nicht von Grund auf diskutieren, den Aspekt der sprachlichen Konstruktion eher nicht fokussieren und oftmals noch binär (→ Kap. 2) angelegt sind. Ein aktuelles, offenes Modell zur Analyse der Kategorie „Geschlecht" fehlt bislang, was die bisherigen Arbeiten in ihrer wichtigen Vorläuferinnenrolle nicht schmälert.

Aktuelle literarische Werke bedienen sich dabei immer häufiger geschlechterinklusiver (→ Kap. 2) Schreibweisen; die künstlerische Freiheit steht hier über orthografischen Normen. 2022 hat Kim de L'Horizont den Buchpreis des Deutschen Buchhandels für „Blutbuch" erhalten. Kim de L'Horizont ist damit die erste offen nichtbinäre Person, die diesen Preis gewinnt und dies mit einem Text, der eine ebenfalls nichtbinäre Erzählinstanz hat. Diese ist zugleich die Hauptfigur, sodass wir Leser:innen über deren Gefühle und Erlebnisse in einer binären Welt erfahren.

In der Fachdisziplin, Germanistik, wird die Kategorie Geschlecht bereits seit längerem thematisiert, wenn auch nicht einheitlich und stets kontrovers diskutiert. Die Lehramtszugangsverordnung des Landes NRW – die für die Ausbildung von Deutschlehrkräften bindend ist – greift die aktuelle Relevanz der Kategorie Geschlecht auf; bei den „Übergreifende[n] Kompetenzen" heißt es:

> Absolventinnen und Absolventen aller Lehrämter und aller Fächer weisen neben den in § 2 Absatz 2 Satz 2 des Lehrerausbildungsgesetzes genannten folgende übergreifende Kompetenzen nach: [...]
> 2. Grundkompetenzen im Bereich geschlechtersensibler Bildung. (Ministerium des Innern des Landes Nordrhein-Westfalen 2016, § 10).

Der vorliegende Band will einen Beitrag für eine solch geschlechterreflektierende Bildung im bzw. für das Fach Deutsch leisten. Adressat:innen des Textes sind sowohl Lehramtsstudierende als auch Lehrkräfte. Sie sollen Anregungen erhalten, wie sie das Thema aus einer Forschungsperspektive untersuchen und wie sie es für die Gestaltung von Unterricht aufbereiten können.[3]

Die Kapitel sind in sich abgeschlossen und können auch unabhängig voneinander gelesen werden. Die zentralen Begrifflichkeiten, auf die im Text an verschiedener Stelle immer wieder Bezug genommen wird, finden sich in Kapitel 2, das gleichsam als Glossar fungiert. Im nachfolgenden Text wird auf die im Glossar verwendeten Begriffe dann lediglich verwiesen. Die Kapitel werden über Zusammenfassungen abgeschlossen bzw. begleitet. Teils finden sich auch – typografisch hervorgehoben – einzelne Exkurse, die weitergehende, über den Text hinausgehende Überlegungen darstellen. Der Band endet mit einem Literaturverzeichnis, in dem alle im Text verwendeten fachlichen Quellen aufgeführt sind. Die im Text verwendeten und diskutierten Primärtexte (literarische Texte und Sachtexte) werden unmittelbar im Kapitel referiert, in dem sie diskutiert werden.

Wir haben uns – entsprechend des Themas des Textes – ebenfalls um eine geschlechterinklusive Schreibweise bemüht, nutzen dafür neben Neutralformen vor allem den Doppelpunkt.

Zusammenfassung

In unserem Band wollen wir Studierenden, Referendar:innen und Lehrkräften ermöglichen, die Debatte um Deutschdidaktik und Geschlecht nachzuvollziehen und produktiv für den Deutschunterricht zu nutzen. Während Kapitel 2 und 3 die wissenschaftlichen Hintergründe aufbereiten, dienen Kapitel 4 und 5 der Darstellung methodischer und didaktischer Zugänge zum Thema. Insgesamt erhoffen wir uns von dem Band, dass er gleichermaßen Orientierung und Anregung bietet.

3 Wir danken Birgit Guschker für konstruktive Kommentare. Ebenso danken wir den Herausgeber:innen der Reihe, Daniela Frickel, Vivien Heller und Matthias Knopp, für wichtige Hinweise zum Band.

2 Diskursperspektive: Akteur:innen, Begriffe, Institutionen

Im Juli 2022 erscheint ein von Fabian Payr initiierter Aufruf unter dem Titel „Wissenschaftler kritisieren Genderpraxis des ÖRR“ unter dem Schlagwort „Linguistik vs. Gendern“. Dieser Aufruf wird auf einer gleichnamigen Webseite veröffentlicht und in verschiedenen Medien aufgegriffen, er ist von 349 Personen als Erstunterzeichner unterschrieben worden, die – und das war als Voraussetzung formuliert worden – entweder ein sprachwissenschaftliches oder ein literaturwissenschaftliches Studium absolviert haben sollten[4]; weitere 675 Personen haben den Aufruf mitgezeichnet (Stand: 1. Dezember 2022), ihre fachliche Ausbildung ist ebenso divers wie ihr berufliches Tätigkeitsfeld.

Worum geht es? Kritisiert wird die Praxis des ÖRR, geschlechtersensibel (→ Kap. 2) zu formulieren (in Wort und Schrift), dies entspräche „nicht dem Wunsch der Mehrheit, sei dysfunktional, und würde auch nicht der geltenden Aussprachenorm entsprechen“. Zudem würde es „sozialen Unfrieden schaffen, sexualisiere die Sprache unnötig, sei nicht wissenschaftlich begründbar, sondern lediglich ideologisch fundiert.“

Wenig später, am 8. August 2022, erscheint in der FaZ ein Interview mit der Linguistin Damaris Nübling (vgl. Göhlsdorf 2022), die den Aufruf in verschiedener Weise kritisiert. Damit sei nicht die Linguistik als Ganzes gemeint, so seien beispielsweise gerade keine Forscher:innen der Genderlinguistik befragt worden, viele der Unterschriebenen befänden sich zudem im wohlverdienten Ruhestand und hätten in ihrer aktiven Zeit noch eine sogenannte *arm-chair*-Linguistik[5] und gerade keine empirische Linguistik betrieben, ihre Einschätzungen würden daher auf fragwürdigen Annahmen basieren, die zitierten Studien seien weder aktuell noch relevant. Die Begrifflichkeit sei im wohlwollendsten Falle unpräzise. Insgesamt plädiert sie für mehr Wissen einerseits und mehr Toleranz andererseits in der Debatte. Dieser Austausch, der in Social Media weitergeführt wird, stellt das vorläufige Ende einer ausführlichen und teils sehr erhitzt geführten Diskussion dar, die nicht nur im Feuilleton, sondern auch in Schule und Hochschule intensiv geführt wird und inzwischen auch Eingang in die Abituraufgaben des Faches Deutsch gefunden hat.

4 https://www.linguistik-vs-gendern.de/

5 Gemeint ist damit eine Linguistik, die mit Beispielen arbeitet, die nicht empirisch gewonnen, sondern ausschließlich grammatisch konstruiert sind.

Zusammenfassung
Um einen Überblick über den Diskurs zu ermöglichen, führt Kapitel 2 eine für dieses Buch getroffene Auswahl an Personen, Institutionen und Begriffen auf, die in unterschiedlichen Kontexten relevante Arbeiten für das Thema Geschlecht aus germanistischer Perspektive geleistet haben, zentrale Vorgaben machen oder entsprechende theoretische Grundlagen sind.

Dass die Auswahl nur begrenzt sein kann und ist, zeigt sich bereits an der Nennung der Personen, die nur einen kleinen Ausschnitt aus dem umfangreichen Diskurs darstellen. Diese beschäftig(t)en sich mit dem Themenfeld Geschlecht und in großem Ausmaß mit dem generischen Maskulinum bzw. geschlechtersensiblen und -inklusiven Schreibweisen, um die es in diesem Buch zwar geht, die aber weitere Überlegungen anschließen. Auf diesen Arbeiten bauen also weitere Überlegungen, die zur Entwicklung der Forschung beitragen, auf.

2.1 Zentrale Personen und Positionen im linguistischen, deutschsprachigen Diskurs

Wir unterscheiden hier zwischen der feministischen Linguistik, der Genderlinguistik, der angewandten Sprachwissenschaft, der theoretischen Linguistik und der Gendertheorie. Die Personen lassen sich also disziplinär (und zeitlich) unterschiedlich verorten. Ihre Positionen sind jeweils aus dem Verständnis ihrer Disziplin zu verstehen. Einzelne dieser Disziplinen werden anschließend noch genauer beschrieben.

Feministische Linguistik

Luise F. Pusch (*1944) ist eine deutsche feministische Sprachwissenschaftlerin. Pusch gilt zusammen mit Senta Trömel-Plötz und Marlis Hellinger als Begründerin der feministischen Linguistik (→ Kap. 2) in Deutschland. Pusch kritisierte die deutsche Standardsprache als androzentrisch und plädierte für ein generisches Femininum. Im Suhrkamp Verlag sind verschiedene Bände von ihr herausgegeben worden, z. B. „Das Deutsche als Männersprache“ (1984), das inzwischen in der 17. Auflage erscheint.

Senta Trömel-Plötz (*1939) hat im deutschsprachigen Raum mit dem soziolinguistischen Text „Linguistik und Frauensprache“ (1978) der feministischen Sprachwissenschaft den Weg gewiesen. In diesem Aufsatz wurde erstmals auf die Genus-Sexus-Verschränkung hingewiesen. Trömel-Plötz argumentiert, dass Frauen in der Sprache marginalisiert werden und zwar sowohl in der Art und Weise, wie über sie gesprochen/geschrieben wird als auch im Hinblick auf ihr eigenes sprachliches Handeln (z. B. die vermehrte Nutzung von Höflichkeitspartikeln).

Helga Kotthoff (*1953) ist germanistische Linguistin. Von 1993 bis 1998 arbeitete Kotthoff im Rahmen des „Kommunikationswissenschaftlichen Gender-Forschungsprojekts des Wissenschaftsministeriums Baden-Württemberg" den Themenbereich „Kommunikative Konfliktpotenziale zwischen Frauen und Männern" aus und konstituierte damit die geschlechterorientierte Gesprächsforschung. Mit Damaris Nübling hat sie die Monografie „Genderlinguistik" (2018) vorgelegt, sie lässt sich daher auch der Forschungsrichtung der Genderlinguistik zuordnen.

Gabriele Diewald (*1960) ist eine deutsche Sprachwissenschaftlerin. Seit 2017 forscht Diewald im Bereich der geschlechtergerechten Sprache und hat gemeinsam mit Anja Steinhauer die ersten Duden-Bände zum Thema der geschlechtergerechten Sprache veröffentlicht. Sie berät u. a. städtische Verwaltungen (wie die Stadt Hannover) bezüglich eines geschlechtergerechten Sprachgebrauchs.

Genderlinguistik

Damaris Nübling (*1963) ist eine deutsche Sprachwissenschaftlerin mit einem Forschungsschwerpunkt zur Genderlinguistik; ihr Fokus liegt im Bereich der Historischen Sprachwissenschaft. Im Vergleich zu den Wissenschaftler:innen aus dem Bereich der Feministischen Linguistik erweitert Nübling Sprech- und Schreibweisen, um Personen jeglichen Geschlechts zu adressieren. Eines von Nüblings Projekten beschäftigt sich beispielsweise mit der „Selbstbenennung von Transgenderpersonen".

Constanze Spieß (*1975) ist eine deutsche Germanistin. Spieß zeigt die Verknüpfung von linguistischer Geschlechterforschung und der Diskurslinguistik auf, bedient sich des Dispositivbegriffs (Foucault) und arbeitet damit die komplexen Mechanismen sprachlicher Konstruktionsprozesse heraus. Damit fokussiert sie den Zusammenhang von Sprache und Geschlecht aus einer neuen Perspektive.

Lann Hornscheidt (*1965) ist in den Bereichen der Sprachwissenschaft, Skandinavistik und den Gender Studies tätig und leitet den Verlag w_orten & meer. Bis 2016 hatte Hornscheidt eine Professur für Gender Studies und Sprachanalyse am Zentrum für transdisziplinäre Geschlechterstudien an der Berliner Humboldt-Universität inne, das Hornscheidt gekündigt hat. Hornscheidt war eine der ersten an einer Universität dozierenden Personen, die sich für eine geschlechterinklusive (→ Kap. 2) Schreibweise eingesetzt hat. Diese wurde von vielen Kritikier:innen als zu elitär und unpraktikabel für die breite Masse bewertet. Heute schreibt sich Hornscheidt selbst mit der Endung -ens (Prof.ens).

Angewandte Sprachwissenschaft

Anatol Stefanowitsch (*1970) ist ein deutscher Sprachwissenschaftler und gründete 2007 das erste deutschsprachige Sprachwissenschaftsblog, das *Bremer Sprachblog*. Stefanowitschs Interessenschwerpunkte liegen dabei unter anderem auf diskriminierender Sprache und dem politischen Miss-/Gebrauch von Sprache, wobei Stefanowitsch immer wieder Stellung für eine geschlechterinklusive (→ Kap. 2) Sprache bezieht.

Henning Lobin (*1964) ist deutscher Germanist und Direktor des IDS (Institut für Deutsche Sprache) und zugleich Mitglied des Rats für Deutsche Rechtschreibung (→ Kap. 2). Lobin setzt sich (neben weiteren Forschungsschwerpunkten) viel mit Sprachpolitik auseinander und fokussiert dabei immer wieder, wie rechte Parteien sich die Sprache aneignen und für ihre Zwecke instrumentalisieren, wozu auch die Ablehnung einer geschlechterinklusiven (→ Kap. 2) Sprache gehört. Im bei Duden erschienenen Text „Sprachkampf" (2021) zeigt Lobin die rhetorischen Strategien solcher Gruppen auf (u. a. Verein für deutsche Sprache).

Theoretische Linguistik

Peter Eisenberg (*1940) ist ein deutscher Linguist mit Schwerpunkt Grammatiktheorie. Eisenberg hat u. a. Grundlagenwerke zur Grammatik vorgelegt („Das Wort" (2020a), „Der Satz" (2020b)). Er ist Mitglied der deutschen Akademie für Sprache und Dichtung. Eisenberg gilt als der prominenteste Vertreter, der dem generischen Maskulinum seine Gültigkeit bezogen auf alle Geschlechter vollumfänglich zuspricht.

Martin Neef (*1963) ist ein deutscher Germanist, der sich für das generische Maskulinum einsetzt. Neefs Position geht klar von den Struktureigenschaften des Deutschen für Substantive aus. Entsprechend ließen Substantive mit Binnen-I und Sonderzeichen nur eine weibliche Lesart zu und schlössen Männer und nichtbinäre Personen aus.

Geschlechtertheorie

Judith Butler (*1956) ist eine:r US-amerikanische:r Philosoph:in. Butler legte mit „Gender Trouble" (1990) den Grundstein der modernen (westlich orientierten) Geschlechterforschung. In diesem Text dekonstruiert Butler heteronormative Strukturen, definiert das Verhältnis von *sex, gender* (→ Kap. 2) und Geschlechtsidentität neu und erklärt auch das biologische Geschlecht in seiner Funktion als Differenzkategorie für konstruiert.

Paula-Irene Villa Braslavsky (*1968) ist eine deutsch-argentinische Soziologin und Lehrstuhlinhaberin für Allgemeine Soziologie und Gender Studies. Villa Braslavskys Forschungsschwerpunkt mit Bezug zum Geschlecht ist der Körper, der in einer konkreten zeitlich-räumlichen Situation den Menschen in Interaktion mit anderen Menschen materialisiert, was das Zusprechen eines Geschlechts anhand von bestimmten Handlungen impliziert.

Jutta Hartmann (*1963) ist eine deutsche Erziehungswissenschaftlerin und Professorin für Allgemeine Pädagogik und Soziale Arbeit. Hartmanns Forschungsschwerpunkte sind unter anderem Gender- und Queer-Theory, Diversity Education und kritische Erziehungswissenschaft. Hartmann arbeitet fortlaufend an einem kritisch-dekonstruktiven Ansatz einer Pädagogik der Vielfalt. Sie leitet federführend mehrere Praxisprojekte für vielfältige Lebensweisen im weiteren Themenfeld des Geschlechts und der Sexualität und weist dabei stets mehr als zwei Geschlechter aus.

2.2 Begriffe

Binär

Als binär verstehen wir z. B. (literarische) Systeme, die zweigeschlechtlich angeordnet sind und in männlich und weiblich unterscheiden. Demnach werden also lediglich diese zwei Geschlechter angenommen und auch nur diese beiden sprachlich abgebildet. Für literarische Texte ist es dabei unerheblich, ob eine Figur trans (→ Kap. 2) ist, solange sie sich selbst in das binäre System einordnet und eine diesbezüglich eindeutige Geschlechtsidentität formuliert.

Doing gender

Doing gender ist als Konzept aus der interaktionstheoretischen Soziologie hervorgegangen und wurde 1987 von Candace West und Don Zimmermann entwickelt. Es baut auf Garfinkels ethnomethodologischer Agnes-Studie (1967) auf. Garfinkel begleitete und beobachtete die siebzehnjährige Agnes, der bei der Geburt das männliche Geschlecht zugewiesen worden ist, die ab dem siebzehnten Lebensjahr aber als Frau leben wollte. Garfinkel dokumentierte, wie voraussetzungsreich es ist, gesamtgesellschaftlich als Mann oder Frau gelesen und damit anerkannt zu werden. Dazu gehören bestimmte geschlechtsspezifische Praktiken, Verhaltensweisen, Sprechweisen etc. Das Gender einer Person ist damit nicht naturgegeben, sondern stellt einen komplexen Prozess dar, der als Performance Ausdruck gewinnt in seiner permanenten und routinisierten Wiederholung.

Feministische Linguistik

Die feministische Ausrichtung der linguistischen Geschlechterforschung ist bestrebt, die Sprache bewusst zu verändern, um Frauen sprachlich sichtbar zu machen. Ingrid Guentherodt, Marlis Hellinger, Luise F. Pusch und Senta Trömel-Plötz systematisierten 1980 die Kritik an dem traditionellen Sprachgebrauch in den „Richtlinien zur Vermeidung sexistischen Sprachgebrauchs“. Die Feministische Linguistik versteht sich dabei also dezidiert als eine Linguistik, die auch zu sprachlichen Veränderungsprozessen beitragen will.

Genderlinguistik

Die Genderlinguistik baut auf der feministischen Linguistik (→ Kap. 2) auf und erweitert diese insofern, als dass es ihr nicht mehr darum geht, Frauen sichtbar zu machen, sondern alle Geschlechter gleichermaßen abzubilden und die sprachliche Konstruktion von Geschlecht offenzulegen, um sie schließlich zu dekonstruieren.

Generisches Maskulinum

Die Annahme des generischen Maskulinums ist, dass maskuline Personenbezeichnungen (z. B. der Pilot, der Student) sowie Indefinitpronomen (keiner, niemand, man) geschlechtsübergreifend auf Personengruppen jeglichen Geschlechts referieren, also generisch wirken. Das hieße, dass mit der Verwendung des generischen Maskulinums das männliche Geschlecht (hier: Sexus) der Personenbezeichnungen quasi ausgeblendet und auf eine abstrakte Personengröße (unbekannten Geschlechts) verweisen würde. Die Problematik des generischen Maskulinums hat dabei unter anderem mit der semantischen Unterscheidung männlich und weiblich bei den beteiligten Lexemen, also mit dem lexikalischen Inhalt der Substantive, zu tun: Das semantische Merkmal weiblich ist Bestandteil der Bedeutung von Substantiven wie z. B. Frau und Weib. Das semantische Merkmal männlich ist Bestandteil der Bedeutung von Substantiven wie z. B. Mann und Männchen. Das Genus (→ Kap. 2) wirkt, ist aber nicht entscheidend: Frau weist das Genus Femininum auf, Weib hingegen das Genus Neutrum; Mann das Genus Maskulinum, Männchen das Genus Neutrum (vgl. Diewald 2018).

Genus-Sexus auch Genus-Sexus-Schnittstelle

Genus ist das innersprachliche, grammatische Geschlecht, das beispielsweise über den Artikel angezeigt wird. Sexus meint das außersprachliche Geschlecht, häufig ist auch vom biologischen Geschlecht die Rede. Als *gender* wird in der Regel das soziale Geschlecht verstanden.

Das Deutsche ist eine Genussprache, das bedeutet, dass das Deutsche einem festen Genussystem folgt; es umfasst drei Genera, das Maskulinum, das Femininum und das Neutrum, und nahezu alle Substantive haben ein festes Genus.

Das Genus zeigt sich grammatisch vor allem bei der Klasse der Substantive, und hierbei vornehmlich bei Personenbezeichnungen mit den entsprechenden Artikeln; am Substantiv selbst ist das Genus in der Regel nicht abzulesen. Weiterhin zeigt sich das Genus bei Wortarten, die auf Personen(-bezeichnungen) referieren, wie beispielsweise Pronomen, Adjektive und Artikel. Vor allem die Genuszuordnung bei Personenbezeichnungen zeigt sich als komplexes System. Es gibt Personenbezeichnungen, die geschlechtsunspezifisch sind, wie das Mitglied und die Person. Aus der Bedeutung des Wortes lässt sich keine Auskunft über das außersprachliche (auch soziale oder biologische) Geschlecht bzw. die Geschlechtsidentität der Personen ableiten. Des Weiteren gibt es geschlechtsspezifische Personenbezeichnungen, die auf ein konkretes Geschlecht bezogen sind wie die Mutter oder der Sohn. Es gibt weiterhin geschlechtsspezifische Personenbezeichnungen, die durch Movierung entstehen:

> Dies gilt für Lexeme mit geschlechtsspezifischem Suffix (meist durch das Suffix -in). Der Postbote und der Bäcker (Genus und Sexus maskulin) können dadurch zu femininen Formen werden (die Postbotin, die Bäckerin). Gleiches, wenn auch umgedreht, gilt für genau drei Bezeichnungen mit weiblicher Grundform, wie die Hexe (der Hexer), die Witwe (der Witwer) und die Braut (der Bräutigam). Auch gibt es Bezeichnungen mit geschlechtstragender Bedeutung (-frau/-mann) wie die Hausfrau (der Hausmann), der Kaufmann (die Kauffrau). Weitere Fälle zeigen sich beispielsweise in der Unkenntlichmachung von Geschlecht im Plural (die Studierenden), die sich im Singular aber wieder geschlechtsspezi-

> fisch ausprägt (der/die Studierende) und seltener Lexeme, die zunächst ausschließlich weibliche Berufe beschreiben (die Hebamme, die Kindergärtnerin, die Krankenschwester), das entsprechende männliche Pendant wird nicht durch Movierung gebildet, sondern durch eigene Lexeme (der Entbindungspfleger, der Erzieher, der Krankenpfleger). (Bieker & Schindler 2022, 55 f.)

Es zeigt sich folglich, dass die Funktion des Genussystems dabei nicht nur die eines grammatischen Referenzsystems ist, sondern auch eine semantisch-pragmatische Dimension hat, welche Bezug auf die Bedeutungsebene und den Kontext nimmt.

Wenn es nun auch so ist, dass Genus und Sexus rein grammatikalisch in keinerlei Verbindung stehen, besteht jedoch eine enge Genus-Sexus-Verschränkung, die auf der psycholinguistischen Ebene wirkt: Empirische Studien belegen eine enge kognitive Kopplung zwischen maskulinem Genus und männlicher Assoziation (siehe dazu Kap. 3.4). Weiterhin gilt, dass die Genus-Sexus-Verschränkung bei Personenbezeichnungen laut Kotthoff und Nübling das „verlässlichste Genuszuweisungsprinzip" (Kotthoff & Nübling 2018, 73 f.) ist. Deutlich erkennbar ist dies z. B. bei genuslosen Anglizismen im Deutschen wie die Queen oder der King: In diesem Fall wird das Genus genutzt, um Geschlecht sprachlich über den deutschen Artikel zu bestimmen, indem genuslosen Substantiven ein Genus zugesprochen wird, welches abgeleitet ist aus ihrem im Lexem angelegten Sexus.

Geschlecht

Der hier verwendete Begriff Geschlecht ist ein nicht abgeschlossener. Er tangiert alle Bereiche, die diese Kategorie umfassen kann, und meint stets einen überschüssigen Rest mit, der jedem Individuum in seiner Geschlechtlichkeit zugesprochen wird. Die Geschlechtsidentität einer Person wird dabei verstanden als jenes Geschlecht, als das die Person sich selbst fühlt, unabhängig von *sex, sex-category, gender* (→ Kap. 2) und geltenden (binären (→ Kap. 2)) Normen.

Geschlechtsidentität

Neben den äußeren Bestandteilen des Geschlechts (*sex, sex-category* und *gender*) gilt die Geschlechtsidentität als der innere Bestandteil. Dabei handelt es sich um das Geschlecht, als das eine Person sich fühlt, unabhängig von allen äußeren Bestandteilen der Kategorie.

Geschlechtsneutral, -sensibel, -gerecht und -inklusiv

Die Begriffe der Geschlechtsneutralität, -sensibilität, -inklusivität und -gerechtigkeit werden in der Fachliteratur häufig teils synonym verwendet. Das Problem daran ist, dass diese Begriffe, die gerne auch mit *gender* statt mit Geschlecht gebildet werden, oft uneinheitlich verwendet werden.

An dieser Stelle wird ausgeführt, wie diese Begriffe in dem vorliegenden Band verwendet werden:

- Geschlechtsneutralität/geschlechterneutral: Kein Geschlecht ist sprachlich abgebildet, z. B. die Studierenden.
- Geschlechtssensibilität/geschlechtersensibel: Referiert explizit auf ein Geschlecht im binären Geschlechterdiskurs, d. h. der Student oder die Studentin.
- Geschlechtergerechtigkeit/geschlechtergerecht: Dieser Begriff hat keine sprachliche (Abbild-)Funktion, sondern meint die Gleichbehandlung aller Geschlechter.
- Geschlechtsinklusivität/geschlechterinklusiv: Alle Geschlechter werden angesprochen und dies wird auch sprachlich abgebildet, d. h. Student:in.

Heteronormativität

Heteronormativität stellt einen in den USA Anfang der 1990er-Jahre im Kontext der poststrukturalistischen Gender- und Queer Studies entwickelten Struktur- und Analysebegriff dar, der im deutschsprachigen Raum spätestens seit den 2000er-Jahren diskutiert wird. Dabei steht das Konzept für eine machtkritische Auseinandersetzung mit der gesellschaftlichen Differenzordnung in Bezug auf die Kategorien Geschlecht und Sexualität. Im Fokus der Kritik steht die soziale Grundannahme einer geschlechtlich binär (→ Kap. 2) angeordneten, als natürlich empfundenen Ordnung, bei der es ausschließlich zwei voneinander unterscheidbare Geschlechter gibt, die intelligibel konstituiert sind. Das heißt nicht nur, dass biologisches Geschlecht und soziale Identität zueinander passen, d. h. Frauen verhalten sich weiblich, Männer verhalten sich männlich, sondern auch, dass sexuelles Begehren zwischen diesen beiden Geschlechtern stattfindet, also als gegengeschlechtlich, sprich heterosexuell, vorausgesetzt wird. Alle davon abweichenden Geschlechter und Geschlechtsidentitäten sowie Sexualitäten werden marginalisiert und nicht nur in Beziehung zu der Heteronorm gesetzt, sondern immer auch als deren despektierliche Opposition markiert. Gleichzeitig gilt auch in Interdependenz mit anderen sozialen Kategorien, dass bestimmte heterosexuelle Lebensweisen als legitimierter gelten und stärker privilegiert werden als andere heterosexuelle Lebensweisen. Weiterhin zu sehen an aktuellen gesellschaftlichen Entwicklungen ist eine Anpassung nichtheterosexueller Lebensformen an die Heteronorm wie z. B. durch die Homo-Ehe, bei der nichtheterosexuelle Paare das Ideal der heteronormativen Paarbeziehung kopieren dürfen.

Inter

Als Inter verstehen wir in dem vorliegenden Zusammenhang jene Menschen, denen bei der Geburt kein eindeutiges Geschlecht innerhalb des dyadischen Systems (männlich/weiblich) zugeordnet wurde. Der Geschlechtseintrag von Neugeborenen, die intergeschlechtlich sind, kann bei der Geburt durch die Erziehungsberechtigten im Sinne des Personenstandsgesetzes offengelassen oder als divers eingetragen werden.

Poststrukturalismus

Mit dem *linguistic turn* Anfang des 20. Jahrhunderts wurden sprachlichen Zeichen Realitätseffekte zugeschrieben. Sprache ist demnach in der Lage, Wirklichkeit zu schaffen (vgl. Babka & Posselt 2016, 24). Sprache wird demnach eine solche Macht zugesprochen, dass angenommen wird, dass es keine Wirklichkeit außerhalb und unabhängig von Sprache gibt; Erkenntnis ist immer an Sprache gebunden.

Der Poststrukturalismus baut dabei auf dem Strukturalismus und vor allem den Erkenntnissen Ferdinand de Saussures auf und grenzt sich gleichermaßen von diesen ab bzw. überwindet diese. De Saussure erklärte das Verhältnis zwischen Bezeichnetem (dem Objekt in der Welt) und Bezeichnendem (dem sprachlichen Ausdruck, gesprochen oder geschrieben) als arbiträr organisiert: die Zuordnung findet demnach willkürlich statt (vgl. Busch & Stenschke 2018, 24). Es ist eine Konvention, die uns Worte in der immer gleichen Weise verwenden lässt und damit Wirklichkeit erzeugt. Besonders wirksam wird diese Funktionsweise bei begrifflichen Gegensätzen und binär (→ Kap. 2) organisierten Logiken wie Mann/Frau, hell/dunkel etc. Dabei handelt es sich nicht um Ontologien, d. h. keiner dieser Begriffe beruft sich auf ein natürliches So-Sein, sondern die Begriffe erhalten ihre Bedeutung über die Differenz und Verhältnismäßigkeit zu anderen Begriffen. Für Judith Butler (→ Kap. 2) und andere Poststrukturalist:innen wie Derrida und Foucault liegt nun in der Willkür der Zuordnung von Bezeichnetem und Bezeichnendem emanzipatorisches und empowerndes Potenzial. Denn jede Konvention kann durch die Veränderung der Verwendung der Bedeutung gebrochen werden. Der daraus resultierende nahezu unendliche Verweischarakter des sprachlichen Systems, der nicht mehr an außersprachliche Bedeutungen gebunden ist, eröffnet eine unabschließbare Bedeutungssuche und bahnt damit der Dekonstruktion von Begriffen wie Frau und Mann den Weg (vgl. Schwanebeck 2013).

Schreibweisen

An dieser Stelle stellen wir die häufigsten Varianten einer geschlechtersensiblen und geschlechterinklusiven Schreibweise vor.

Zu den geschlechtersensiblen Schreibweisen, die binär (→ Kap. 2) organisiert sind und damit zwei Geschlechter – Männer und Frauen – adressieren, gehören:

- Binnen-I: StudentInnen
- Schrägstrich: Student/innen
- Beidnennung: Studenten und Studentinnen

Stehen diese drei Varianten im Plural, umfassen sie Männer und Frauen gleichermaßen. Im Singular kann die maskuline Variante für männliche Personen verwendet werden und wird mitunter in ihrer generischen Form für eine Person/Gruppe unbestimmten Geschlechts verwendet (siehe dazu den Eintrag zum generischen Maskulinum). Die feminine Variante wird für weibliche Personen verwendet.

Zu den geschlechterinklusiven Varianten gehören alle Gap_Schreibungen, z. B. realisiert durch das Sternchen, den Doppelpunkt, den Unterstrich: Student*in(nen), Student:in(nen), Student_in(nen). Diese Varianten funktionieren im Singular und im

Plural. Die Artikel im Singular werden durch das gleiche Zeichen miteinander verbunden, z. B. der:die Student:in.

Weiterhin zählen zu den geschlechterinklusiven Formen die Neutralisierung und substantivierte Partizipien. Zu den Neutralisierungen gehören beispielsweise Lehrkraft und Ansprechperson. Die Geschlechtsmarkierung bzw. -nennung wird dabei umgangen durch sogenannte Vehikelbegriffe, also Begriffe, die für einen Menschen stehen können, aber ohne Geschlechtsmarkierung wie Kraft, Person, Mensch etc. Substantivierte Partizipien werden gebildet aus der Substantivierung des Partizip 1, z. B. Studierende. Allerdings ist hier auch nur der Plural geschlechterinklusiv, weil substantivierte Partizipien im Singular einen Artikel und damit ein Genus benötigen, der bei Personenbezeichnungen mit dem Sexus korreliert.[6]

Sex, sex-category, gender

Um mehr Offenheit der individuellen Geschlechtsbestimmung zu ermöglichen, haben West und Zimmerman (1987, 131) die Trias *sex, sex-category* und *gender* konzeptualisiert. *Sex* ist dabei die Geburtsklassifikation aufgrund biologischer Kriterien, die sozial vereinbart sind und infolgedessen einen Namen bekommen (derzeit: m/w/d). „Die *sex-category* ist die soziale Zuordnung zu einem *sex* im Alltag aufgrund der sozial geforderten Darstellung einer erkennbaren Zugehörigkeit" (Bieker & Schindler 2020, 141). Gemeint ist damit, dass anhand des Äußeren sowie des Namens eindeutig ein Geschlecht (→ Kap. 2) erkannt werden kann. Dabei muss die *sex-category* nicht dem *sex* der Person entsprechen, die *sex-category* muss aber äußerlich einem der möglichen *sexes* entsprechen.

> Gender ist schließlich die intersubjektive Validierung in Interaktionsprozessen durch situationsadäquates Verhalten und Handeln bezüglich normativer Vorgaben und unter Berücksichtigung der Tätigkeiten, die der in Anspruch genommenen Geschlechtskategorie angemessen sind. (Bieker & Schindler 2020, 141)

Es geht hier also um die Performance eines Geschlechts, und zwar insofern, als dass die Performance den gesellschaftlichen Normen einer *sex-category* entsprechen muss, wobei auch hier gilt, dass *gender* weder dem *sex* noch der *sex-category* gleichen muss. Daraus folgt nun insgesamt, auch, wenn *sex, sex-category* und *gender* nicht übereinstimmen, wird deutlich, dass sowohl die *sex-category* als auch *gender* abhängig sind von der grundlegenden binären Einteilung des *sex* in männlich und weiblich. Folglich gibt es dieser Einteilung nach, die eigentlich dazu dient, mehr Offenheit in der Geschlechtszugehörigkeit zu ermöglichen, keine Möglichkeit der Zuordnung, die nicht von den sozial konstruierten Normen abhängig ist, die wiederum an biologische Merkmale gebunden werden. Dies gilt, obwohl soziale Normen nicht von biologischen Merkmalen abhängig sind (vgl. Bieker & Schindler 2020, 141). Diesen Prozess nennt man Naturalisierung. Eigenschaften, die vermeintlichen Frauen/Männern zugesprochen werden,

6 Für weiterführende Literatur siehe z. B. Nübling 2019; Krome 2021, 2022.

lassen sich nicht aus deren Biologie herleiten, sondern werden zu sozialen Kategorien (vgl. Bieker & Schindler 2020, 141).

Sprach-Handeln

Um zu veranschaulichen, wie wir durch Sprache handeln und damit Geschlecht (→ Kap. 2) erzeugen, lässt sich bereits die früheste Kategorisierung nennen: Mediziner:innen fragen nach dem vermeintlichen Geschlecht des Ungeborenen und nehmen durch die Antwort eine sich auf das gesamte Leben des noch nicht geborenen Menschen auswirkende Fremdzuschreibung vor.

> Dabei implizieren bestimmte Akte des Benennens, etwa die Feststellung der Hebamme „Es ist ein Mädchen!", daß ein performativer Prozess in Gang kommt, ‚mit dem ein bestimmtes ‚Zum-Mädchen-Werden' erzwungen wird.' (Butler 1997, S. 318) Der konstative Akt des Benennens ist daher sowohl als performativer Akt mit direktiver respektive deklarativer Funktion zu verstehen, der die Anweisung gibt: „Sei ein Mädchen!", er ist aber auch die Aufforderung zu einer Performance, also einer Selbstinszenierung, in deren Rahmen das Mädchen die Norm „zitieren" muss, damit es sich ‚als lebensfähiges Subjekt' (Butler 1997, S. 318) qualifizieren kann. (Wirth 2002, 41 f.)

Durch diese Sprachhandlung wird folglich anhand des *sexes* ein intelligibles (was in diesem Zusammenhang heteronormativ meint) Zusammenspiel der oben aufgeführten Trias *sex*, *gender* und *sex-category* vorausgesetzt, bevor das Neugeborene überhaupt die Möglichkeit hatte, heranzuwachsen und die eigene Geschlechtsidentität zu entdecken.

Trans

Für den vorliegenden Kontext verstehen wir trans als eine Beschreibung von Menschen, denen im binären (→ Kap. 2) Geschlechtssystem bei der Geburt ein Geschlecht zugewiesen wurde, während ihre Geschlechtsidentität dem anderen Geschlecht entspricht.

Queer

Der Begriff queer definiert sich über seine Abgrenzung zu einer Cis-Heteronormativität (→ Kap. 2) im Bereich der Sexualität und der Geschlechtsidentität. Dies bedeutet, dass queer nicht nur nichtheteronormativ bedeutet, sondern sich nicht in Abhängigkeit von Heteronormativität definiert. Beispielsweise definieren sich die Begriffe Homosexualität und Bisexualität über das Verhältnis zur Heterosexualität; einen solchen Zusammenhang gibt es für die Definition von queer nicht.

Neben den hier erläuterten Begriffen gibt es weitere Begriffe, die in der ((hoch-)schulischen) Situation vorkommen können, wie z. B. Deadname, cis, Passing u. a. Hier sei auf weitere Glossare und Lexika verwiesen, die allerdings durchaus unterschiedliche Definitionen vornehmen. Vielleicht ließe sich eine solche Begriffsklärung auch gemeinsam führen. Hinweise zur Orientierung bieten u. a.: https://queer-lexikon.net/glossar/; https://genderdings.de/gender-woerterbuch/; https://geschlechter-abc.de/.

2.3 Institutionen

IDS

Das Leibniz-Institut für Deutsche Sprache in Mannheim ist nach Selbstauskunft auf der Homepage „die zentrale wissenschaftliche Einrichtung zur Erforschung und Dokumentation der deutschen Sprache in ihrem gegenwärtigen Gebrauch und in ihrer neueren Geschichte“ (https://www.ids-mannheim.de/).

Rat für deutsche Rechtschreibung

Der Rat für deutsche Rechtschreibung gibt im deutschsprachigen Raum die Orthografie vor. Er ist zur Beobachtung und Weiterentwicklung der deutschen Rechtschreibung im Jahr 2004 gegründet worden. Explizit ging es im Gründungsjahr um einen Abschluss der seit 1996 geführten Rechtschreibreform.

Der Rat hat die Aufgabe, orthografische Empfehlungen zu geben, deren Umsetzung nicht nur tragfähige Normen bilden können, sondern die sich auch in das gegenwärtige Schriftsystem und bestehende orthografische Regeln einfügen lassen.

Bezüglich einer geschlechterinklusiven (→ Kap. 2) Schreibweise hat sich der Rat zuletzt am 26.03.2021 geäußert. In seiner Stellungnahme heißt es, dass allen Menschen mit einer geschlechterinklusiven Sprache begegnet werden sollte. Allerdings sei dies eine gesamtgesellschaftliche Aufgabe, die nicht allein orthografisch über die Rechtschreibung entschieden werden könne. Demnach empfehle der Rat eine Schreibweise mit z. B. dem Asterisk oder dem Doppelpunkt nicht (Rat für deutsche Rechtschreibung 2021). Dies kommt jedoch keinem Verbot gleich.

Verein Deutsche Sprache

Der Verein Deutsche Sprache (VDS) wurde 1997 von Walter Krämer gegründet und verfolgt das Ziel, „die deutsche Sprache als eigenständige Kultursprache zu erhalten und zu fördern“ (Verein Deutsche Sprache 2008, § 2). Dabei wendet sich der Verein explizit gegen eine Anglisierung des Deutschen sowie geschlechterinklusive oder auch -neutrale Formulierungen (→ Kap. 2). Die Verhandlung von linguistischen Phänomenen wie dem einer geschlechterinklusiven Sprache wird häufig in semantischen Feldern wie dem der Verunstaltung/Vergewaltigung oder auch des Krieges/Terrorismus geführt, wodurch eine objektive Perspektive auf das linguistische Phänomen ausbleibt.

AG DiDe im Symposion Deutschdidaktik

Das Symposion Deutschdidaktik ist die wichtigste Vertretung deutschdidaktisch Forschender. Es organisiert sich in Jahrestagungen sowie der Arbeit fachlich ausgerichteter AGs. Die AG Diversitätsorientierte Deutschdidaktik wurde 2017 (zunächst noch unter dem Namen „Inklusion und Gender“) gegründet. Erstmalig in der Geschichte des Symposions wurden damit diversitäts- und inklusionsorientierte Ansätze systematisch im Rahmen einer AG verortet. Die erste Publikation (Dannecker & Schindler 2022) der ehemaligen Sprecherinnen der AG zeigt im Überblick die theoretische und empirische Verortung der Beteiligten. Die geschlechterreflektierte Deutschdidaktik nimmt hier eine wichtige Rolle ein.

3 Gesellschaftliche Perspektive: Gesetzliche Rahmenbedingungen, Sprachwandel, Sprachgebrauch

3.1 Juristische Rahmenbedingungen

Grundlegend für alle bundesdeutschen, innerstaatlichen Gesetze ist das **Grundgesetz** der Bundesrepublik Deutschland in seiner letzten Aktualisierung. Es ist allen weiteren Rechtsgrundlagen überlegen, diese dürfen dem Grundgesetz nicht widersprechen. Als solches Leitgesetz und bezogen auf die Thematik unseres Textes ist vor allem Artikel 3, insbesondere Abs. 2 und Abs. 3 von entscheidender Bedeutung:

> (1) Alle Menschen sind vor dem Gesetz gleich.
>
> (2) Männer und Frauen sind gleichberechtigt. Der Staat fördert die tatsächliche Durchsetzung der Gleichberechtigung von Frauen und Männern und wirkt auf die Beseitigung bestehender Nachteile hin.
>
> (3) Niemand darf wegen seines Geschlechtes, seiner Abstammung, seiner Rasse, seiner Sprache, seiner Heimat und Herkunft, seines Glaubens, seiner religiösen oder politischen Anschauungen benachteiligt oder bevorzugt werden. Niemand darf wegen seiner Behinderung benachteiligt werden.
> (GG 2017, Art. 3)

Abs. 2 fordert die Gleichstellung von Mann und Frau, Abs. 3 setzt sich dezidiert gegen Diskriminierung aufgrund geschlechtlicher (und weiterer) Merkmale ein. Im Koalitionsvertrag der 2021 gewählten Bundesregierung ist geplant, Art. 3, Abs. 3 um die Diskriminierungsform „Sexuelle Identität" zu ergänzen (Schlagwort „3+"); eine Forderung, die bereits seit langem von der queeren Community artikuliert wird (vgl. u. a. LSVD n. d.).

Für die konkrete Rechtspraxis sind daraus weitere grundlegende Gesetze erwachsen, das gilt vor allem für die Landesgleichstellungsgesetze (z. B. in NRW) und das Allgemeine Gleichbehandlungsgesetz.

Das Landesgleichstellungsgesetz ist ein umfangreiches Gesetz, das vornehmlich Fragen der Gleichbehandlung auf Ebene der öffentlichen Verwaltung (Verwaltungsbehörden, Schulen, Hochschulen, landeseigene Banken) regelt; für Schulen[7] und Uni-

7 Für Lehrkräfte können daraus durchaus Konflikte resultieren. Das LGG fordert eine geschlechterinklusive (mindestens aber geschlechtersensible) Sprach- und Schreibweise ein, der Rat für deutsche Rechtschreibung (→ Kap. 2) akzeptiert Sonderzeichen wie den Genderstern, Gendergap und Doppelpunkt aber bislang nicht. Orthografisch könnten sie also als Fehler gelten.

versitäten als öffentliche Einrichtungen ist es daher verpflichtend.[8] Bezüglich der Sprache wird in § 4 festgelegt:

> Gesetze und andere Rechtsvorschriften tragen sprachlich der Gleichstellung von Frauen und Männern Rechnung. In der internen wie externen dienstlichen Kommunikation ist die sprachliche Gleichbehandlung von Frauen und Männern zu beachten. In Vordrucken sind geschlechtsneutrale Personenbezeichnungen zu verwenden. Sofern diese nicht gefunden werden können, sind die weibliche und die männliche Sprachform zu verwenden. (LGG NRW 2022, § 4)

Eine Anpassung an neuere rechtliche und gesellschaftliche Entwicklungen (Personenstandsgesetz, siehe unten) fehlt bislang, da das LGG bislang binär argumentiert. Im LGG werden außerdem sogenannte Gleichstellungspläne beschrieben (ein Steuerungsinstrument zur tatsächlichen Umsetzung der Gleichstellung) sowie die Arbeit von Gleichstellungsbeauftragten skizziert.

Das **Allgemeine Gleichbehandlungsgesetz (AAG)** bezieht sich sowohl auf den Arbeitsplatz als auch auf alltägliche Situationen des menschlichen Miteinanders. Es umfasst alle unter § 3 genannten Diskriminierungskategorien. Beispielsweise muss der Bewerbungsprozess diskriminierungsfrei gestaltet sein (ab dem Moment der Stellenausschreibung). In Unternehmen muss eine Beschwerdestelle eingerichtet sein, an die sich die Mitarbeiter:innen wenden können. Führungspersonal muss nicht nur selbst diskriminierungsfrei agieren, sondern auch die Mitarbeiter:innen entsprechend anleiten (ggf. schulen oder bei Fehlverhalten sanktionieren).

Aber nicht nur unmittelbar mit Art. 3 zusammenhängende Gesetze sind von Relevanz, sondern ebenfalls die Modifikation bestehender Gesetzesvorhaben bis hin zur Streichung entsprechender Paragrafen.

Mit der Anpassung des **Personenstandsgesetzes** (PStG) § 22 verändert sich, dass neben weiblich und männlich eine weitere Kategorie (divers) tritt und Personen zusätzlich die Möglichkeit haben, keinen Eintrag vorzunehmen. Der Rechtstext im Einzelnen lautet dazu:

> (1) Kann der Anzeigende die Vornamen des Kindes nicht angeben, so müssen sie binnen eines Monats mündlich oder schriftlich angezeigt werden. Sie werden alsdann bei dem Geburtseintrag beurkundet.
>
> (2) Die Vornamen des Kindes können nachträglich auch bei einem anderen Standesamt als dem, das die Geburt des Kindes beurkundet hat, angezeigt werden.
>
> (3) Kann das Kind weder dem weiblichen noch dem männlichen Geschlecht zugeordnet werden, so kann der Personenstandsfall auch ohne eine solche Angabe oder mit der Angabe „divers" in das Geburtenregister eingetragen werden. (PStG 2018, § 22)

8 Inwieweit diese Vorgaben (z. B. zu geschlechterinklusiver Sprache) für die Universitäten bzw. alle Bereiche der Universität gelten und damit die Idee der Wissenschaftsfreiheit konterkarieren, wird juristisch durchaus kontrovers diskutiert (siehe dazu auch Wienfort 2022).

Damit wird ein rechtlicher Prozess fortgeschrieben, der bereits 2013 Eingang in das PStG genommen hat. Ab 2013 sollten intergeschlechtliche (→ Kap. 2) Kinder laut § 22 Abs. 3 ohne Angabe eines Geschlechts im Geburtenregister erfasst werden. Seit 2018 stehen ihnen nun vier Optionen offen: Sie können mit „weiblich", „männlich", „divers" oder ohne Angabe des Geschlechts eingetragen werden. Zugleich ist es intergeschlechtlichen Menschen seitdem über § 45b des Personenstandsgesetzes möglich, ihren bei der Geburt vorgenommenen Eintrag nachträglich in eine der vier genannten Möglichkeiten ändern zu lassen. Für die sprachliche Realisierung fehlen aber bislang Formen. Für „divers" und „kein Eintrag" gibt es beispielsweise keine passenden Anreden oder Personalpronomen.

Für den im AAG festgelegten diskriminierungsfreien Umgang im Arbeitsprozess ist daraus eine grundlegende und sehr sichtbare Konsequenz erwachsen. Für die Adressierung (z. B. neue Mitarbeiter:innen) in Stellenanzeigen und Ausschreibungen bedeutet dies, diese Angabe zu berücksichtigen und zu benennen. In Stellenanzeigen ist daraus beispielsweise die Trias (m/w/d) erwachsen. Die vier möglichen Einträge sind dabei allerdings auf drei verkürzt.

Wie wichtig nicht nur diese Trias ist, sondern auch entsprechend gegenderte Berufsbezeichnungen sind, zeigen entsprechende Studien. Horvath und Sczesny (2016) haben untersucht, inwiefern bestimmte grammatische Formen die Passungswahrnehmung von Frauen für bestimmte berufliche Positionen beeinflussen. Dazu haben Horvarth und Sczesny (2016) in einer Bewerbungssimulation drei Varianten der geschlechtsspezifischen Ausschreibung untersucht: einmal im generischen Maskulinum, einmal im generischen Maskulinum mit dem Zusatz (m/w) und zuletzt eine binäre Form. Weiterhin wurde den ausgeschriebenen Stellen ein hoher oder niedriger Status zugeschrieben. Die Ergebnisse sind eindeutig:

> Results showed that female applicants were perceived to fit less well with the high-status position than male applicants when either the masculine form or the masculine form with (m/f) was used – even though they were perceived to be equally competent. [...] Taken together, these findings indicate that linguistic forms play a crucial role for perceptions of the gender-typicality of professions (i. e., gender ratio), for ascriptions of success in professions but not for competence ascriptions. (Horvarth & Sczesny 2016, 316 f.)

Die aus gesetzlicher Perspektive resultierende Notwendigkeit einer geschlechterinklusiven (→ Kap. 2) Ausschreibung liegt darin begründet, dass eine Stellenausschreibung die erste Möglichkeit ist, einen Menschen aufgrund seines Geschlechts in der Arbeitswelt zu adressieren (und damit zu inkludieren oder zu exkludieren). Arbeitgeber:innen erhöhen laut Feigl (2009, 6) erwiesenermaßen ihre Chancen, eine wirklich geeignete Person für eine ausgeschriebene Stelle zu finden, wenn sie alle Geschlechter ansprechen.

> Geschlechtsspezifische Stellenausschreibungen hingegen erweisen sich als nachteilig für das jeweilige Unternehmen. Nicht nur, weil sie eine Gesetzesübertretung darstellen und daher strafbar sind. Geschlechtsspezifische Stellenausschreibungen suggerieren, dass das Geschlecht für eine bestimmte Position wichtiger ist als die Eignung. (Feigl 2009, 6)

Eine geschlechtergerechte (→ Kap. 2) Stellenausschreibung garantiert zwar noch keine diskriminierungsfreie Personalauswahl, andersherum gilt aber auch, dass geschlechtsspezifische Stellenausschreibungen tendenziell eher auf eine diskriminierende Personalauswahl schließen lassen – und seien diese auch unbewusst.

Exkurs

Auch **Algorithmen** können diskriminierend im Bewerbungsverfahren wirken, dann nämlich, wenn Bewerberinnen bei der Online-Stellensuche als Frau weniger Stellenanzeigen angezeigt bekommen oder seltener zu Vorstellungsgesprächen eingeladen werden. Damit sind Algorithmen nicht neutral, sondern reproduzieren einen *gender bias*. Menschliche Vorurteile und Diskriminierungen werden damit automatisiert und verstetigt (vgl. Schünemann & Lebert 2019, 10).

> Aus vergangenheitsbezogenen Informationen werden Rückschlüsse auf Eigenschaften und künftiges Verhalten von Personen gezogen, deren eigene Daten der Algorithmus nicht zwingend ausgewertet hat. Anhand von Stellvertretermerkmalen (z. B. ‚Frau') werden Personen Eigenschaften zugeschrieben, die Trägerinnen des Merkmals vermeintlich überwiegend und typischerweise aufweisen (z. B. schlechte Arbeitsmarktintegrationschancen). (Fröhlich & Spiecker 2018)

Betreuungspflichtige Kinder führen beispielsweise zu einer schlechten Einstufung; das gilt allerdings ausschließlich für Frauen. Die (bestehende) Diskriminierung wird dann fest- oder fortgeschrieben, bereits benachteiligte Personen werden aufgrund der Einschätzung des Algorithmus nicht gefördert, sondern ihnen werden schlechtere Chancen eingeräumt.

Die Bundesrepublik Deutschland attestiert mit der Trias (m/w/d) also das sogenannte dritte Geschlecht und gilt damit als eins der ersten Länder, die diese Option eröffnen. Die tatsächliche Gleichstellung von inter und trans Personen (→ Kap. 2) ist damit allerdings noch nicht erreicht, wie Maya Markwald (2020) anschaulich darstellt. So setzt sich erst langsam die Erkenntnis durch, dass es – nimmt man die Gesetzesvorlage ernst – mehr braucht, nämlich auch entsprechend als geschlechtsneutral markierte Orte, Gegenstände, Einteilungen (z. B. Toiletten, Umkleiden, Kleidung (Uniformen), Sportteams).

Bezogen auf die Lebenswelt homosexueller, queerer und trans Personen haben sich in den letzten Jahrzehnten deutliche Veränderungen und Verbesserungen in der Rechtspraxis gezeigt, die allerdings noch nicht abgeschlossen sind. Dies umfasst ganz grundlegend die **Streichung des § 175** im Strafgesetzbuch, der Homosexualität bis dahin kriminalisierte und der 1994 abgeschafft wurde. Von der Straffreiheit lässt sich aber nicht direkt eine Gleichbehandlung ableiten, dies bedurfte weiterer, grundlegender Entscheide. Dazu gehört die Möglichkeit als gleichgeschlechtliches Paar **eine Ehe** einzugehen (seit 2016) und daraus ableitende Rechte und Pflichten einzufordern (z. B. Versorgung, Erbe, Vorsorgevollmacht, Steuer). Im Koalitionsvertrag der 2021 gewählten Bundesregierung (SPD, BÜNDNIS 90/DIE GRÜNEN und FDP) wird zudem ein weiteres, umfangreiches Gesetzesvorhaben beschrieben, das die Abschaffung des **Transsexuellengesetzes** (TSG) bzw. dessen Ersatz durch ein **Selbstbestimmungsgesetz** vorsieht. Insgesamt ist geplant, solche Verfahren beim Standesamt zu etablieren, die

> Änderungen des Geschlechtseintrags im Personenstand grundsätzlich per Selbstauskunft möglich mach[en sollen], ein erweitertes und sanktionsbewehrtes Offenbarungsverbot und eine Stärkung der Aufklärungs- und Beratungsangebote (119)

vorsehen.

Weiterhin sollen die Kosten für geschlechtsangleichende Behandlungen durch die gesetzliche Krankenversicherung vollständig übernommen und ein Entschädigungsfond für „Trans- und Inter-Personen, die aufgrund früherer Gesetzgebung von Körperverletzung oder Zwangsscheidungen betroffen sind" eingerichtet werden (120).

Urteile zu geschlechtersensibler und -inklusiver Sprache werden – auch in der Öffentlichkeit – breit diskutiert. Die Sparkassenkundin Marlies Krämer klagte gegen ihre Sparkasse. Sie wollte in Formularen nicht als „Kunde" oder „Kontoinhaber" angeschrieben werden, sondern eine geschlechtsspezifische Anrede in Briefen an sie verwendet wissen (Kundin, Kontoinhaberin). Sie berief sich dabei auf Art. 3 des Grundgesetzes. Ihre Klage scheiterte aber sowohl vor dem Bundesgerichtshof (2018) als auch vor dem Bundesverfassungsgericht (2020). Das generische Maskulinum in Sammelbriefen wurde als geschlechtsneutral eingestuft.

Anders entschied 2022 zunächst das Oberlandesgericht Frankfurt. Beim Kauf eines Tickets bei der Deutschen Bahn konnten Kund:innen bislang nur zwischen der Anrede Frau oder Mann wählen. Diese Praxis sei nach Auskunft des Gerichts diskriminierend und müsse geändert werden. Entweder sei auf die Anrede komplett zu verzichten oder es müsse zusätzlich eine geschlechtsneutrale Anrede angeboten werden.

Ein Mitarbeiter bei Audi (bzw. VW) klagte gegen den Leitfaden zur geschlechterinklusiven (→ Kap. 2) Sprache seines Unternehmens. Er fühlte sich durch diese Praxis (u. a. in Mails als Mitarbeiter_innen angesprochen zu werden) in seinem Persönlichkeitsrecht eingeschränkt. Das Verfahren wurde vom Verein für deutsche Sprache unterstützt. Das Landgericht Ingolstadt (2022) sah diese Diskriminierung nicht als erwiesen an. Der Kläger hält sich weitere rechtliche Schritte vor, da er noch klarer deutlich machen wollte, „wie sehr ihn die Gendersprache beeinträchtige" (Kunkel 2022).

Zusammenfassung

Die Rechtsgrundlage sichert gleiche Rechte für alle Geschlechter und schützt vor Diskriminierung. Die Bedeutung gesetzlicher Vorgaben ist einerseits groß, da sie verbriefte Rechte (und Pflichten) der Bürger:innen garantieren, die eingeklagt werden können. Zugleich scheinen sie nicht verhindern zu können, dass Menschen aufgrund ihres Geschlechts und ihrer sexuellen Identität diskriminiert und bedroht werden und sogar um ihr Leben fürchten müssen. Hier bedarf es neben der gesetzlichen Grundlage auch eines gesellschaftlichen Willens (und der wichtigen Rolle von Schule und Unterricht), um ein geschlechterinklusives Miteinander zu ermöglichen.

3.2 Phänomene des Sprachwandels

Sprachwandel ist ein übliches Phänomen lebendiger Sprachen, denn Sprachen sind in permanentem Wandel begriffen (vgl. Keller 2014, 17); und dies gilt für alle natürlichen Sprachen. Durch die fortdauernde Nutzung der Sprache durch ihre Sprachteilnehmer:innen erzeugen diese selbst eine ständige Veränderung der Sprache. Diese Veränderungen sind von den Sprachteilnehmenden in der Regel aber weder beabsichtigt noch ihnen bewusst. „[...] eine bestimmte Veränderung können wir im allgemeinen [sic!] weder gezielt verhindern noch gezielt hervorbringen“ (Keller 2014, 30) – was allerdings nicht für den Einfluss gezielter Sprachpolitik und Sprachplanung gilt. Doch auch diesbezüglich bringt Keller an, dass es keine Einwirkung auf die Sprache von außen gibt, die direkt auf die Sprache wirkt und nicht erst durch das Sprachhandeln der Sprachteilnehmer:innen er- und geklärt und damit etabliert werden muss (vgl. Keller 2014, 129). Insgesamt lässt sich sagen, dass die Perspektive auf Sprachwandelprozesse in die Zukunft gerichtet ist, in dem Sinne, dass die Veränderungen, die wir morgen in unserer Sprache wahrnehmen, die Folgen des Sprechens von heute sind.

Dabei ist der Sprachwandel **Ausdruck der Anpassung der Sprache** an gesellschaftliche Wandelprozesse und Neuerungen – zahlreich lassen sich Einflüsse anderer Sprachen rekonstruieren, Anglizismen, die uns gar nicht mehr auf den ersten Blick als solche erscheinen (z. B. Computer und Trainer) etc. Wandel in der Sprache findet nur dann nicht mehr statt, wenn die Sprachen selbst nicht mehr lebendig sind, Latein ist ein Beispiel dafür. Grundsätzlich ist Sprachwandel damit erst einmal weder etwas Gutes noch etwas Schlechtes, obwohl es beinahe typisch ist, den Wandel der Sprache als Sprachverfall wahrzunehmen (vgl. Keller 2014, 23). Es sind womöglich nur veränderte Sprechweisen, die zunächst verunsichern, was aber eben nicht gleichzusetzen ist mit einer Verschlechterung der Sprache; wobei dann auch erst einmal geklärt werden müsste, worin diese Verschlechterung konkret bestehen würde.

Der Sprachwandel findet auf verschiedene Weise statt, das betrifft die Aussprache, den Wortschatz, die Grammatik, die Bedeutung von Wörtern und das Sprachverhalten (siehe dazu ausführlich: Nübling, Dammel, Duke u. a. 2017). Sprachwandelprozesse finden gleichzeitig und durchaus voneinander unabhängig statt und kommen nicht zu einem Ende, da sie zeitgleich verschiedene Dimensionen der Sprache betreffen und unterschiedliche Kräfte (von außen wie innersprachlich) auf sie einwirken. Auf jenen unterschiedlichen Ebenen der Sprachen können wir weiterhin unterschiedliche Tempi des Sprachwandels bzw. des Verschwindens feststellen: Eine lexikalische Einheit wie Fräulein (siehe unten) kann relativ schnell aufgegeben werden, wenn sie nicht mehr gebraucht wird. Langwieriger und schwieriger gestaltet sich dies bei grammatikalischen Strukturen (z. B. Genitiv vs. Dativ), da diese mitunter das gesamte Sprachsystem durchziehen können (vgl. Kotthoff & Nübling 2018, 129).

Im Folgenden werden nun beispielhaft einige Wandelprozesse auf Ebene des Wortes und der Bedeutung sowie bezüglich der Anordnung von Wörtern im Satz nachgezeichnet.

Wort und Bedeutung

Zunächst wird nun knapp und grundsätzlich dargelegt, wie Sprachwandel auf **Wort- und Bedeutungsebene** zustande kommt. Im Anschluss daran werden mehrere Beispiele aus den Bereichen der Semantik, der Lexik und der Morphologie aufgeführt, die jeweils einen Aspekt der Kategorie Geschlecht (→ Kap. 2) thematisieren.

Der Wandel auf Wort- und Bedeutungsebene funktioniert einerseits so, dass der materielle Wortkörper, das Bezeichnende, gleich bleibt und sich das Bezeichnende, also der Inhalt, verändert. Andererseits können auch neue Wörter gebildet werden. Deutlich und entscheidend ist dabei die Arbitrarität, also Willkür in der Zuordnung von Bezeichnetem und Bezeichnendem (vgl. Keller 2014, 21). Eine Wortbedeutung ist nicht fix, sie bildet lediglich den Status quo ab, und so ist sie auch nicht ein für alle Male festgelegt. Entsprechend gilt es immer, den historischen und gesellschaftlichen Kontext vor allem älterer Texte mit einzubeziehen, da wir ansonsten erhebliche Schwierigkeiten bekommen, diese Texte so zu verstehen, wie sie ihrerzeit vermutlich gemeint waren. Dabei verläuft der Wort- und Bedeutungswandel aber nicht von heute auf morgen, es ist kein Prozess, der genau datiert werden kann. Zumeist ist es eher so, dass er unbemerkt vonstattengeht, weil die bisherige und die neue Bedeutung lange noch nebeneinanderstehen können und es sich dabei nicht um einen einmaligen Ablöseprozess handelt (siehe dazu Keller 2014, 44–51).

> Dass neuer Benennungsbedarf neue Wörter generiert, ist so alltäglich und naheliegend, dass es hierfür keiner weiteren Argumente bedarf. Umgekehrt werden Wörter (z. B. Fräulein) entrümpelt, wenn kein Bedarf mehr daran besteht. (Nübling 2019, o. S.)

Betrachten wir die Bezeichnung Fräulein etwas näher. Diese war (in der BRD) bis 1972 die förmliche Anrede für unverheiratete Frauen jeglichen Alters. Im Zuge der zweiten Welle des Feminismus kritisierten deren Anhänger:innen die Verkleinerungsform Fräulein, da mit dieser die Vorstellung einhergehe, dass eine weibliche Person erst dann als erwachsen und vollwertig wahrgenommen werde, wenn sie heirate – ein entsprechendes Pendant für (un-)verheiratete Männer gebe es nicht (vgl. Hellinger & Bierbach 1993).

1972 wurde der Begriff Fräulein schließlich als Amtsbezeichnung gestrichen; den Vorstoß dafür hat Hans-Dietrich Genscher, der damalige Innenminister, gemacht. In dem entsprechenden Runderlass heißt es:

> Es ist an der Zeit, im behördlichen Sprachgebrauch der Gleichstellung von Mann und Frau und dem zeitgemäßen Selbstverständnis der Frau von ihrer Stellung in der Gesellschaft Rechnung zu tragen. Somit ist es nicht länger angebracht, bei der Anrede weiblicher Er-

> wachsener im behördlichen Sprachgebrauch anders zu verfahren, als es bei männlichen Erwachsenen seit jeher üblich ist. [...] Im behördlichen Sprachgebrauch ist daher für jede weibliche Erwachsene die Anrede ‚Frau' zu verwenden. (Genscher 1972)

Ingrid Guentherodt, Marlis Hellinger, Luise F. Pusch und Senta Trömel-Plötz systematisierten 1980 die Kritik an jenem traditionellen Sprachgebrauch in den „Richtlinien zur Vermeidung sexistischen Sprachgebrauchs". Dieser Sichtweise schloss sich 1993 die UNESCO-Kommission an. Es zeigt sich also: Bis vor wenigen Jahrzehnten wurden im deutschsprachigen Raum (ähnlich im Französischen: Mademoiselle, im Englischen: Miss, im Spanischen: Señorita) erwachsene Frauen per se in zwei Gruppen eingeteilt, die Fräuleins und die Frauen. Egal, welcher Kontext vorherrschte, stets war an der Bezeichnung abzulesen, ob die Frau verheiratet war oder nicht.

Gegenwärtig geht es in der Diskussion um die Antwort der Frage, **wer eine Frau ist**, nicht mehr um ein Abhängigkeitsverhältnis zu einem anderen Menschen, sondern um die Un-Abhängigkeit von *sex, gender* (→ Kap. 2) und Geschlechtsidentität. Konkret geht es im gesellschaftlichen Diskurs um die Frage, ob trans Frauen Frauen sind (→ Kap. 2). Auf diese Frage werden derzeit in ihren radikalen Ausprägungen vor allem zwei Antworten formuliert: zum einen jene, die den Begriff der Frau durch die Bezeichnung FINTA* (Frauen, inter Menschen, nichtbinäre Menschen, trans Menschen, Agender und alle Menschen, die sich als nichtbinär definieren) in bestimmten Kontexten ersetzen bzw. nutzen, um z. B. Eintritt in bestimmte Räume für Personen zu bestimmen, die gesamtgesellschaftlich als patriarchal diskriminiert gelten. Die Bezeichnung bezieht sich dabei ausschließlich auf die Geschlechtsidentität, d. h. es wird die Selbstidentifikation der Personen fokussiert. Keine Person gehört zur FINTA*-Gruppe, weil sie eine bestimmte Identität hat. Die Zugehörigkeit geht von den Personen selbst aus, sprich: Haben sie eine patriarchal diskriminierte Identität, dann können sie sich zur FINTA*-Gruppe zugehörig fühlen. Zum anderen gibt es jene Feminist:innen, die TERFs genannt werden (Trans-Exclusionary Radical Feminists), wobei es sich um eine Fremdzuschreibung auf Basis von deren Ansichten handelt. Sie leugnen trans Identitäten, womit sie sich auf die Körperkonstitution stützen, d. h. auf das *sex*. Bei den TERFs handelt es sich nicht um eine homogene Gruppe, sondern um einzelne Personen, die sich teilweise auch gegen diese Bezeichnung wehren und sie als misogyne Beleidigung wahrnehmen.

Die aufgeführten Beispiele zeigen, dass ein einzelnes Wort wie Frau eine Fülle von Bedeutungen hervorrufen kann und trotz der breiten Verwendung kaum Einigkeit darüber herrscht, was es denn bedeutet. Wie das Akronym TERF zeigt, werden mit Bezeichnungen auch oftmals Stereotype verknüpft und reproduziert, die die Bezeichnenden nicht tragen (möchten). Wie es zu der Perpetuierung solcher Stereotype bezüglich der Rolle der Frau kommt, hat Luise Pusch 1984 anhand der Buchstabenstrecke A des Duden-Bedeutungswörterbuches von 1970 (86 Seiten) gezeigt. Pusch hat diese hinsichtlich der (Re-)Produktion von Geschlechterstereotypen untersucht. Rein quantitativ ist es in dieser Dudenausgabe so gewesen, dass auf den 86 Seiten 1.100 Personenbezeichnungen fallen, wovon 920 Männer sind, 180 Frauen. Neben dem quantitativen Missverhältnis zeigt sich ebenfalls ein qualitatives: Es gibt nahezu keinen

Überschneidungsbereich zwischen den Lebensrealitäten der Geschlechter; die Referenzpunkte des Mannes sind außerhäuslich und die Ratio betreffend, die der Frau innerhäuslich und emotional (vgl. Pusch 1984).

Erst 2002 hat unter Kathrin Kunkel-Razum eine komplette Überarbeitung des DUDENs stattgefunden, die immerhin bei Berufsbezeichnungen zu jedem Eintrag die weibliche Movierung aufführt (ein Lemma, zwei Movierungen: der Lehrer (m.), -in (f.)). 2021 hat der DUDEN dann der Frau in eigenen Einträgen exakt die gleichen Positionen zukommen lassen wie dem Mann (zwei Lemmata: der Lehrer (m.), die Lehrerin (f.)), da der DUDEN die generische Form und dessen Funktion und Wirkweise im Sinne des generischen Maskulinums (→ Kap. 2) infrage gestellt hat und alle Substantive nun in zwei Formen aufführt, der maskulinen und der femininen. Diese Form der Geschlechtergleichstellung in dem vermutlich relevantesten deutschsprachigen Wörterbuch ist revolutionär, doch vergleichsweise spät – in den oben bereits erwähnten „Richtlinien zur Vermeidung sexistischen Sprachgebrauchs" (Guentherodt, Hellinger, Pusch u. a. 1980) haben die vier Verfasserinnen bereits vor über vierzig Jahren dafür plädiert, jedes Geschlecht (was hier noch binär (→ Kap. 2) gemeint war) zu markieren und nicht mehr per se auf das generische Maskulinum zurückzugreifen. Aktuell ist diese neue Binarität (→ Kap. 2 binär) im Duden auch deshalb problematisch, da zum einen die gesellschaftliche Diskussion bereits weiter vorangeschritten ist und zum anderen das Personenstandsgesetz mittlerweile mehr als zwei Geschlechter kennt. Nichtbinäre Personen werden in der neuen Dudenausgabe explizit nichtbenannt. Gleichzeitig setzt der Duden die Kategorie Geschlecht damit durchweg relevant. Auch das kann irritieren, denn vielen Anhänger:innen einer geschlechterinklusiven (→ Kap. 2) Schreibweise, die alle Geschlechter meint, geht es schließlich auch darum, die Kategorie Geschlecht weniger relevant zu setzen. Insgesamt lässt sich sagen, dass die Ebene der Lexik der Bereich der Linguistik ist, der sich mit am stärksten wandelt. Sprachwandel auf dieser Ebene unterliegt neben kulturellen, sozialen, politischen, ökonomischen Veränderungen auch durchaus sprachlichen Vorlieben.

Damaris Nübling (→ Kap. 2) hat sich an Puschs Untersuchung anknüpfend 2009 die Einträge von Frau und Mann in neueren Wörterbüchern unter dem Fokus der lexikografischen Inszenierung von Geschlecht angesehen. Nübling konstatiert, dass man von Wörterbüchern Neutralität erwarte, da sie dies auch intendieren würden. Nübling betrachtet also das lexikografische *doing gender* (→ Kap. 2) und stellt fest, dass es nicht möglich scheint, Frauen und Männer nach den gleichen Kategorien (z. B. Alter, Beruf, Elternschaft etc.) zu befragen: „Bis in die Lexikografie des 3. Jahrtausends hinein kommt dem Mann deutlich mehr Raum und Relevanz zu als der Frau" (625). Lexikologische Analysen befassen sich u. a. sprachvergleichend sowie historisch mit dem Wortschatzaufbau, mit Bedeutungen der lexikalischen Zeichen und deren Aufgaben innerhalb einer Sprache und möchten dadurch den Wortschatz bestimmen; die Lexikografie ist die wissenschaftliche Beschäftigung mit Wörterbüchern. Nübling stellt in der referierten lexikologischen Untersuchung fest, dass bis heute Androzentrismus die Lexikografie beherrsche, die Frau werde gleichgesetzt mit Natur, der Mann mit Geist und Kultur, der Bart sei das Maximum an männlicher Biologizität, das dargestellt werde (vgl. Nübling 2009, 625 f.). In Bezug auf das **lexikografische *doing gender*** stellt Nübling fest, dass die verheiratete Frau eine größere Rolle als der verheiratete Mann spielt, die Frau als Mutter eine größere als der Mann als Vater, die hübsche Frau eine größere als der gutaussehende Mann, das Alter ist bei der Frau wichtiger als die gleiche Kategorie beim Mann. Der sich prostituierenden Frau kommt schließlich überhaupt kein Korrelat zu: Freier und Zuhälter, ohne die Prostitution nicht möglich wäre, sind schlichtweg inexistent, sie werden ausgeblendet (vgl. Nübling 2009, 625). Insgesamt ist die Frau Patiens, der Mann Agens: Sie werde in ihrem Alter und ihrer Äußerlichkeit dargestellt, er in seinem Charakter und seinen Taten, er gemessen mit sozialen und intellektuellen Maßstäben. Erstaunlich ist, dass die Umsetzung der Wörterbuchfunktion lange auf Geschlechterstereotype zurückgegriffen hat, um Wortbedeutungen und -gebräuche zu umschreiben, die eigentlich gar nicht in Verbindung mit der Kategorie Geschlecht stehen.

Wechseln wir nun von der Ebene der Lexik zur **Morphologie**, die die kleinstmöglichen Strukturen mit eigener Bedeutung umfasst, dann betrachten wir die Verfahren, mit denen Geschlecht markiert wird. Deutlich wird, dass die „Bezeichnung von Frauen markierter bzw. aufwändiger ist und oft aus einer männlichen Bezeichnung abgeleitet wird, d. h. diese voraussetzt“ (Kotthoff & Nübling 2018, 151) – wir haben den Lehrer und die durch Femininmovierung erzeugte Form Lehrerin. Da sich grammatische Strukturen über Jahrhunderte verfestigen, zeigen sie, wer oder was wichtiger war – die Frau wird aus dem Mann abgeleitet. Vor allem im Bereich der Komposita hat sich in den letzten Jahrzehnten ein Wandel vollzogen: Personenbezeichnungen auf -mann, die sich auf Tätigkeiten beziehen, die bis in die 1950er faktisch nur von Männern ausgeführt worden sind, werden über Neubildungen auf dem Korrelat -frau gebildet, z. B. gibt es heute Kaufmänner und Kauffrauen, bis vor wenigen Jahren sind auch Frauen zu Kaufmännern ausgebildet worden. Ein Problem dieser Neubildungen besteht darin, dass diese mit den älteren matrimonialen Bildungen konkurrierten, die nicht als Berufsbezeichnungen Verwendung fanden, sondern den Gattinnenstatus über die Berufsbezeichnung des Mannes erhielten wie z. B. die Professorenfrau (vgl. Kotthoff & Nübling 2018, 134). Das Femininmovierungssuffix -in verweist dabei eindeutig auf eine Geschlechtsspezifikation und nicht auf die Verbindung zu einem (Ehe-)Mann. Dass es um ein Vielfaches mehr Femininmovierungen gibt als Makulinmovierungen, verweist auf die gesellschaftlich gewachsene Asymmetrie zwischen Frauen und Männern durch die lexikalische Etikettierung des Mannes und der morphologischen Ableitung der Frau.

Anordnung von Wörtern im Satz

Auch auf der Ebene der **Syntax** lassen sich Strukturen aufdecken, die mit der Kategorie Geschlecht (→ Kap. 2) korrelieren. Bei der Abfolge zweier gleichgeordneter Personenbezeichnungen gibt es zumeist eine Reihenfolge, die als richtig wahrgenommen wird, so z. B. Mutter und Kind, nicht Kind und Mutter. Bei den Paarbeziehungen, oder auch Binomiale genannt, deren Bezeichnungen semantisch Geschlecht referieren, steht die Bezeichnung, die auf den männlichen Part referiert, in der Regel an erster Stelle, jene

Bezeichnung für die Frau an zweiter Stelle (Mann und Frau, Adam und Eva). Die Anrede Damen und Herren bildet hier eine Ausnahme. Kotthoff und Nübling (2018) heben diesbezüglich hervor:

> Diese fest eingerastete Folge dramatisiert die Geschlechtsbinarität und transportiert alte Galanteriegebote des 19. Jhs., wonach Männer Frauen beschützen und in den Mantel helfen (die Lexeme Dame und Herr entstammen der Oberschicht, heute signalisieren sie Höflichkeit und Distanz). Diese Abfolge privilegiert Frauen. (157)

Rosar ergänzt, dass hier Frauen sprachliche Anerkennung zuteilwerde, die historisch als Kompensation für ihre generelle Benachteiligung zu werten sei (2022, 278).

Es gibt eine linguistische Erklärung für diese bestimmte, fixe Reihenfolge, die das semantische Ordnungsprinzip genannt wird und aus soziolinguistischer Perspektive ein Sprachgebrauchsmuster darstellt (vgl. Bubenhofer 2009). Nach diesem spiegelt die Reihenfolge die Rangfolge: Zuerst kommt das Mächtigere, Wichtigere, Normalere. Das weniger Mächtige, Wichtige, Normale steht an späterer Stelle. Diese Rangfolge ist das Abbild gesellschaftlicher Bewertungen und nicht vom sprachlichen System vorgegeben (vgl. Rosar 2022, 271). Durch die wiederholte Verwendung der Paarbezeichnungen in jener bestimmten Reihenfolge wird diese Rangfolge perpetuiert. Rosar (2022) hat sich mit ebensolchen Paarformen beschäftigt und bestätigt, dass in dem Zeitraum von 1947 bis 2018 die Anzahl jener Paarformen abnimmt, in der die Söhne vor den Töchtern stehen, was durchaus als Anzeichen dafür gewertet werden kann, dass der Mann nicht mehr per se als Norm wahrgenommen wird. Auch die Nennung der Väter steht weniger häufig vor der Nennung der Mütter, was soziale Veränderungsprozesse abzubilden scheint, seien es alleinerziehende Mütter und die Tatsache, dass nicht mehr immer die Väter die alleinigen Familienvorstände sind. Gesamtgesellschaftliche Umbrüche zeigen sich also auch auf Ebene der Syntax.

Zusammenfassung

Der Sprachwandel ist ein typisches Phänomen natürlicher Sprachen und findet auf verschiedenen Ebenen der Sprache teilweise gleichzeitig, teilweise zeitlich versetzt statt. Auslöser für Sprachwandelprozesse können beispielsweise gesellschaftliche Entwicklungen sein, wie wir sie im Zusammenhang mit Fragen des Geschlechts beobachten können. Dabei gilt, dass die Sprachteilnehmer:innen die Veränderung der Sprache durch Nutzung ebenjener selbst erzeugen, ohne sich dessen immer bewusst sein zu müssen.

3.3 Orthografische Normen

Die deutsche Rechtschreibung (Orthografie) wird durch das amtliche Regelwerk festgelegt. Das vom **Rat für deutsche Rechtschreibung** (→ Kap. 2) herausgegebene Regelwerk setzt die **Schreibungen verbindlich fest, fixiert und dokumentiert die amtliche**

Norm, nach der sich im öffentlichen Schriftgebrauch (Schulen, Verwaltungen) verbindlich zu richten ist.

Die Festlegung und Gestaltung des amtlichen Regelwerks ist Folge der Rechtschreibreform von 1996, wurde aber zunächst grundlegend (zwischen 2004 und 2006) und seitdem beständig (2011 und 2018) aktualisiert und verändert. Koordiniert werden diese Veränderungsprozesse vom Rat für deutsche Rechtschreibung, der 2004 eingesetzt wurde und aus 41 Mitgliedern des deutschsprachigen Raums (Deutschland, Österreich, Schweiz, Lichtenstein, Südtirol, deutschsprachige Gemeinschaft Belgiens) aus Fachwissenschaft, Fachdidaktik, Presse, Verlagen u. a. besteht (Informationen finden sich auf der Webseite).

Der Rat für deutsche Rechtschreibung hat sich bislang zweimal ausführlich zu orthografischen Fragen einer geschlechterinklusiven (→ Kap. 2) Schreibung geäußert, 2018 (Stellungnahme vom 16. November; 2018b) und 2021 (Stellungnahme vom 26. März). Die Stellungnahmen sind ebenfalls auf der Webseite einsehbar. Sie sollen hier zunächst zusammengefasst werden und dann etwas ausführlicher im Hinblick auf einzelne Phänomene geschlechterinklusiver Schreibung diskutiert werden.

In der **Stellungnahme aus dem Jahr 2018** wird darauf verwiesen, dass sich durch die veränderten rechtlichen (Personenstandsgesetz) und gesellschaftlichen (Rolle der Frau, Erweiterung des geschlechtlichen Spektrums auf alle Geschlechter (→ Kap. 2)) Entwicklungen auch neue Fragen der Schreibung stellen, für den der Rat in seiner Funktion Empfehlungen erarbeiten will. Unterschieden werden drei Phänomenbereiche:

- orthografisch-typografisch relevante Strategien geschlechtergerechter Schreibung: hierunter fallen solche Formen wie Binnen-I, Klammer- und Schrägstrichvarianten, Gender-Gap, Sternchenschreibweise (nicht genannt, aber ebenfalls dieser Gruppe zugehörig ist der Doppelpunkt im Wortinneren)
- stilistische Strategien: beziehen sich auf Doppelnennungen, Ersatzformen (hier vornehmlich Partizipien), geschlechtsspezifische Formen, die beispielsweise Frauen explizit benennen („sie ist Ärztin“)
- grammatisch-syntaktische Strategien: bei denen es sich z. B. um Umformungen handelt, die eher die Tätigkeit als die tätige Person in den Blick rücken.

Während aus Sicht des Rates stilistische und grammatisch-syntaktische Strategien orthografisch unproblematisch seien, gilt dies für die Mehrzahl der orthografisch-typografischen Strategien nicht, die er daher eher kritisch einschätze bzw. nicht empfehle (ausgenommen sind Klammerausdrücke und Schrägstrichvarianten, beide sind bereits im amtlichen Regelwerk aufgenommen, referieren aber ausschließlich auf zwei Geschlechter). Der Rat erkennt eine durchaus große Varietät von Schreibungen an, sieht seine Aufgabe aber in der Einheitlichkeit der Schreibung. Formuliert werden danach sechs Kriterien, an denen die Schreibung orientiert sein sollte. Texte sollen sachlich korrekt, verständlich und lesbar, vorlesbar, rechtssicher und eindeutig, übertragbar auf andere deutschsprachige Länder sein und ermöglichen, dass sich die Lesenden auf die wesentlichen Aspekte konzentrieren. Die weitere Entwicklung soll abgewartet werden, um entsprechend fundierter konkrete Empfehlungen zu erarbeiten.

Auch in der **Stellungnahme von 2021** wird darauf verwiesen, dass eine „geschlechtergerechte Ansprache [...] Ausdruck von Anerkennung und Wertschätzung der Einzelnen im persönlichen Alltag, in Schule, Ausbildung und Beruf" sei. Dennoch sieht der Rat grundlegende Probleme in der Umsetzung, u. a. deshalb, weil es keine Bezeichnung für nicht männliche und nicht weibliche Geschlechter im Deutschen gebe. Während 2018 noch gefordert wurde, dass es entsprechender Beobachtungen und Forschungen bedürfe, werden in der Stellungnahme von 2021 erste Befunde präsentiert. Demnach stellt das generische Maskulinum nach wie vor die Norm dar, wenngleich die Sternchenschreibweise zunehmend an Bedeutung gewinnt. Die mit dieser Schreibung einhergehenden orthografischen Herausforderungen werden aber als (zu) gravierend eingeschätzt. Der Stellungnahme ist eine Liste solcher nicht normgerechter Wort- und Satzbildungen beigelegt, die aus einer Analyse von Stellenanzeigen und Pressemitteilungen erwachsen sind. Als ein Phänomenbereich wird das Gendern von Titeln ausgewiesen.

Exkurs

Ein Sprachgebrauch, der explizit Geschlecht markiert oder dieses neutralisiert, setzt sich auch in der Schriftsprache immer weiter durch. Durch Movierung werden in der Regel aus Maskulina Feminina gebildet – aus dem Professor wird also die Professorin; und auch die geschlechterinklusive Form Professor:in findet vermehrt Verwendung. Diese Routine und die „problemlose" Bildung dieser femininen und geschlechterinklusiven Formen fehlt allerdings noch dann, wenn es darum geht, akademische Grade abzukürzen. Wie lautet also die grammatikalisch korrekte feminine Form der Abkürzung Prof. oder auch Dr.? Und wie sehen geschlechterinklusive Abkürzungen aus?

Beim Überblicken der unterschiedlichen Angebote, wie die feminine Kurzform aussehen könnte, sind die am häufigsten zu findenden folgende: Dr.'in und Dr.in. Die Variante mit Punkt und Apostroph bedient sich gleich zweier Auslassungszeichen, was nicht notwendig ist und keine Funktion erfüllt. Im Duden für sprachliche Zweifelsfälle findet sich ein Angebot zur Variante mit dem Punkt: „Zur Verdeutlichung wird bei femininen Formen aber häufiger die Endung *-in* bzw. auch nur der letzte Buchstabe *-n* nach dem Abkürzungspunkt ergänzt: *Verf.in*/*Verf.n* [...]" (Hennig 2021, 31). Selbst im Grammatikduden und im amtlichen Regelwerk finden wir keine eindeutige, sondern widersprüchliche Aussagen, ob der Punkt nur am Ende stehen darf oder auch mitten im Wort. Der Grammatikduden verweist darauf, dass Schreibabkürzungen in der Regel mit einem Punkt enden (vgl. Wöllstein 2016, 744). Die richtige Form wäre dann also Drin.? Im amtlichen Regelwerk gibt es die Abkürzung „Jh.s" für „des Jahrhunderts", die für „Jahrhundert" lautet „Jh." (Rat für deutsche Rechtschreibung 2018a, § 101). Die Besonderheit in dem Fall „Jh.s" ist zum einen die Markierung des Genitivs, zum anderen die Abgrenzung zu „Jh.". Der Punkt im Wortinneren stellt hier also einen Sonderfall da; es finden sich im amtlichen Regelwerk keine weiteren Beispiele, bei denen der Punkt im Wortinneren ist. Es bleibt also fraglich, ob Dr.in oder Prof.in durch das Regelwerk anerkannt würden.

Der Apostroph ist im Deutschen ein weiteres Zeichen zur Auslassung, allerdings den Regeln nach bei Wörtern mit längeren Auslassungen im Wortinneren (D'dorf z. B.). Das hieße, D'in wäre möglich, D'rin auch, aber Dr'in nicht, da die Auslassung der Buchstaben zwischen D und r nicht markiert ist. Bereits bei der Femininbildung scheinen die Regeln nicht auszureichen, um angeben zu können, wie akademische Grade grammatikalisch korrekt gegendert werden. Regeln für eine geschlechterinklusive Variante sind noch rarer.

Eine geschlechtersensible und -inklusive Abkürzung für Professor zu finden, ist deshalb zunächst einmal leichter, weil es sich bei Prof. um eine echte Abkürzung handelt, das Prof. also nicht explizit macht, für welches Geschlecht es steht, d. h. es kann stehen für Professor, Professorin und Professor:in. Allerdings kann angenommen werden, dass Prof. Professor und damit die maskuline Form assoziieren lässt, da Professor im generischen Maskulinum die bisher gängigste Variante ist. Wollen wir also doch explizit markieren, dass es sich um eine weibliche Professorin handelt, bietet sich hier der Apostroph an, da es sich bei Prof'in um eine echte Auslassung handelt; intuitiv scheint Prof:in analog dazu die geschlechterinklusive Form zu sein, durch das Regelwerk oder den Duden lässt sich dies jedoch nicht belegen.

Die vornehmlich (aber nicht ausschließlich) an den Hochschulen progressiv vertretene Forderung geschlechterinklusiver Schreibungen (in der Formulierung des Rats für Rechtschreibung (→ Kap. 2) als „geschlechtergerecht" oder „geschlechtersensibel" benannt) (→ Kap. 2) auch tatsächlich umzusetzen, wird vom Rat für deutsche Rechtschreibung als problematisch eingestuft. Konkrete Empfehlungen geben sie aber nicht. Auch hier enden die Hinweise mit der Selbstverpflichtung, die weitere Entwicklung zu beobachten.

Zusammenfassung

Als Instanz der Festlegung orthografischer Regelungen gibt der Rat für deutsche Rechtschreibung Empfehlungen zur Frage geschlechterinklusiver Schreibungen. Die Argumentation nimmt zum einen zur Kenntnis, dass das Bedürfnis, mehr Geschlechter zu adressieren, wahrgenommen wird, sieht aber zum anderen bei einzelnen orthografisch-typografischen Formen Normverstöße und die Einheitlichkeit der Rechtschreibung gefährdet. Insgesamt plädieren sie dafür, die weitere Entwicklung abzuwarten.

Tatsächlich stößt aber die Umsetzung geschlechterinklusiver Sprache an einige **sprachsystematische Hürden**. Sie zeigen sich beispielsweise auf der Ebene der Wortschreibung und der Bezugnahme im Satz.

Das Deutsche verfügt über die Möglichkeit, komplexe Zusammenhänge über Komposita auszudrücken, neben hoch frequenten zweigliedrigen Komposita können dies auch drei- und mehrgliedrige Wortbildungen sein. Fraglich ist nun, ob und an welcher Stelle Markierungen des Geschlechts ansetzen. Ist es sinnvoll, vom Lehrerzimmer zu sprechen oder sollte es ein Lehrer:innenzimmer sein. Komplexer wird es noch, wenn sich mehrfach die Möglichkeit des Genderns im Wort ergibt, dies lässt sich anschaulich am Beispiel Oberbürgermeister zeigen, an dem prinzipiell zwei Möglichkeiten der Movierung (Sexusdifferenzierung) möglich sind: Bürger (Bürger:in, Bürgerin, Bürger_in) und Meister (analog: Meister:in, Meisterin, Meister_in u. a.). Denkbar wäre also die Form: Oberbürger:inmeister:in.

Wenngleich diese Form (siehe oben) ohnehin nicht von den orthografischen Vorgaben gedeckt ist, bleibt auch fraglich, inwieweit solche Mehrfachmovierungen, die sich bei mehrgliedrigen Komposita noch potenziell verschärfen können, zielführend und verständlich sind. Diewald und Steinhauer (2017) schlagen vor, immer nur eine Movierung vorzunehmen und zugleich gut zu überlegen, was im Vordergrund steht (die Kategorie Person oder beispielsweise die Kategorie Ort). Wenn es um eine konkrete Person geht, wäre der Ausdruck Oberbürgermeisterin (z. B. für Henriette Reeker, die Oberbürgermeisterin von Köln) durchaus angemessen sowie auch die Bezeichnung Bundeskanzlerin für die ehemalige Bundeskanzlerin Dr. Angela Merkel. Auch andere, schwierige Fälle wie die Veränderung des Stammes (Arzt – Ärzt:in) lassen sich nicht einfach bzw. in einer Form lösen. Grammatische Möglichkeiten schaffen häufig Lösungen im Plural (Ärzt:innen), wobei auch hier eine Stammveränderung (im Wegfall des Pluralmorphems -e: Ärzte) in Kauf genommen werden muss.

Eine zweite Spezifik der deutschen Sprache ist beim geschlechterinklusiven (→ Kap. 2) Schreiben zu beachten. Denn das Genus (→ Kap. 2) hat eine besondere Funktion in der Nominalklammer (vgl. auch Eisenberg 2020b, 153). So kann der Artikel beispielsweise anzeigen, auf welchen Kern der Nominalklammer verwiesen wird, der damit frühzeitig identifizierbar ist. Eisenberg führt dazu folgendes Beispiel an: der besonders an den Ergebnissen unserer Arbeitsgruppe interessierte Minister. Pronomina, die ebenfalls das Genus ihres Bezugswortes übernehmen, haben stark textverweisende Funktionen. Oftmals lässt sich allein am Genus des Pronomens ablesen, wie die Bezüge zu verstehen sind. Im Beispielsatz (Eisenberg 2020b, 154) – Schmidts Engagement für eine Annäherung ist zum Scheitern verurteilt, weil sie/es/er auf das Wohlwollen der Opposition angewiesen ist – wird mit „sie" auf die Annäherung verwiesen, „das" referiert auf das Engagement und „er" schließlich auf „Schmidt" selbst. Bei einer geschlechterinklusiven Schreibung sollen die Personenbezeichnungen ja mit der Öffnung des Genus gerade einen klaren Bezug verschleiern, die Wiederaufnahme gestaltet sich dann aber entsprechend komplex wie in dem Beispielsatz deutlich: Der:die Studierende, der:die seine:ihre Aufgaben nicht erledigt hat, kann sein:ihr Studium nicht gewinnbringend verfolgen. Teils lassen sich diese syntaktischen Herausforderungen durch Umformulierungen auflösen; die entsprechende Dudenbroschüre von Diewald und Steinhauer (2017) macht dafür konkrete Vorschläge. Teils werden sie in Kauf genommen, um geschlechterinklusive Schreibung konsequent umzusetzen.

3.4 Psycholinguistische Befunde

Seit den 1970er-Jahren wird im deutschsprachigen Raum diskutiert, welche Personenbezeichnungen sich für einen geschlechtergerechten (→ Kap. 2) Sprachgebrauch eignen. Erfüllt das generische Maskulinum (→ Kap. 2) diese Funktion oder braucht es alternative Sprachformen, die seitdem entstanden sind und verwendet werden? Auch hier beobachten wir somit ein Phänomen des Sprachwandels bzw. sind daran beteiligt, welches nicht nur gesellschaftlich intensiv debattiert, sondern seit den 1990-er Jahren auch beforscht wird. Es werden psycholinguistische Studien durchgeführt, um in der Diskussion empirische Belege vorweisen zu können. Dabei unterscheiden wir vornehmlich zwei Studientypen: **Perzeptionsstudien** untersuchen die Auswirkung verschiedener Personenbezeichnungen auf die mentale Repräsentation: Welche Person(en) stellen sich Menschen vor, wenn sie Äußerungen im generischen Maskulinum rezipieren? Welche Personen stellen sie sich bei alternativen Formulierungen vor? Da gegenüber Formulierungsalternativen zum generischen Maskulinum nicht selten eingewandt wird, sie seien umständlich oder schwerer verständlich, gibt es zudem Studien, die den Einfluss verschiedener Schreibweisen auf die **Textverständlichkeit** untersuchen. Um diese psycholinguistischen Befunde einordnen zu können, wird die bestehende Debatte in diesem Kapitel zunächst kurz zusammengefasst; anschließend wird im ersten Teilkapitel ein Überblick über die Perzeptionsstudien und im zweiten über die Textverständlichkeitsstudien gegeben.

Beim sogenannten generischen Maskulinum handelt es sich um eine seit dem 20. Jahrhundert bestehende Gebrauchskonvention, maskuline Personenbezeichnungen und Pronomen zu verwenden, um sich geschlechtsübergreifend auf Personengruppen zu beziehen (vgl. Doleschal 2002). Dadurch liegt jedoch eine Formengleichheit von geschlechtsübergreifender und -spezifisch maskuliner Personenbezeichnung vor:

Tabelle 1: Generisches Maskulinum und Formengleichheit (angelehnt an Kotthoff & Nübling 2018, 97)

<table>
<tr><td rowspan="2">Singular</td><td>generisches Maskulinum (Genus ≠ Sexus)</td><td colspan="2">der Dozent</td></tr>
<tr><td>geschlechtsspezifisch (Genus = Sexus)</td><td>die Dozentin</td><td>der Dozent</td></tr>
<tr><td rowspan="2">Plural</td><td>geschlechtsspezifisch (Genus = Sexus)</td><td>die Dozentinnen</td><td>die Dozenten</td></tr>
<tr><td>generisches Maskulinum (Genus ≠ Sexus)</td><td colspan="2">die Dozenten</td></tr>
</table>

Der Ausdruck Dozent könnte also beispielsweise geschlechtsübergreifend für alle an der Hochschule tätigen Dozierenden verstanden werden oder spezifisch ausschließlich für männliche Dozierende. Diese zwei Lesarten waren Anlass der von u. a. Senta Trömel-Plötz und Luise F. Pusch initiierten Kritik der feministischen Linguistik (→ Kap. 2): Dadurch gebe es „für Männer zwei Chancen des Gemeintseins und für Frauen [nur] eine“ (Pusch 1984, 27). Der Gebrauch des generischen Maskulinums mache Frauen unsichtbar und sei diskriminierend, sodass die Verwendung alternativer

Sprachformen gefordert wurde. Dieser Argumentation liegt nicht zugrunde, dass Genus und Sexus (→ Kap 2.) gleichzusetzen wären, also dass z. B. nur mit einem Femininum (Genus) auf ein weibliches Lebewesen (Sexus) referiert werden könnte (vgl. auch BdKom 2020, 14f.). Vielmehr wird berücksichtigt, dass im Bereich der Personenbezeichnungen sehr enge Genus-Sexus-Verschränkungen bestehen (vgl. Kotthoff & Nübling 2018, 73).

Die linguistische Gegenposition verweist jedoch genau darauf, dass das Genus ein rein formales Merkmal sei und aufgrund der Arbitrarität von Genus und Sexus keine Schlüsse auf den Sexus zulasse. So sei ein Ausdruck wie Dozent von der Grundbedeutung her semantisch neutral, sodass es durch das generische Maskulinum keine Benachteiligung eines Geschlechts geben könne (vgl. u. a. Kalverkämper 1979; Eisenberg 2018).

Die Diskussion, inwiefern ein Geschlecht möglicherweise durch bestimmte Sprachformen benachteiligt wird, zeigt an, dass es hier (auch) um die außersprachliche Wirklichkeit geht: Unter der angenommenen Wechselwirkung von Sprache und Denken hat der Sprachgebrauch unmittelbaren Einfluss auf unser Denken und Handeln. Sprachliche Formen können dann nicht ausschließlich sprachintern bewertet werden, sondern müssen auch auf ihre Wirkung auf unsere Vorstellung geprüft werden.

3.4.1 Perzeptionsstudien

Perzeptionsstudien prüfen nun, welche Menschen sich Personen spontan vorstellen, wenn sie das generische Maskulinum oder alternative Personenbezeichnungen rezipieren. Wenn sich eine bevorzugte Assoziation eines bestimmten Geschlechts zeigt, verweist dies somit auf die Benachteiligung anderer Geschlechter. Es geht bei den Studien also nicht darum, ob es durch das generische Maskulinum grundsätzlich möglich ist, sich geschlechtsübergreifend auf Personengruppen zu beziehen bzw. ob durch das generische Maskulinum grundsätzlich auch andere Geschlechter repräsentiert werden. Stattdessen geht es hier um die Verhältnisse, also darum, ob ein Geschlecht deutlich häufiger assoziiert und somit bevorzugt wird. Wir können hier zwischen zwei Arten von Studien unterscheiden. Zum einen gibt es Vorgehensweisen, bei denen die teilnehmenden Personen dazu aufgefordert werden, ihre mentale Repräsentation im Sinne einer **Entweder-Oder-Entscheidung** zu konkretisieren: Haben sie entweder an einen Mann/Männer oder aber an eine Frau/Frauen gedacht? Diese Untersuchungen bzw.

> resultierenden Ergebnisse besitzen somit ein hohes Maß an ökologischer Validität für jene Realitätsbereiche, in denen das Denken konkretisierenden und dadurch zugleich dichotomisierenden Bedingungen unterliegt (wie z. B. in (noch) typisch weiblichen bzw. männlichen Berufszweigen [...]) (Rothmund & Scheele 2004, 41).

Eine der ersten Studien führte Klein (1988) unter Verwendung eines **Lückentextverfahrens** durch. Auf einen Satz, der eine Personenbezeichnung im generischen Maskulinum enthielt, folgte ein Satz mit einer Lücke, in welcher die Versuchspersonen eine Person der zuvor genannten Personengruppe durch die Angabe einer Anrede oder eines Vornamens konkretisieren mussten. Einer der Satzpaare lautete zum Beispiel:

> Die Wähler unseres Stadtteils gingen dieses Jahr erstmals in der neuen Grundschule zur Wahlurne. (Anrede: ..../Vorname: ....) Schmidt konnte den richtigen Raum nicht sofort finden. (314)

Mit einer zweiten Testgruppe wurde anschließend das Verfahren wiederholt, nur dass nun die Formen im generischen Maskulinum durch mit Schrägstrich getrennte Beidnennungen ersetzt wurden (Wählerinnen/Wähler). In beiden Tests dominierte die männliche Geschlechtsspezifizierung, wobei die Dominanz bei der Alternativform abgeschwächt war: Beim Test im generischen Maskulinum wurden nur zu 20 % weibliche Geschlechtsspezifizierungen realisiert, bei der Alternativform waren es 30 %. Folglich entfaltet das generische Maskulinum eine Verstärkerwirkung für die Assoziation von Männern. Auch Hermeler (2021) wählte ein Lückentextverfahren, und verglich das generische Maskulinum mit neutralen Personenbezeichnungen, die entweder das Genus Neutrum aufwiesen (Mitglied, Kind) oder keine gebräuchliche feminine Ableitung besaßen (Fan, Gast). Ein Beispielsatz lautet: „Der örtliche Sportverein erfreut sich großer Beliebtheit. [Mitglied] ___________ spielt schon seit fünf Jahren in der Badminton-Gruppe am Mittwochabend" (Hermeler 2021, 276). Die Ergebnisse bestätigen jene von Klein (1988) im Hinblick auf die Verstärkerwirkung des generischen Maskulinums: Zu 70,5 % wurden männliche Vornamen eingetragen. Unter Ausschluss eines den Durchschnitt verfälschenden Ausreißers[9] war die männliche Prädominanz bei den Neutralformen sogar noch stärker, da diese zu 75,6 % mit einem männlichen Vornamen ergänzt wurden. Ebenfalls mit Namensnennung, allerdings nicht in einen Lückentext integriert, arbeiteten Stahlberg und Sczesny (2001). In drei Experimenten hatten die Versuchspersonen **prominente Persönlichkeiten anzugeben**, z. B. den:die Lieblingsmaler:in oder verschiedene präferierte Kanzlerkandidat:innen. War der Stimulus in Form einer Beidnennung oder Neutralform formuliert, so war der Anteil angegebener Frauen grundsätzlich größer als beim generischen Maskulinum, noch größer war der Effekt beim Binnen-I. Zu bedenken ist hierbei allerdings, dass eine eingeschränkte Kenntnis entsprechender prominenter Persönlichkeiten das Ausmaß möglicher Angaben mindert. Auch bei Kusterle (2011) werden die Versuchspersonen dazu aufgefordert, Geschlechtsspezifizierungen durch Namensnennungen zu realisieren. Die Mischung von Beidnennung und Binnen-I führte im typisch männlichen und neutralen Kontext zu einer Überschätzung, im typisch weiblichen Kontext zu einer passenden Schätzung des Frauenanteils. Generisches Maskulinum und Neutralformen begünstigten insgesamt eine verstärkte männliche Assoziation. Bei sämtlichen Studien, deren methodisches Vorgehen auf Namensnennungen beruht, ist allerdings Folgendes zu bedenken: Ein Vorname ist nur Bestandteil der *sex-category* (→ Kap. 2) und erlaubt keine Rückschlüsse auf die Geschlechtsidentität (→ Kap. 2). Selbst unter der Annahme einer binären Geschlechterordnung gibt es Vornamen, die sowohl von Männern als auch von Frauen getragen werden.

9 Es zeigte sich, dass bei dem Stimulus Fan zu 74,4 % Frauennamen vermerkt wurden, während sämtliche anderen Stimuli nur von 15 bis 39,4 % weiblich interpretiert wurden. Hermeler (2021) schlussfolgert, dass „der für die Bezeichnung *Fan* gewählte Kontext *Popkonzert* [möglicherweise] nicht so geschlechtsneutral aufgenommen [wurde wie angenommen]" (280).

Eine andere Untersuchungsmethode besteht in der Verwendung von **Kategorisierungsaufgaben**, bei denen die Reaktionszeit der Teilnehmer:innen gemessen wird. Den Versuchspersonen wird erst ein Stimulus mit Personenbezeichnung präsentiert, im Anschluss folgt ein Satz oder Bild, welcher/welches die Kategorie Frau resp. Mann konkretisiert. Die Versuchspersonen müssen nun möglichst schnell entscheiden, ob erster und zweiter Teil zueinander passen, d. h. ob das im zweiten Teil gezeigte Subjekt eine Konkretisierung für die Personenbezeichnung des ersten Teils darstellen kann. Eine solche Prozedur wählten Irmen und Köhncke (1996). Auf Sätze wie „Ein Arzt muss gut zuhören können" folgte die Frage „Frau?" (oder alternativ „Mann?") (Exp. 1) oder das Bild einer Frau/eines Mannes (Exp. 2), auf die/das per Tastendruck mit „ja" oder „nein" reagiert werden musste. Die Typikalität und der Sympathiewert der Bilder wurden dabei im Rahmen einer Voruntersuchung kontrolliert. Verglichen wurden maskuline Personenbezeichnungen in Kombination mit indefinitem (als generisches Maskulinum klassifiziertem) und definitem Artikel sowie indefinit feminine Personenbezeichnungen. Die Ergebnisse zeichnen ein einheitliches Bild: Generische Maskulina wurden deutlich häufiger und schneller mit der Kategorie Mann assoziiert als mit der Kategorie Frau. Zudem wurde in Experiment 1 die Übereinstimmung von definitem Maskulinum und der Kategorie Mann schneller bestätigt als jene zwischen indefinitem Maskulinum und der Kategorie Mann. Zu demselben Ergebnis hinsichtlich des generischen Maskulinums kommen Gygax, Gabriel, Sarrasin u. a. (2008) unter ausführlicher Kontrolle der Stereotypizität des thematischen Kontextes, in dem die Äußerungen standen. Dieser stellte hier jedoch keinen Einfluss dar. Auch Stahlberg und Sczesny (2001, Studie 4) wählten die beschriebene Prozedur, zudem unter Berücksichtigung der Einstellung der Versuchspersonen zu geschlechtssensiblen Schreibweisen. Bei Personen mit positiver Einstellung wurden Frauen dem generischen Maskulinum deutlich langsamer zugeordnet als Männer, während beim Binnen-I ein umgekehrter Effekt vorlag. Keine Unterschiede zeigten sich bei der Beidnennung. Bei Personen mit negativer Einstellung gegenüber geschlechtssensiblen Schreibweisen gab es hingegen keine Unterschiede in den Reaktionszeiten bezüglich der verschiedenen Personenbezeichnungen. Zwei aktuelle Untersuchungen dieser Art führten Körner, Abraham, Rummer u. a. (2022) durch und betrachteten mit dem Stern zusätzlich eine geschlechterinklusive Gap_Schreibung. Sowohl hinsichtlich der Reaktionszeiten als auch der positiven Antworthäufigkeiten zeigte sich beim generischen Maskulinum ein Vorteil für die Männer, während der Stern einen Vorteil für die Frauen bewirkte. Allerdings war die männliche Dominanz im ersten Fall größer als die weibliche beim zweiten Fall. Zudem ist hinsichtlich des Sterns zu bedenken, dass diese Schreibweise die Referenz auf alle Geschlechter intendiert, sodass es hier wenig sinnvoll erscheint, nur binär die Frauen- und Männeranteile einschätzen zu lassen. Die Beidnennung rief ausgeglichene Reaktionen hervor. Die Einstellung der Versuchspersonen zu verschiedenen Schreibweisen sowie die Bekanntheit der Formen beeinflussten die Ergebnisse nicht.

Zum anderen gibt es Studien, deren Vorgehensweisen nicht die oben beschriebene Entweder-Oder-Entscheidung beinhalten. Bei diesen Untersuchungen ist es somit möglich, Aussagen über möglicherweise bestehende **geschlechtsübergreifende Repräsentationen** treffen zu können (vgl. Irmen & Linner 2005, 168).

Eine Prozedur besteht aus der direkten **Einschätzung des Frauen- resp. Männeranteils** durch die Proband:innen, nachdem sie einen Text mit entsprechenden Personenbezeichnungen gelesen haben. Dieses Verfahren wählten Braun, Gottburgsen, Sczesny und Stahlberg (1998), deren Textfassungen bezüglich der angenommenen Geschlechtstypizität der Kontexte variierten. In den beiden Experimenten lag der geschätzte Frauenanteil im typisch weiblichen Kontext grundsätzlich höher als im typisch männlichen oder neutralen Kontext. Bei der Beidnennung wurden über alle Kontexte hinweg höhere Frauenanteile geschätzt als beim generischen Maskulinum oder bei Neutralformen. Umgekehrt verstärkten die letzten beiden Formen männliche Assoziationen, im typisch weiblichen Kontext wurde der Frauenanteil bei Neutralformen sogar noch geringer eingeschätzt als beim generischen Maskulinum. Ähnliche Untersuchungen führten Klimmt, Pompetzki und Blake (2008) sowie Blake und Klimmt (2010) unter Verwendung von Zeitungsartikeln durch, deren Ergebnisse eine – im Vergleich zur angenommenen Realverteilung – Unterschätzung des Frauenanteils im generischen Maskulinum und eine Überschätzung des Frauenanteils beim Binnen-I (gemischt mit Neutralformen) zeigten. Bei Beidnennungen und mehrmaligem Schrägstrich (die Beamt/inn/en, die Ärzt/inn/e/n) erwiesen sich die Schätzungen insgesamt als passend zur Realverteilung, wobei ein im Vergleich zum generischen Maskulinum gestiegener Frauenanteil im typisch männlichen Kontext besonders stark, im typisch weiblichen Kontext dagegen nicht vorhanden war. Auch Jöckel, Dogruel und Bachofer (2021) ließen die Anteile schätzen. Im Gegensatz zu den vorherigen Studien mussten die Versuchspersonen, unter denen sich auch Schüler:innen (8–14 Jahre) befanden, jedoch nicht einen Text lesen, sondern Nachrichtenmoderationen anhören. Die Gap_Variante führte zu einer verstärkten Repräsentation von Frauen, bei den Erwachsenen in allen Kontexten, bei den Schüler:innen im typisch männlichen Kontext. Die übrigen Sprachformen, generisches Maskulinum, Neutralformen und Beidnennung, unterschieden sich kaum. Nur im typisch weiblichen Kontext bei den Erwachsenen wurde bei den Neutralformen der Frauenanteil signifikant höher eingeschätzt als beim generischen Maskulinum.

Eine andere Vorgehensweise wählte Heise (2000). Hier hatten die Versuchspersonen zu einem vorgegebenen Satz, der eine Personenbezeichnung enthielt, eine kurze Geschichte zu den Personen zu schreiben und diesen zudem einen **Namen zuzuweisen**. Generisches Maskulinum sowie Neutralformen führten zu übermäßig viel männlichen, das Binnen-I zu übermäßig viel weiblichen Konkretisierungen, während die Variante mit mehrmaligem Schrägstrich etwa eine Gleichverteilung evozierte. Eine analog aufgebaute Folgestudie (2003) zeigte, dass ein dem generischen Maskulinum vorangestelltes stereotyp männliches oder weibliches Adjektiv keine Auswirkungen auf die vorgenommenen Konkretisierungen im Vergleich zum reinen generischen Maskulinum hatte.

Rothmund und Scheele (2004) wählten wiederum ein **Lückentextverfahren**. Im Gegensatz zu den oben bereits beschriebenen Lückentexten hatten die Versuchspersonen hier jedoch den im Reiseführerbericht erwähnten Personen eines von sechs angebotenen Gesprächsthemen zuzuordnen, die sich im Hinblick auf ihre Geschlechtstypizität unterschieden. Über die neutralen Themen sollten auf diese Weise nicht nur gemischtgeschlechtliche Repräsentationen (wie bei dem Schätzen von Anteilen), sondern auch sexusabstrakte Assoziationen zugelassen werden, also die „Vorstellung von Personengruppen, für die der Sexus kein charakteristisches Merkmal darstellt" (Rothmund & Scheele 2004, 44). In dem Experiment mit stereotyp männlich geprägtem Textkontext führten alle Personenbezeichnungen – generisches Maskulinum, generisches Maskulinum mit Beidnennung gemischt, Beidnennung mit Neutralform gemischt, eine explizierende Fußnote am Textanfang mit Hinweis auf den Einbezug von Frauen – zu einem Übergewicht männlicher Assoziation, wobei die Fußnote die männliche Dominanz im Vergleich zum generischen Maskulinum noch verschärfte. Im neutraleren Textkontext war das generische Maskulinum von männlich dominierter und das Binnen-I von weiblich dominierter Assoziation geprägt, während die gemischten Formen (s. o.) Gleichverteilungen hervorriefen. Ein Überwiegen sexusabstrakter Assoziationen fand sich in keinem der Experimente. Der indirekte Schluss vom Gesprächsthema auf die mentale Vorstellung kann jedoch kritisiert werden. Es ist fraglich, ob Proband:innen bei der Auswahl eines der als neutral markierten Gesprächsthemen („Essen und Trinken", „Schul- und Studienzeit") z. B. immer an gemischtgeschlechtliche Gruppen gedacht haben.

Zusammenfassung

Wird mit generischen Maskulina auf Personen referiert, so werden von den Rezipient:innen eher Männer mental repräsentiert. Es ist nicht so, dass geschlechtsübergreifende Repräsentationen beim generischen Maskulinum ausgeschlossen sind. Jedoch entfaltet das generische Maskulinum eine starke Verstärkerwirkung; bei der Verarbeitung von Personenbezeichnungen wirkt ein *people = male bias* (sensu Silveira (1980)): Prototyp der Kategorie Mensch ist der Mann. Dieses Vorrangprinzip führt dazu, dass auch Neutralformen eine männliche Lesart begünstigen: „Finden sich keine expliziten Hinweise auf weibliches Geschlecht, greift der *male bias*" (Kotthoff & Nübling 2018, 115). Hingegen verstärken alternative Formulierungsvarianten, die das weibliche Geschlecht explizit sichtbar machen, den gedanklichen Einbezug von Frauen. Wird die reale Geschlechterverteilung des jeweiligen Kontextes berücksichtigt, so führen die Beidnennung sowie der Schrägstrich tendenziell zu einer gleichverteilten Repräsentation, während das Binnen-I eher eine Überschätzung des Frauenanteils erwirkt.

Hiermit werden schon weitere Faktoren angesprochen, die moderierend auf die mentale Geschlechterrepräsentanz wirken und sich wechselseitig beeinflussen mögen, sodass hier kein einheitliches Bild zu zeichnen ist. Die Geschlechtsstereotypizität der Rollenbezeichnung sowie des thematischen Kontextes wirken sich auf die Repräsentation aus, tendenziell ist der maskuline Bias in männlich typisierten Themenbereichen verstärkt. Bei der Prüfung von stereotypbedingten Effekten ist jedoch zu bedenken, dass statistisch erhobene Geschlechtsverteilungen nicht mit stereotyper Assoziation übereinstimmen müssen und dass die Ausprägung stereotyper Einstellungen zudem unter den Versuchspersonen sowie Forschenden variiert. Darüber hinaus beeinflusst die Einstellung der Versuchspersonen zu verschiedenen Schreibweisen teilweise die Repräsentation. Zur Moderatorwirkung des Geschlechts der Versuchspersonen können keine einheitlichen Aussagen getroffen werden. In manchen Untersuchungen zeigen sich Einflüsse, in anderen nicht. Zudem ist festzuhalten, dass die Abfrage des Geschlechts in fast allen Studien nur binär (→ Kap. 2) erfolgte. Weiterhin wird vermutet, dass der Numerus ein Einflussfaktor ist. Denn da die Vorstellung geschlechtsloser Einzelpersonen kaum möglich sei, sollten Personenbezeichnung im Singular den Bias verstärken (vgl. Kotthoff & Nübling 2018, 92 f.). Auch das Auftreten weiterer Genusträger, der Grad an Referenzialität und die Definitheit von Personenbezeichnungen werden als beeinflussend vermutet (vgl. Irmen & Linner 2005, 170; Kotthoff & Nübling 2018, 115), hier stehen Untersuchungen noch aus. Ebenfalls fehlen bisher Studien, die die mentale Repräsentation nichtbinärer Identitäten untersuchen, schließlich ist es die Intention der geschlechterinklusiven Gap_Schreibungen, auf alle Geschlechter zu referieren.

3.4.2 Textverständlichkeitsstudien

Der Prozess des Textverstehens wird aus einer konstruktivistischen Perspektive als Interaktion zwischen dem:der Leser:in und dem jeweiligen Text betrachtet (vgl. Groeben 1982, 9 f.; Christmann 1989, 109; Friedrich 2017, 21). Der:die Leser:in verarbeitet den Text kognitiv aktiv, sodass sowohl dessen:deren Merkmale, wie die Lesekompetenz und das Vorwissen, als auch Textmerkmale, wie die Worthäufigkeit und syntaktische Komplexität, die Verständlichkeit eines Textes beeinflussen. Folglich kann auch die Verständlichkeit geschlechtssensibler und -inklusiver Schreibweisen (→ Kap. 2) nicht allein anhand der Textmerkmale (wie z. B. wenig verbreitete Wortformen, zusätzliche Wörter/Zeichen) beurteilt werden, sondern es braucht psycholinguistische Studien, die untersuchen, wie die Lesenden die Texte verarbeiten.

In Bezug auf die Erhebung der Textverständlichkeit können wir zwei Arten von Studien unterscheiden. Zum einen gibt es Untersuchungen, bei denen die Textverständlichkeit auf direktem Wege und anhand einer **subjektiven Einschätzung** erhoben wird, indem die Versuchspersonen den Text nach dem Lesen bewerten. Entsprechend ist eine Maskierung des Studieninteresses unerlässlich, damit die Einstellung der Proband:innen zu verschiedenen Schreibweisen nicht die Einschätzung beeinflusst. Bei der Bewertung werden verschiedene Dimensionen der Textverständlichkeit fokussiert, z. B. die Dimensionen Einfachheit, Gliederung/Ordnung, Kürze/Prägnanz und zusätzliche Stimulanz nach Langer, Schulz v. Thun und Tausch (1974). Diese wurden von Rothmund und Christmann (2002) zur Entwicklung ihrer Items genutzt, wobei die Gliederung mit dem Verweis darauf, dass eine Variation der Personenbezeichnungen die inhaltliche Strukturierung eines Textes nicht beeinflusst, ausgelassen und dafür die Dimension der sprachlichen Ästhetik im Sinne eines emotional-evaluativen Aspekts hinzugefügt wurde.[10] Beim Vergleich von generischem Maskulinum, generischem Maskulinum gemischt mit Beidnennung, Beidnennung gemischt mit Neutralformen sowie explizierender Fußnote in einem Reiseführerbericht wurde nur bei der Dimension der Ästhetik eine Beeinträchtigung durch die Kombination von generischem Maskulinum und Beidnennung im Vergleich zum generischen Maskulinum festgestellt. Bei allen anderen Dimensionen zeigten sich keine signifikanten Unterschiede, zudem gab es auch keinen Einfluss der Einstellung der Versuchspersonen zu geschlechtssensiblen Schreibweisen auf die Beurteilung der Textverständlichkeit. Steiger und Irmen (2007, 2011) nutzten ebenfalls (und genau) die Dimensionen nach Langer, Schulz v. Thun und Tausch (1974). Die zu lesenden juristischen Texte waren als Lückentexte gestaltet, sodass die Proband:innen zunächst aus vorgegebenen Antwortalternativen jeweils ihre präferierte Personenbezeichnung auswählten[11] und anschließend die auf diese Weise selbst gestalteten Texte bewerteten. Hinsichtlich der Textverständlichkeit zeichneten sich Vorteile für die Anredeform und das generische Maskulinum im Vergleich zu den Neutralformen bezüglich der Dimensionen Stimulanz, Kürze und Einfachheit ab. Allerdings ist zu beachten, dass nicht in allen Lücken alle Sprachformen zur Auswahl angeboten wurden und aufgrund der Selbstauswahl und entsprechend verschiedener Auftretenshäufigkeiten nicht alle Sprachformen hinsichtlich der Textverständlichkeit ausgewertet wurden (so auch nicht das generische Maskulinum in der Studie von 2007).

Friedrich und Heise (2019) sowie Friedrich, Drößler, Oberlehberg und Heise (2021) nutzen die vier Skalen Verständlichkeitsempfinden, Wort-, Satzschwierigkeit und Variation der Sprache des Textverständlichkeitsfragebogens nach Friedrich (2017).[12] Bei dem Vergleich von generischem Maskulinum und Beidnennung wurde bei keiner Skala ein signifikanter Unterschied gefunden (Friedrich & Heise 2019). Die Textversionen wurden zusätzlich hinsichtlich der Wortfrequenz, Satzstruktur und lokalen Kohärenz variiert: Die bezüglich dieser Merkmale linguistisch komplexeren Textfassungen wurden bei allen Skalen von den Versuchspersonen als schlechter verständlich beurteilt, sodass die Autor:innen schlussfolgerten, „that the general phrasing of texts [...] is a much more relevant predictor of comprehensibility than the use of gender-fair language“ (58).

Bei der Gegenüberstellung von generischem Maskulinum und Stern (Friedrich et al. 2021) zeigten sich bei der Textfassung mit überwiegend pluralischen Personenbezeichnungen (Exp. 1; 17x Plural, 3x Singular ohne Artikel) sogar signifikante Vorteile für den Stern bei der subjektiven Textverständlichkeit sowie bei der Ästhetik. Bei der Text-

10 Items sind z. B.: „Die Darstellung war einfach und unkompliziert.“ (Einfachheit), „Vieles hätte man kürzer sagen können.“ (Prägnanz), „Ich fühlte mich durch den Text nicht persönlich angesprochen“ (Stimulanz), „Der Text war unelegant formuliert“ (Ästhetik) (Rothmund & Christmann 2002, 124).

11 Anrede- (z. B. „Sie haben...“) und Neutralformen wurden dabei über verschiedene Alters- und Berufsgruppen hinweg (Berufsschüler:innen, Studierende, juristisches Fachpersonal, Menschen ab 60 Jahren) am häufigsten gewählt. Dieser Befund zeigt, dass Alternativformen zum generischen Maskulinum akzeptiert und eingesetzt werden. Für weitere Studien zur Verwendung des generischen Maskulinums bzw. von Alternativformen s. z. B. Schröter, Linke & Bubenhofer (2012), Ivanov, Lange, Tiemeyer & Ptok (2019), Adler & Hansen (2020).

12 Items sind z. B. „Ich fand den Text verständlich.“ (Verständlichkeitsempfinden), „Ich wusste bei allen Wörtern sofort, was sie bedeuten.“ (Wortschwierigkeit), „Die Sätze waren kompliziert gebaut.“ (Satzschwierigkeit), „Ich fand die Sprache lebhaft.“ (Variation der Sprache) (Friedrich 2017, 287 f., 294 f.).

fassung mit hinsichtlich des Numerus gemischten Personenbezeichnungen (Exp. 2; etwa 1/3 Plural, 2/3 Singular mit Artikel) wirkte sich der Stern hingegen nachteilig auf die subjektive Textverständlichkeit, Satzschwierigkeit und Ästhetik aus, was auf einen möglichen Einfluss des Numerus resp. begleitender Genusträger wie Artikelwörter verweist.

Zum anderen gibt es Studien, die die Textverständlichkeit neben der subjektiven Bewertung auch über Kriterien erheben, die weniger subjektiv sind. Hier wird indirekt von der **Erinnerungsleistung oder Lesedauer** auf die Textverständlichkeit geschlossen.

Bei Braun u. a. (2007) lasen die Versuchspersonen einen Medikamentenbeipackzettel mit Personenbezeichnungen im generischen Maskulinum oder in Neutralformen mit Beidnennungen oder Binnen-I gemischt. Bei den anschließenden Textverständnisfragen zeigten sich im Hinblick auf die korrekt erinnerten Inhalte keine signifikanten Unterschiede zwischen den Sprachformen. Die zusätzlich anhand von drei Fragen erhobene subjektive Bewertung der Textqualität ergab keine Unterschiede hinsichtlich der Formulierungsgüte und Lesbarkeit, allerdings wurde die Verständlichkeit beim generischen Maskulinum durch die männlichen Versuchspersonen besser bewertet. Pöschko und Prieler (2018) verwendeten dieselbe Prozedur und dieselben Fragen wie Braun u. a. (2007), untersuchten aber Schüler:innen der Sekundarstufe II, die einen Projektbericht im generischen Maskulinum, mit Neutral- oder Schrägstrichformen lasen. Auch hier konnten keine Unterschiede im Hinblick auf die Erinnerungsleistung festgestellt werden, ebenso nicht bezüglich der Verständlichkeit und Formulierungsgüte. Nur bei der Lesbarkeit wurde die Schrägstrichvariante als nachteilig gegenüber dem generischen Maskulinum eingeschätzt.

Auch Huckauf, Hensel, Oberzaucher und Ehlers (2018) erhoben die Erinnerungsleistung bezüglich eines zu lesenden Presseberichts und erfassten den Prozess der Textverarbeitung zudem anhand von Blickbewegungen. Untersuchte Sprachformen waren das generische Maskulinum, Binnen-I, der Stern, Unterstrich und die GenderX-Form (jedx Schülx). Weder die Erinnerungsleistung noch die globale Lesezeit wurden durch die Sprachform beeinflusst. Bei den mit einem Eye-Tracker erhobenen Blickbewegungsdaten waren nur jene Maße für die GenderX-Form im Vergleich zu den anderen Schreibungen auffällig: Hier zeigten sich eine höhere Anzahl an Fixationen und Regressionen sowie längere Fixationsdauern. Das zusätzlich subjektiv beurteilte Lesevergnügen wurde durch das generische Maskulinum begünstigt, durch GenderX benachteiligt.

Allerdings ist einzuwenden, dass das Lesevergnügen nur anhand eines einzigen Items erhoben wurde. Zudem kann davon ausgegangen werden, dass den Proband:innen das Untersuchungsziel bekannt war, sodass die Einstellung zu verschiedenen Schreibweisen möglicherweise die Bewertung des Lesevergnügens beeinflusste.

Auch Steiger-Loerbroks und von Stockhausen (2014) verwendeten Eye-Tracking-Daten zur Untersuchung des Textverarbeitungsprozesses. Bei den Gesamtlesezeiten zeigten sich keine Unterschiede zwischen den Sprachformen. Nur im Hinblick auf ein Blickbewegungsmaß, welches sich auf die erste Erfassung des Wortes im Rahmen des kognitiven Verarbeitungsprozesses bezieht und mit der Vertrautheit und Häufigkeit von Wörtern in Verbindung gebracht wird, wurden die Personenbezeichnungen im generischen Maskulinum schneller gelesen als Neutralformen.

Klimmt u. a. (2008) sowie Blake und Klimmt (2010) erhoben ebenfalls die Lesedauer, allerdings in der Form, dass die Teilnehmenden zu Beginn und am Ende sekundengenau die Uhrzeit zu notieren hatten. Entsprechend ist fraglich, wie zuverlässig und genau die erhobenen Lesedauern sein können, bei denen sich auch keine signifikanten Effekte zeigten. Zusätzlich wurde die subjektive Einschätzung der Textverständlichkeit über zwei Skalen zur Lesbarkeit und Ästhetik erhoben: Während es zwischen generischem Maskulinum, Binnen-I mit Neutralformen gemischt sowie Beidnennung mit Neutralformen gemischt keine Unterschiede gab, wurde ein mehrmaliger Schrägstrich als schlechter lesbar und weniger ästhetisch als das generische Maskulinum beurteilt.

Darüber hinaus gibt es erste Studien, die die Verständlichkeit geschlechtssensibler und -inklusiver Sprachformen erheben, wenn diese nicht gelesen, sondern **auditiv rezipiert** werden. Jöckel u. a. (2021) ließen die Verständlichkeit im Kontext von Nachrichtenmoderationen anhand von sechs Items beurteilen, wobei bei allen Sprachformen insgesamt hohe Verständlichkeitswerte erreicht wurden. Bei den Erwachsenen erwies sich die Gap_Variante als schlechter verständlich gegenüber dem generischen Maskulinum, der Beidnennung und den Neutralformen. Bei den Schüler:innen zeigten sich keine signifikanten Unterschiede. Allerdings ist hier zu bedenken, dass die präsentierten Audiodateien mit etwa 25 Sekunden sehr kurz waren und die Personenbezeichnungen nur jeweils drei Mal vorkamen. Friedrich, Muselick und Heise (2022) wendeten ihre oben beschriebenen Skalen in Bezug auf ein etwa achtminütiges Video eines Vortrags an, in dem 27 pluralische Personenbezeichnungen im generischen Maskulinum bzw. mit Stern auftauchten. Bei keiner Verständlichkeitsskala konnten signifikante Unterschiede festgestellt werden. Weder die Einstellung der Proband:innen zu verschiedenen Sprachformen noch ihre Nutzung beeinflussten die Ergebnisse.

Zusammenfassung

Wird die Textverständlichkeit aus der Erinnerungsleistung oder Lesedauer abgeleitet, so zeigen sich im Allgemeinen keine Unterschiede zwischen verschiedenen Sprachformen. Eine Ausnahme bildet möglicherweise die GenderX-Form, die als relativ unvertraut gelten kann, bei der in Hinblick auf bestimmte Parameter in einer Studie verlängerte Lesezeiten festgestellt wurden.

Auch die subjektiv beurteilte Textverständlichkeit scheint durch geschlechtssensible und -inklusive Schreibweisen überwiegend nicht beeinträchtigt zu werden, wobei sich in einzelnen Teilbereichen in Abhängigkeit von der Sprachform Unterschiede zeigen. Der (mehrmalige) Schrägstrich, die GenderX-Form sowie der Stern werden teilweise als weniger verständlich oder weniger ästhetisch beurteilt.

Offen bleibt bisher, inwiefern der Numerus bzw. begleitende Genusträger moderierend wirken. Denn da begleitende Artikel oder Pronomen nur im Singular das Genus anzeigen, werden sie folglich auch nur im Singular durch entsprechende Schreibweisen verändert (z. B. Pl.: die Schüler:innen vs. Sg.: der:die Schüler:in). Die dargestellten Studien untersuchten jedoch entweder gemischt Singular- und Pluralformen (ohne Betrachtung des Numerus als Variable) oder ausschließlich Pluralformen, sodass bezüglich des Numerus bisher keine Aussage getroffen werden kann.[13] Bei der Untersuchung, bei der zwei Experimente mit unterschiedlich hohen Singular- und Pluralanteilen durchgeführt wurden, wird aufgrund der unterschiedlichen Beurteilung der Textverständlichkeit im Nachhinein auf einen möglichen Einfluss des Numerus verwiesen (vgl. Friedrich u. a. 2021). Weiterhin ist zu bedenken, dass die Gewöhnung an geschlechterinklusive Gap_Schreibungen die wahrgenommene Textverständlichkeit beeinflussen kann. Gleiches gilt für die Lesekompetenz der Proband:innen, die jedoch nur in einem Fall (vgl. Pöschko & Prieler 2018) per Selbsteinschätzung erhoben wurde. In jener Studie wurde kein Einfluss der Lesekompetenz festgestellt, allerdings ist fraglich, wie aussagekräftig die Lesekompetenz durch eine Selbsteinschätzung, zumal nur durch ein Item, abgebildet werden kann. Außerdem ist die Aussagekraft der Studien möglicherweise insofern unterschiedlich zu beurteilen, als dass sich die verwendeten Texte hinsichtlich ihrer Länge und der Auftretenshäufigkeit der Personenbezeichnungen stark unterscheiden: Die Bandbreite reicht von dreimaligem Auftreten pro Schreibweise bis hin zu über 40 Malen. Da die Stichproben zudem überwiegend aus Studierenden bestanden, sind weitere Studien mit anderen Personengruppen erforderlich. Hier wäre insbesondere mit Blick auf den Schulkontext interessant, ob geschlechterinklusive Gap_Schreibungen die Textverständlichkeit für DaZ-Schüler:innen oder für Nutzer:innen der leichten oder einfachen Sprache beeinflussen. Geschlechtssensible und -inklusive Schreibweisen werden in leichter und einfacher Sprache verwendet und es existieren entsprechende Handreichungen (vgl. z. B. Bedijs 2021; Scheschonk & Schumann 2021), jedoch steht die empirische Überprüfung der Verständlichkeit noch aus.

13 Eine Ausnahme stellt die Untersuchung von Friedrich und Heise (2019) dar, bei der Singularformen betrachtet wurden, jedoch gibt es keine Angaben zu Genusträgern. Zudem wird hier das generische Maskulinum mit der Beidnennung verglichen; möglicherweise ist bei der Beidnennung (der Schüler oder die Schülerin) der Einfluss der Genusträger geringer oder nicht vorhanden, da diese nicht wie bei „der:die" direkt manipuliert werden.

4 Analytische Perspektiven

4.1 Professionalität: Wissen, Einstellungen, Handeln

Was wissen (Deutsch-)Lehrkräfte über das Thema Deutschdidaktik und Geschlecht? Welche Vorstellungen verknüpfen sie damit und wie ist ihr Handeln davon geprägt? Schätzen sie eine Auseinandersetzung damit (in der Schule) für wichtig ein?

In den letzten Jahren hat sich die deutschdidaktische **Professionsforschung**, also die Forschung, die sich gezielt mit der Gruppe der Lehrkräfte des Faches Deutsch beschäftigt, erkennbar weiterentwickelt und ausdifferenziert (zuletzt im Überblick Schmidt & Schindler 2020). Die drei Konstrukte Wissen, Einstellungen (auch Überzeugungen) und Handeln haben sich für die Untersuchungen dabei als zentral herausgestellt, wobei eine Trennschärfe analytisch leichter zu bestimmen ist als beispielsweise in der unterrichtlichen und forschenden Praxis. Auch die einzelnen Konstrukte sind nicht leicht zu fassen, sondern werden weiter ausdifferenziert, so wird beispielsweise bei Wissen die Art des Wissens (z. B. analog zu Shulman 1986: Fachwissen, fachdidaktisches Wissen und pädagogisches Wissen) oder die Herkunft des Wissens (hier Abraham & Frederking 2020: erfahrungsbasiertes Wissen, wissenschaftsbasiertes Wissen, metawissenschaftliches fachdidaktisches Wissen) unterschieden. Bei Einstellungen lässt sich ebenso differenzieren, z. B. in persönliche und berufliche Deutungsmuster und Zielsetzungen oder auch in Bezug auf die Frage, inwieweit Einstellungen das Handeln bestimmen. Die ganz grundsätzliche Diskussion, wie Professionalisierung überhaupt zu verstehen und entsprechend auch zu untersuchen ist –

- als Kompetenzorientierung, der in der Deutschdidaktik dominierende Ansatz
- aus strukturtheoretischer Perspektive, die vor allem auf die Offenheit der Situationen und die Antinomien, die in ihnen herrschen, verweist
- aus berufsbiografischer Perspektive, die auf eine lebenslange Entwicklung (auch mit Brüchen und unterschiedlichen Phasen) schaut –,

kann hier nicht weiter diskutiert werden (verwiesen sei auf Baar, Hartmann & Kampshoff 2019).

Das Thema Geschlecht kann im Deutschunterricht aus Sicht der Lehrkraft in verschiedener Weise in Erscheinung treten. Es spielt beispielsweise bei der Auswahl des Gegenstands (z. B. der Lektüre, in der bestimmte Figuren auftreten) eine Rolle. Es zeigt sich aber auch in den (vermeintlich richtigen) Einschätzungen der Kompetenzen und Vorlieben von Jungen und Mädchen und ganz grundsätzlich in der Annahme bestimmter geschlechterbezogener Kategorien und deren Dekategorisierungspotenzial. Schließlich lässt es sich auch an der Sprache der Lehrkraft ablesen, z. B. im Hinblick darauf, inwieweit sie geschlechterinklusiv und nichtdiskriminierend (z. B. im Hinblick auf sexuelle Orientierungen) kommuniziert.

In der deutschdidaktischen Professionsforschung werden diese Themen bislang nicht bearbeitet, wenngleich sich in den letzten Jahren durchaus didaktische Ansätze für die Ausbildung von Lehramtsstudierenden finden lassen (vgl. Leiß 2022; Bieker & Schindler 2022). Beispielhaft skizziert hieße Professionalisierung im Sinne einer Geschlechterreflexion im Fach Deutsch:

- in Bezug auf das Konstrukt Wissen, dass sich die Lehrkräfte geschlechtertheoretische Grundlagen aneignen,
- in Bezug auf das Konstrukt Einstellung/Überzeugung, dass sie die Konstruiertheit der Kategorie Geschlecht (an-)erkennen und
- in Bezug auf das Konstrukt Handeln im Fach, dass die Lehrkräfte ihr eigenes (Sprach-)Handeln reflektieren und entsprechend ihres Wissens und ihrer Einstellung agieren.

Konkrete Hinweise zu einzelnen Konstrukten liefern bildungswissenschaftliche und pädagogische Studien, die aber weder spezifisch für die Gruppe der Deutsch-Lehrkräfte noch bezogen auf die Gegenstände des Deutschunterrichts argumentieren.

In der Pro Leg Studie (Winheller, Müller, Hüpping u. a. 2012) werden die Einstellungen von Grundschullehrkräften zu Geschlecht und Ethnizität in einem Fragebogendesign erfragt. Das Spezifische des Faches Deutsch spielt hier keine Rolle, die Studie ist zudem älter. Erkennbar ist dennoch: Die Mehrzahl der Lehrkräfte agiert geschlechterunterscheidend (und nicht geschlechterflexibel; so die Termini der Studie) zwischen Mädchen und Jungen, das betrifft beispielsweise das Loben und Strafen der Schüler:innen. Die Anlage der Studie ist binär (→ Kap. 2) organisiert.

Unterschiede zwischen Schüler:innen werden im Hinblick auf bestimmte fachliche Kompetenzen angenommen, Schülerinnen (einer Klassenkohorte) werden höhere sprachliche Kompetenzen (z. B. im Hinblick auf das Lesen), Schülern bessere mathematische Kompetenzen zugetraut. Große Schulleistungsstudien (wie PISA 2018) bestätigen diese vermeintlich geschlechtsspezifischen Unterschiede zwar. So zeigen sich beispielsweise in allen an PISA beteiligten OECD-Mitgliedsstaaten, dass Mädchen signifikant besser als Jungen im Lesestrategiewissen abschneiden (vgl. Diedrich, Schiepe-Tiska, Ziernwald u. a. 2019) – schon 2005 wiesen Hurrelmann und Groeben allerdings darauf hin, „dass das Ausmaß der Unterschiede zwischen den Geschlechtern kleiner ist als das Ausmaß interindividueller Unterschiede innerhalb der Geschlechter“ (179). Diese Beobachtung zeigt, dass die statistischen Ergebnisse solcher Studien bezüglich der Kategorie Geschlecht durchaus hinterfragt werden könnten bzw. andersherum nicht auf die Klassenkohorte zu übertragen sind. Dies gilt allein für den Zusammenhang, dass mit der Anlage einer Untersuchung, die in Jungen und Mädchen einteilt, diese Untersuchung selbst auch entsprechende Ergebnisse – die aber in sich voraussetzungsreich sind und nicht selten Stereotype reproduzieren – vorbestimmt. Dass die fachbezogenen Kompetenzen nur vermeintlich geschlechtsbezogen sind, arbeitet Willems (2007) anhand der Fächer Deutsch und Physik heraus. Willems konstatiert einen Zusammenhang von *doing gender* (→ Kap. 2) und *doing discipline* und zeigt, dass im Fach Deutsch Prozesse stattfinden, die Mädchen konkret inkludieren, Jungen exkludieren, z. B. im Hinblick auf den Einbezug in den Unterrichtsdiskurs. Dies führe zu einem Fachverständnis,

> welches die Lernenden vorrangig als Angehörige einer Geschlechtergruppe begreift und den Unterricht entsprechend – und im Widerspruch zu dem Anspruch des Faches, individuelle und subjektive Zugänge zu ermöglichen – auf kollektive Verbände ausrichtet. (Willems 2007, 181)

Des Weiteren lassen sich die oben genannten Ergebnisse (der PISA-Studie und anderer Studien) zum einen nicht auf die Grundgesamtheit Klasse übertragen (s. o.), Kompetenz ist zum anderen keine robuste, sondern veränderbare Größe, die von Motivation, Sozialisation, Förderung etc. abhängt, also auch gezielt von Lehrkräften gesteuert werden kann.

Anders gesagt, die Vorstellung, dass fachbezogene Kompetenzen geschlechtsbezogen sind, hat unmittelbare Auswirkungen auf die Einschätzung der Leistungen von Schüler:innen. Das Feedback der Lehrkräfte hat dann wiederum unmittelbare Auswirkung auf den Kompetenzerwerb der Schüler:innen. Schuster, Narciss und Bilz (2021) untersuchen, ob diese geschlechts- bzw. fachbezogenen Stereotypen (Schülerinnen sind besser in Deutsch als Schüler, Schüler sind besser in Mathe als Schülerinnen) Auswirkungen auf Noten und Feedback haben und bearbeiten dies am Beispiel eines experimentellen Settings für die beiden Fächer Deutsch und Mathematik. Sie kommen zu dem Schluss:

> Specifically, pre-service teachers who believed that gender stereotypes about subject specific abilities are true graded boys in German and girls in Math more generously. For preservice teachers who did not believe in gender stereotypes, there was no gender bias found for either subject. (828)

Dies bedeutet insgesamt, dass eine Auswertung von z. B. Schulleistungsstudien rein nach binärer Geschlechtseinteilung und mangelndes Wissen der Lehrkräfte zu einer Festschreibung geschlechtsbezogener Stereotype führt. Dadurch werden Lernkonzepte generiert, die die Lernenden, wie oben beschrieben, lediglich als Angehörige eines Geschlechts sehen und dadurch den Lernenden mitunter eine Chance auf das individuelle Lernen verwehren.

Ob auch das Geschlecht der Lehrkraft (indirekt) Auswirkungen auf Kompetenzen der Schüler:innen hat, wird bei Baar (2013) diskutiert, der männliche Grundschullehrkräfte interviewt. Die eigene Rolle gegenüber den Schüler:innen zu finden – auch als Abgrenzung zu den Kolleginnen –, wird dabei als durchaus herausfordernd eingeschätzt. Er schließt seine Überlegungen mit dem Plädoyer:

> Zu wünschen wäre, dass der Vermittlung von Genderkompetenz im Rahmen einer reflexiven Lehrerinnen- und Lehrerbildung ein höherer Stellenwert eingeräumt wird, als dies bislang der Fall ist. So findet sich beispielsweise in der Vereinbarung zu den Standards für die Lehrerbildung der Kultusministerkonferenz lediglich im Rahmen des Kompetenzbereichs ‚Erziehen' ein Hinweis auf die Bedeutung geschlechtsspezifischer Einflüsse auf Bildungs- und Erziehungsprozesse (vgl. Sekretär der Ständigen Konferenz der Kultus-

> minister der Länder in der Bundesrepublik Deutschland 2004: 9). Dass sich Studierende im Rahmen ihres Studiums systematisch mit Fragen von Geschlecht, Geschlechterverhältnissen, Geschlechterkonstruktionen auch im Bezug auf die eigene Person beschäftigen, ist bislang eher selten der Fall und vom Angebot der einzelnen Hochschulen sowie dem Engagement einzelner Lehrender abhängig. Notwendig wäre aber, dass alle künftigen Lehrerinnen und Lehrer auf einer theoretischen Ebene zunächst eine Dramatisierung der Kategorie Geschlecht erfahren, um eine anschließende Entdramatisierung derselben für die Entwicklung einer professionellen Handlungspraxis zu ermöglichen. Es wäre wünschenswert, wenn das Erlangen eines gendersensiblen reflexiven Habitus verbindlich in die Standards für die Lehrerinnen- und Lehrerausbildung aufgenommen wird und an den Hochschulen einen festen, möglichst institutionalisierten Platz finden würde. (383)

Für die Fachdidaktik Deutsch ist eine solche Institutionalisierung bislang ausgeblieben. Baar selbst (Baar u. a. 2019) kommt zu der Einschätzung, dass sich auch im erziehungswissenschaftlichen Diskurs nach wie vor zwei Annahmen gegenüberstehen: einerseits eine **sozialkonstruktivistische bzw. dekonstruktivistische Perspektive**, bei der das Geschlecht immer auch als veränderbar beschrieben wird, zum anderen eine eher naturalistische Vorstellung **biologischer Grundannahmen**, die noch stark heteronormativ geprägt sind. Genau diese Diskrepanz in dem Verständnis der Kategorie Geschlecht führt eben auch dazu, dass wir im (Deutsch-)Unterricht vor dem Dilemma „zwischen empirischer Beschreibung und theoretischer Erklärung" (Hurrelmann & Groeben 2005, 176) stehen.

Peuschel (2022) stellt zwei Studien vor, in denen Studierende (Lehramt DaZ/DaF) und praktizierende DaZ-/DaF-Lehrkräfte zu verschiedenen Schreibweisen (generisches Maskulinum, Genderstern (→ Kap. 2)) insbesondere hinsichtlich ihrer Emotionalität bezüglich der jeweiligen Schreibung befragt wurden. Bei den Studierenden überwiegt insgesamt ein Eindruck von Gleichgültigkeit sowie eine gewisse Unsicherheit (vor allem aufgrund fehlenden Wissens), die sich in einem insgesamt ambivalenten Antwortverhalten abbildet. Die Einschätzung der Lehrkräfte weicht etwas ab, auch hier finden sich ähnliche Tendenzen bezüglich Gleichgültigkeit, Zufriedenheit und Skepsis,

> aber auch eine stärkere Polarisierung gegenüber spezifischen Schreib- und Sprechweisen. In zusätzlichen qualitativen Analysen offener Antworten wird die Ablehnung gendergerechter Sprache eher grundsätzlich und ohne Ausnahmen begründet, ‚bei einer Befürwortung [sind] häufig Nuancen und Einschränkungen erkennbar', zum Beispiel der Wunsch nach Vermeidung von Diskriminierung oder auch das Streben nach Gleichberechtigung. (Peuschel 2022, 53)

In der Studie von Klocke, Latz und Scharmacher (2019) geht es um einen weiteren Aspekt des Handelns von Lehrkräften. Sie untersuchen, inwieweit Lehrkräfte geschlechtliche und sexuelle Vielfalt im Unterricht thematisieren und inwieweit sie sich aktiv gegen Diskriminierung von lesbischen, schwulen, bisexuellen, trans oder intergeschlechtlichen Personen aussprechen. Die Ergebnisse beruhen auf einer Befragung von 1.162 Lehrkräften. Neben persönlichen Einstellungen und Erfahrungen sowie der grundlegenden Überzeugung, dass „das eigene Verhalten die Vielfalt für Akzeptanz steigern lässt", waren für ein Eintreten gegen Homo- und Transfeindlichkeit auch entsprechendes Wissen und Regeln (z. B. Lehrmaterialien, Richtlinien) entscheidend. Bezüge zum spezifischen Handeln von Deutsch-Lehrkräften oder zu Inhalten des Faches Deutsch finden sich nicht.

Zusammenfassung
Insgesamt zeigt sich, dass es bislang an Untersuchungen zur Profession der Deutschlehrkräfte und zu ihrem Wissen, ihren Einstellungen und ihren Praktiken bezüglich der Kategorie Geschlecht im Deutschunterricht fehlt. Zwar finden sich Studienergebnisse – meist aus den Bildungswissenschaften –, sie sind aber in der Regel nicht exklusiv auf die Gruppe der Deutschlehrkräfte bezogen. Hier zeigt sich, dass es neben dem Wissen auch an einer geschlechterinklusiven Haltung mangelt. Für die Ausbildung von Lehrkräften zeigt sich, dass das Thema bislang kaum (und wenn, nicht systematisch oder curricular verankert) im Studium vorkommt.

4.2 Forschungsmethodische Zugänge

4.2.1 Literarische Texte

Eine geschlechterinklusive und -reflektierende Deutschdidaktik kann sich verschiedener Medien bedienen, an denen Phänomene illustriert und unterschieden werden. In diesem Band beziehen wir uns ausschließlich auf Texte, konkret auf Romane, Bilderbücher und Sachtexte. Diese Beschränkung bedeutet keine Abwertung audio-visueller Medien; im Gegenteil. Diese eignen sich vielleicht sogar in besonderer Weise, um Rollen, Bilder und Stereotype zu reflektieren. Dennoch bedienen wir uns ausschließlich an Texten, da diese für uns im vorliegenden Kontext in besonderer Weise geeignetes Anschauungsmaterial sind – beispielsweise ist der ausgewählte Sachtext Gegenstand einer Abituraufgabe gewesen, das ausgewählte Bilderbuch arbeitet in besonderer Weise über Bild, Text und Rezipient:innen und ist damit gut geeignet für den Anfangsunterricht, da die Arbeit mit dem Buch im Gegensatz zu audio-visuellen Medien von der selbstgewählten Verweildauer auf einzelnen Bildern und Textausschnitten profitiert.

Wir unterscheiden zwischen literarischen Texten und Sachtexten, da beide Textsorten unterschiedliche Funktionen übernehmen, Aufgaben erfüllen und Gratifikationen ermöglichen. Literarische Texte eröffnen Möglichkeitsräume, schaffen Distanz zum Selbst und regen damit die Reflexion an. Auch Sachtexte regen die Reflexion an, diese aber genau gegenteilig, nämlich über den konkreten Lebensweltbezug[14].

4.2.1.1 Roman

Welcher Mittel können wir uns bedienen, um einen Erzähltext hinsichtlich der Kategorie Geschlecht (→ Kap. 2) zu analysieren und damit auch sinnvoll für die unterricht-

14 Die gewählten Forschungsmethoden werden in den jeweiligen Unterkapiteln näher erläutert.

liche Praxis auszuwählen und aufzubereiten? Zum einen nutzen wir Parameter der klassischen Erzähltextanalyse und zeigen auf, wie diese Rückschlüsse auf die Darstellung der Kategorie Geschlecht zulassen. Zum anderen nutzen wir Perspektiven, die nicht genuin literaturwissenschaftlich sind, sich aber nichtsdestotrotz auf den Erzähltext anwenden und mit den erzähltheoretischen Aspekten verbinden lassen und den Blick auf die Darstellung der Kategorie Geschlecht und all ihren Zusammenhängen erweitert.

Die Erzähltheorie[15] oder auch Narratologie als Wissenschaft der Analyse und Auslegung narrativ organisierter Texte wird in unserem Zusammenhang verwendet als Heuristik zur Analyse der Kategorie Geschlecht und ist angelehnt an die Tradition des Strukturalismus, dem die Erzähltheorie zuvorderst durch Genette (2010) entsprungen ist.

Exkurs

Es gibt verschiedene Herangehensweisen, um sich einem Text zu nähern. Im Sinne der **Hermeneutik** wird ein Text interpretiert, im Sinne des **Strukturalismus** analysiert. Unter Hermeneutik (griech. Auslegungs-, Übersetzungskunst) versteht man zum einen die philosophische Theorie der Auslegung und des Verstehens überhaupt, zum anderen die literatur-philologische Kunstlehre der Textinterpretation. Das wohl bekannteste Konzept der modernen Hermeneutik dürfte der hermeneutische Zirkel sein. Dabei handelt es sich um ein Modell zur Erfassung des Verstehensprozesses. Er beschreibt das Verhältnis des Ganzen und seiner Teile zueinander: Rezipierende können demnach ein Werk nur dann verstehen, wenn sie bei der Lektüre der einzelnen Textbestandteile bereits eine Vorstellung von der Bedeutung des gesamten Textes haben. Folglich ist Verstehen demnach kein linearer und endlicher Vorgang, wie der Zirkelbegriff bereits andeutet. Wenn man so möchte, ist der Strukturalismus der (literaturwissenschaftliche) Gegenspieler der Hermeneutik. Im Strukturalismus geht es nicht darum, den (einen) Sinn eines Textes zu verstehen, sondern die Strukturen, die diesen Sinn erzeugen. Zunächst einmal ist eine strukturalistische Zugangsweise zur Literatur deshalb eine Hilfe, weil sie die Einheit eines Textes wiederherstellen kann, sie ist ein Kohärenzprinzip in der Form, dass Kohärenz durch Signifikationsprozesse hergestellt wird. Es gilt also, Strukturen herauszuarbeiten, die Textsinn erzeugen; Sinn als Effekt der Struktur. Dabei ist aber die Struktur keine beobachtbare Eigenschaft des Textes, sondern ein modellhaftes Konstrukt, das an den Text angelegt wird, um die Ordnung des Textes als Beziehungsgeflecht von Einzelelementen untereinander und in ihrer Funktion bezogen auf das Ganze zu rekonstruieren. Bei einer strukturalistischen Literaturanalyse stellen wir folglich nicht die Frage, wovon ein Text handelt, sondern die Bedeutung des Textes wird aufgerufen über Differenzen unter den Zeichen. Siehe dazu z. B. Morgenroth (2016).

15 Die erzähltheoretischen Ausführungen in diesem Kapitel sind überwiegend angelehnt an Martínez und Scheffel (2016).

Zwar wird die Kategorie Geschlecht in der klassischen Erzähltheorie (bisher) nicht als ontologische Grundvoraussetzung des Erzählens dargestellt wie zum Beispiel die Zeit oder der Modus, aber ohne den Rückgriff auf die Kategorie Geschlecht lassen sich Erzählungen kaum umsetzen (vgl. Lanser 2018, o. S. (1)).

Unterscheiden können wir dabei – wie es auch in der Erzähltheorie getan wird –, zwischen der Inhalts- und der Darstellungsebene. Die Inhaltsebene – auch Ebene der *histoire* genannt – stellt die Frage des was: Was wird erzählt? Die Ebene des *discours* – die Darstellungsebene – fragt nach dem wie: Wie wird erzählt?

Auf der **Inhaltsseite** des Textes ist es interessant zu prüfen, ob die Kategorie Geschlecht im weiteren Sinne selbst zum Thema der Erzählung gemacht wird, also im thematischen Vordergrund steht, oder ob bestimmte Aspekte miterzählt werden, also im unthematischen Hintergrund stehen. Dabei können beide Varianten positiv und negativ bewertet werden. So ist es zunächst positiv zu bewerten, wenn es Erzählungen über die Emanzipation einer weiblichen Figur, über die Hürden eines Coming-Outs, über die Suche nach der eigenen queeren (→ Kap. 2) Identität gibt. Gleichzeitig bedeutet ein solches in-den-Fokus-Rücken aber auch, es zu etwas Besonderem werden zu lassen. Die Aufmerksamkeit wird dabei gerichtet auf einen Aspekt, der noch nicht vollständig anerkannt ist. Werden hingegen erzählte Welten (Diegesen) präsentiert, die eine Bandbreite von Normalität abbilden und ein ganz anderes Thema vordergründig verhandeln, liegt eine Erzählung vor, die die Kategorie Geschlecht miterzählt und nicht hervorhebt. Dabei könnte allerdings in den Hintergrund rücken, dass bestimmte Lebens- und Identitätsformen noch immer nicht gleichwertig sind.

Allerdings sollte der Abgleich mit unserer Realität zweitrangig sein, denn Literatur ist eine Kunstform, die gerade darin besteht, eigene Welten zu erzeugen und dabei lediglich als Vehikel dienen kann, niemals aber die Realität ganz oder in Teilen abbildet oder gar verändert. Das unterscheidet sie in besonderer Weise von Sachtexten, die gerade eine solche Funktion in der Welt haben. Jeder erzählte Text etabliert zwar eine eigene Ordnung, dennoch gilt auch, dass der Text in einem außerliterarischen Kontext entsteht und das Erzählte damit den Wissenshorizont seiner Kultur miterzählt und gleichsam als Referenz dient. Auch für die Semantik eines Textes gilt, dass diese nicht der der außerliterarischen entsprechen muss. Dies gilt es vor allem bei der Analyse der Schlüsselwörter zu bedenken, d. h. diese können in der erzählten Welt eine andere Bedeutung haben als in der außerliterarischen (vgl. Krah 2016, 54). Die Analyse bedarf also eines Verständnisses von der ganz eigenen Struktur und Semantik der erzählten Welt, die eben auch Teil der Konstruktion und des Verständnisses der Kategorie Geschlecht in der Diegese ist.

Um folglich einen Text hinsichtlich der Kategorie Geschlecht untersuchen zu können, braucht es ein breites Wissen um diese Kategorie, so wie es in den Theoriekapiteln bereits eingeführt wurde. Des Weiteren werden die relevanten erzähltechnischen Grundlagen nutzbar gemacht. Diesbezüglich ist anzumerken, dass nicht immer alle erzähltheoretischen Zugänge für jeden Erzähltext geeignet sind und dementsprechend ist es auch nicht notwendig, jeden Erzähltext nach allen Zugängen zu analysieren.

Ganz grundsätzlich gilt, dass ein erzählender Text hinsichtlich der Figuren und des Raums analysiert werden kann, denn die Figuren tragen die Handlung und der Raum gibt den Handlungsrahmen vor.

Bei einer **Figurenanalyse** steht die Figur im Fokus. Wir können unterscheiden zwischen einer Analyse, die das Verhältnis verschiedener Figuren zueinander untersucht (Greimassches Aktantenmodell), und einer Analyse, die eine einzelne Figur analysiert (Figurenanalyse nach Pfister). Bei den Analysemodellen nach Greimas und Pfister handelt es sich um Zugänge, die (aus strukturalistischer Perspektive) in der Erzähltheorie gängig sind. Beide Modelle haben den Vorteil, dass sie vollkommen unabhängig vom Inhalt funktionieren und sich demnach auf jede zu analysierende Perspektive wie z. B. die Kategorie Geschlecht übertragen lassen.

Welches dieser beiden Modelle für die Analyse nun das geeignetere ist, das muss von Erzähltext zu Erzähltext untersucht werden, wobei sich auch nicht selten beide Varianten nebeneinander gut eignen. Im Anschluss an diese beiden literaturwissenschaftlichen Zugänge werden geschlechtertheoretische Perspektiven aufgeführt, die ebenfalls für eine Figurenanalyse hinsichtlich der Kategorie Geschlecht dienlich sein können.

Das **Greimassche Aktantenmodell** kann bei der Analyse eines erzählenden Textes hinsichtlich der Kategorie Geschlecht dienlich sein, folgende Fragen zu beantworten:

- Was möchte die Figur erreichen? D. h. was ist das begehrte Objekt der Figur?
- Welche Geschlechter nehmen welche Positionen im Handlungsgefüge ein?
- Wer handelt aktiv/passiv?
- Worin besteht die Dynamik der Handlung?

Vorab anzumerken ist, dass das Greimassche Aktantenmodell zunächst nicht ganz leicht zugänglich ist und auch die Begrifflichkeiten wie Subjekt und Objekt womöglich – vor allem im Kontext der Kategorie Geschlecht – irritieren können. Der Vorteil des Modells liegt aber darin, dass wir mit diesem die Dynamik der Handlung analysieren können, die von den Figuren erzeugt wird, wir aber dabei die Eigenschaften der Figuren zunächst einmal unberücksichtigt lassen können.

Das Aktantenmodell unterscheidet zwischen der Figur selbst (Akteur:in) und den Aufgaben der Akteur:in innerhalb der Handlung (Aktanten), wodurch die Figuren als Handelnde angesehen werden; die sechs Kategorien der Aktanten sind (vgl. Greimas 1971, 161–165):

- das das Objekt begehrende **Subjekt**
- das begehrte **Objekt**
- der:die **Adressat:in**, für den:die das Objekt bestimmt ist
- der:die **Opponent:in**, der:die sich zwischen Subjekt und Objekt stellt
- der:die **Sender:in**, der:die den Konflikt entscheidet
- der:die **Helfer:in**, der:die sowohl dem Subjekt als auch dem:der Opponent:in durch unmittelbares Eingreifen Hilfe leisten kann.

Dabei ist zu beachten, dass das begehrte Objekt nicht menschlicher Natur sein muss (und demnach z. B. auch ein Outing oder nonkonformes Verhalten sein kann), dass der:die Opponent:in auch ein Verlangen des Subjekts sein kann, welches im Widerspruch mit dem Objekt steht. Weiterhin zu beachten ist, dass der:die Sender:in zumeist menschlich, gelegentlich aber auch abstrakt oder passiv in Form von gesellschaftlichen Begebenheiten oder Zufällen sein und sich auch gegen den:die Helfer:in und für den:die Opponent:in entscheiden kann.

Wenn es nur eine Figur gibt bzw. eine Figur im Fokus steht oder nur eine Figur analysiert werden soll, eignet sich eine **Figurenanalyse nach Pfister**, die vier Oppositionspaare umfasst. Mithilfe dieser können beispielsweise folgende Fragen beantwortet werden:

- Entwickelt sich die Figur hinsichtlich ihrer Einstellungen, z. B. von heteronormativen Perspektiven hin zu queeren?
- Kann die Figur differenzieren zwischen unterschiedlichen Lebensformen?
- Liegt z. B. die Geschlechtsidentität der Figur völlig offen?

Pfisters Oppositionspaare bezüglich der Figurentypologie sind folgende (vgl. Pfister 1994, 240–247):

1. statisch oder dynamisch
2. eindimensional oder mehrdimensional
3. völlig definiert oder offen, mysteriös
4. transpsychologisch oder psychologisch.

Bei der Frage, ob eine Figur statisch oder dynamisch ist, geht es um die Entwicklung der Figur. Eine Figur ist eindimensional, wenn sie lediglich auf einer einzelnen Idee oder Eigenschaft beruhend konzipiert ist; mehrdimensional entsprechend bei mehreren Ideen und/oder Eigenschaften. Völlig definiert ist eine Figur, wenn dem:der Leser:in alle Merkmale, Gedankengänge der Figur etc. zugänglich sind; offen/mysteriös, wenn der:die Leser:in über Manches im Unklaren gelassen wird. Bei transpsychologischen Figuren ist laut Pfister (1994, 246) die psychologische Nachvollziehbarkeit nicht mehr gegeben, wobei diesbezüglich anzumerken ist, dass es durchaus Unterschiede für die Leser:innen geben kann, was noch nachzuvollziehen ist und was nicht.

Im Folgenden werden weitere Zugänge für die Analyse einer Figur vorgestellt, die nicht genuin literatur- oder sprachwissenschaftlichen, sondern geschlechtertheoretischen Ursprungs sind.

Eine erste Frage, die wir uns diesbezüglich stellen können, ist, wie das **Geschlecht der Figur** dargestellt wird und aus welchen Hinweisen es sich ablesen lässt.

Folgende weitere Fragen können die Einschätzung leiten:

- Liegt ein stark heteronormatives Verständnis vor?
- Wird die Heteronorm aufgebrochen?
- Ist das Verständnis primär feministisch geprägt?
- Ist die Vorstellung durch ein queeres (→ Kap. 2) Verständnis abgeleitet?
- Entspricht das Verständnis solchen Überlegungen, die in der Debatte bislang nicht benannt sind?

Bezüglich der **Geschlechtsidentität** (→ Kap. 2) einer Figur sind wir darauf angewiesen, dass die Figur diese selbst benennt. Um zu wissen, welches biologische Geschlecht (***sex*** (→ Kap. 2)) eine Figur hat, benötigen wir die entsprechenden Hinweise über den Körper der Figur. Bei der ***sex-category*** (→ Kap. 2) helfen die Selbst- und Fremdbeschreibung der Figur selbst sowie anderer Figuren oder der Erzählinstanz (sollte die Figur nicht selbst auch die Erzählinstanz sein); auch der Name der Figur kann zur *sex-category* (→ Kap. 2) gezählt werden. Interessant ist hier, wie markant geschlechtlich der Name ist und wie markant er hervorgehoben wird, beispielsweise über das Unterstreichen durch Pronomen. Das Verhalten und entsprechende Handlungen lassen Rückschlüsse auf das ***gender*** (→ Kap. 2) der Figur zu. Hier ließe sich herausarbeiten, ob es Beurteilungen bestimmter Verhaltensweisen durch die Figur selbst oder andere Figuren diesbezüglich gibt und wann diese positiv/negativ ausfallen. Schließlich gilt es herauszufinden, in welcher Kongruenz diese hier perspektivierten vier Seiten des Geschlechts – Geschlechtsidentität, *sex*, *sex-category*, *gender* – stehen und welche dieser vier Seiten in der Erzählung für die Vergeschlechtlichung der Figur relevant gesetzt wird. Daraus lassen sich dann des Weiteren Rückschlüsse ziehen über die Geschlechternormen der Diegese.

Bei einer Analyse der Figur kann eine weitere Dimension nutzbar gemacht werden, die unter dem Stichwort **Geschlechterrollen** subsumiert werden kann. Bezogen auf den literarischen Text können folgende Fragen die Analyse leiten und auch durch diese beantwortet werden:

- Welche Geschlechterrollen liegen in der erzählten Welt vor?
- Über welche Merkmale und Eigenschaften werden die Geschlechterrollen konstruiert?
- Wie verhalten sich die Figuren zu diesen Geschlechterrollen?
- Liegt ein Bruch mit der zugeschriebenen Geschlechterrolle vor? Wenn ja, wird diese sanktioniert? Bei wem und wie?
- In welchem Verhältnis stehen unterschiedliche Geschlechterrollen zueinander? Wie werden diese voneinander abgegrenzt?

Geschlechterrollen geben einen vermeintlichen Handlungsspielraum vor, einen Rahmen, in dem sich eine männliche/weibliche Person verhalten darf (für alle Menschen, die sich der binären geschlechtlichen Ordnung entziehen, gibt es noch keine so weitreichenden Geschlechterrollen, was den Konstruktcharakter ebenjener aufzeigt)[16]. Dieser Handlungsspielraum bedeutet einen sicheren Rahmen, aber auch Restriktionen und Einschränkungen, Normierungen und Zuschreibungen. Gleiches gilt für die erzählte Welt eines Romans beziehungsweise gilt es herauszufinden, inwiefern bestimmte Geschlechterrollen konstruiert werden und wie diese in der erzählten Welt den Rahmen des Möglichen vorgeben.

Der **Raum** einer erzählten Welt gibt, wie erwähnt, den Handlungsrahmen der Diegese vor. Grundsätzlich gilt, dass der Raum zunächst einmal ein eigenes gesell-

16 Zur Konstruktion der Geschlechterrollen siehe den Eintrag *doing gender* (→ Kap. 2) und weiterhin Hornscheidt (2017). Für eine Ausführung zu Geschlechterstereotypen siehe z. B. Eckes (2010).

schaftliches System darstellt und weiter aufgegliedert werden kann in die einzelnen Subsysteme und auch konkret die einzelnen Räume, die die Figuren betreten.

Auch bezüglich der Raumanalyse beginnen wir mit einem genuin literaturwissenschaftlichen Ansatz, um dann zu den eher geschlechtertheoretischen überzugehen, die aber ebenfalls über die Raumsemantik der Diegese funktionieren.

Aus literaturwissenschaftlicher Perspektive immer noch zentral ist **Lotmans Raumanalyse** (1986), die Lotman als **Konzept der Grenzüberschreitung** versteht. Mithilfe einer Raumanalyse nach Lotman lassen sich folgende Fragen beantworten, die wieder gleichzeitig dazu dienen, die Analyse zu rahmen:

- Wer darf in welchem Raum sein und seine Identität voll entfalten?
- Welche Regeln geben dem Raum den Rahmen?
- Wofür steht die Grenze zwischen den Räumen?
- Wer darf die Räume wechseln?
- Was geschieht mit einer Figur bei einem Raumwechsel?
- Welche Räume sind nur für bestimmte Figuren/Gruppen zugänglich?

Lotman stellt eine enge Verknüpfung zwischen dem erzählten Raum und der dargestellten Handlung her. Für Lotman setzt sich die globale Struktur der Handlung aus drei Bestandteilen zusammen:

1. aus einer erzählten Welt, die in zwei komplementäre Untermengen (Teilräume) aufgeteilt ist
2. aus einer Grenze zwischen diesen Untermengen, die in der Regel nicht überschritten werden kann, im vorliegenden Text von der Figur allerdings schon
3. aus der die Handlung tragenden Figur.

Für Lotman entfaltet sich die Handlung, wenn die Figur die benannte Grenze überschreitet. Der komplementäre Gegensatz der Teilräume entfaltet sich für Lotman wiederum auf drei Ebenen:

1. topologisch durch Oppositionen wie hoch und tief, innen und außen etc.
2. durch die Verbindung dieser topologischen Unterscheidungen mit nicht topologischen, sondern zumeist wertenden semantischen Gegensatzpaaren wie gut und böse, vertraut und fremd etc.
3. durch die Konkretisierung dieser semantisch-topologischen Ordnung durch topografische Gegensätze der dargestellten Welt wie Berg und Tal, Stadt und Dorf etc.

Die Raumgrenzen der dritten Ebene – die topografischen – werden für Lotman allerdings erst dann zu einer klassifikatorischen Grenze, wenn sie zusätzlich topologisch, d.h. in ihrem räumlichen Verhältnis zueinander, und semantisch, also mit Bedeutung, codiert sind (vgl. Martínez & Scheffel 2016, 158).

Das Modell der räumlichen Ordnung ist zentral, weil für Lotman jede kulturelle Ordnung topologisch strukturiert ist. Folglich kann von symbolbeladenen Teilräumen gesprochen werden. Wird nun innerhalb eines Romans die Grenze zwischen zwei

Teilräumen überschritten, liefert dies einen entscheidenden Hinweis auf die weitere Entwicklung der Erzählung.

Geschlechtertheoretische Perspektiven, die mit der Kategorie Raum verbunden sind, sind beispielsweise eine **(Meta-)Reflexion der Heteronormativität** (→ Kap. 2). Folgende Fragen spielen bezüglich dieser Perspektive eine Rolle:

- Entspricht die erzählte Welt einer heteronormativen Ordnung?
- Sind sich die Figuren dieser heteronormativen Ordnung bewusst?
- Reflektieren und/oder sprechen die Figuren über die heteronormative Ordnung?

Bezüglich der Fragen kann Butlers Hinweis dienlich sein, dass ein Subjekt bzw. im Falle einer Erzählung eine Figur immer als Konsequenz aus der Sprache entsteht, jedoch immer nur innerhalb schon existierender Begriffe (vgl. Butler 2015, 101). Es gilt herauszufinden, über welche Regeln in der erzählten Welt eine gesellschaftliche Ordnung erzeugt wird, wie sich die Figuren zu dieser Ordnung positionieren und mit welchen positiven und negativen Konsequenzen sie deshalb konfrontiert werden. Das heißt also auch, welches das Mindestmaß an Einhaltung der Regeln ist, um überhaupt als Subjekt (in der erzählten Welt) anerkannt zu werden.

Eine weitere geschlechtertheoretische Perspektive auf den Raum ist jene einer möglichen **Erweiterung binärer Kategorisierungen** (→ Kap. 2 binär). Analyseleitende Fragen können dabei sein:

- Gibt es nichtbinäre Figuren?
- Wie wird Nichtbinarität markiert?
- Wer markiert Nichtbinarität?
- Erfahren nichtbinäre Figuren Ausschlüsse, die binäre Figuren nicht erfahren?
- Welche Handlungsmacht haben nichtbinäre Figuren?
- Finden Aneignungsprozesse nichtbinärer Figuren statt?

Geschlechtliche Binarität kann aufgebrochen oder erweitert werden. Das gelingt durch die Störanfälligkeit der Wiederholung zitierter Geschlechterrollen und über umdeutende Artikulationen. Dies bedeutet, dass Normen anders gedeutet werden können als üblich oder dass Normen angeeignet werden, die nicht dem zugeschriebenen Geschlecht entsprechen (vgl. Jäckle, Eck, Schnell u. a. 2016, 44 f). Dadurch werden die Grenzen dessen, was bisher als möglich angesehen wurde, verschoben. Zumeist geschehen diese Umdeutungsprozesse durch die Personen/Figuren selbst, wir kennen solche von den Aneignungsprozessen der Selbstbeschreibung von Schwarzen und queeren Menschen, die sich die zunächst abwertenden Bezeichnungen zu eigen gemacht und damit aufgewertet haben.

Abschließend können wir **Geschlecht als interdependente Kategorie** verstehen. Dabei geht es um folgende Fragen:

- Welche Kategorien spielen in der erzählten Welt eine Rolle und interdependieren demnach?
- Welche Merkmale einer Kategorie sind markiert?
- Welche Merkmale einer Kategorie sind positiv konnotiert, welche negativ?

Eine Kategorie als interdependent zu verstehen, baut auf dem Intersektionalitätsansatz auf, erweitert diesen aber. Es bedeutet zum einen, dass unterschiedliche Differenzkategorien nicht separat voneinander betrachtet werden können. Zum anderen bedeutet dies, dass einzelne soziale Kategorien keinen genuinen Kern haben, d. h. es gibt demnach nichts, was an dieser Kategorie unveränderlich ist, das Wechselspiel mit anderen Kategorien und die Beeinflussungen durch oder auf andere Kategorien sind konstitutiv. Für unsere Erzähltextanalyse bedeutet dies, dass Figuren nahezu immer interdependente Figuren sind. Und dies auch dann, wenn die Merkmale der hegemonialen Gruppe nicht benannt werden, wie z. B. Weißsein oder nicht-be-hindert-sein. Eine Faustregel dabei lautet – in der erzählten wie in der außerliterarischen Welt –: Die Norm ist unbenannt. Dies kann beispielsweise bedeuten, dass erwähnt wird, dass eine Figur Schwarz ist, aber nicht erwähnt wird, dass andere Figuren *weiß* sind.

Im Folgenden widmen wir uns der **Darstellungsebene** eines erzählten Textes, also konkret der Frage danach, wie etwas erzählt wird. Bezogen auf eine geschlechterreflektierende Deutschdidaktik können wir fragen, wie Geschlecht sprachlich erzeugt wird, welche Geschlechter eine Stimme bekommen, welche Ereignisse – bezogen auf die Kategorie Geschlecht im weiteren Sinne – wann erzählt werden. Um diese Fragen zu beantworten, bedienen wir uns erneut genuin literaturwissenschaftlicher Mittel, aber auch sprachwissenschaftlicher und geschlechtertheoretischer.

Im Folgenden betrachten wir die erzähltechnischen Aspekte, die für eine Erzähltextanalyse bezogen auf die Kategorie Geschlecht dienlich sein können.

Bezüglich der **Zeit** wird die Ordnung, die Dauer und die Frequenz analysiert. Bei der **Ordnung** geht es um die Frage, in welcher Reihenfolge die Geschichte präsentiert wird. Chronologisch oder anachron? Wenn nicht chronologisch, was wird vorweggenommen (Prolepse) oder worauf wird zurückgeblickt (Analepse)? In welchem Bezug stehen die Anachronien zur Thematisierung der Kategorie Geschlecht?

Die erste Form der **Dauer** ist die Isochronie oder auch zeitdeckendes Erzählen genannt. Bei dieser wird alles so erzählt, wie es geschieht, wodurch ein Realitätseffekt und eine Unmittelbarkeit erzeugt werden. Diese Form der Dauer kommt damit dem realen Geschehen am nächsten und erzeugt damit eine Form der Alltäglichkeit. Dementsprechend könnte das Verhandeln der Kategorie Geschlecht in dieser Form der Dauer eine Normalität oder auch Normalisierung abbilden.

Beim zeitraffenden oder auch summarischen Erzählen wird schneller erzählt als das Geschehen vorangeht. Dem Ereignis wird in seiner Darlegung damit weniger Zeit eingeräumt, als es eigentlich in Anspruch nimmt, wodurch eine Banalisierung stattfindet, die positiv und negativ bewertet werden kann. Die Extremform des zeitraffenden Erzählens ist die Ellipse, in der die Erzählung ganz stillsteht, zumeist markiert durch einen Zeitsprung. Beim zeitdehnenden Erzählen ist es genau andersherum als beim zeitraffenden Erzählen: Es wird langsamer erzählt als es geschieht, wodurch auf das Erzählte ein besonderer Fokus gelegt wird. Hier ist die Pause die Extremform, in der die Erzählung zwar weitergeht, aber nichts passiert. Beschreibungen jeglicher Art sind dafür ein Beispiel.

Bei der Frage nach der **Frequenz** geht es um die Frage danach, wie oft etwas erzählt wird. Und auch daraus können Schlüsse über die Relevantsetzung gezogen werden. Beim singulativen Erzählen wird einmal erzählt, was sich einmal ergeben hat, wodurch ein Realitätseffekt erzeugt wird. Beim repetitiven Erzählen wird wiederholt erzählt, was sich einmal ergeben hat, wodurch ein Fokus auf das Ereignis gelegt wird. Beim iterativen Erzählen wird schließlich einmal erzählt, was sich mehrmals zugetragen hat, wodurch eine Form der Banalisierung erzeugt wird und auch ein Rahmen für das Alltägliche gesetzt werden kann.

Die zweite Oberkategorie der Erzähltextanalyse ist der **Modus**. Dazu gehören die Distanz sowie die Fokalisierung. Bei der Frage nach der **Distanz** geht es um die Distanz zwischen Erzähltem und Vermittlung. Im narrativen Modus ist die Distanz größer, die Distanz zwischen Erzähltem und Vermittlung wird erzeugt über die Kenntlichmachung nichtsprachlicher Ereignisse durch die Erzählinstanz. Das Erzählte wird also mittelbar präsentiert, wodurch z. B. die Kategorie Geschlecht leichter markiert werden kann. Im dramatischen Modus fallen in seiner deutlichsten Form das Erzählte und die Vermittlung zusammen, es ist keine Erzählinstanz sichtbar, das Erzählte erfolgt unmittelbar, wodurch das Geschlecht leichter unmarkiert bleiben kann.

Bezüglich der **Fokalisierung** wird analysiert, aus wessen Sicht erzählt wird – eine interessante Perspektive hinsichtlich der Analyse der Kategorie Geschlecht. Welche Geschlechter kommen zu Wort, wer darf Ich sagen, über wen wird gesprochen, wer spricht wie viel etc. Bei der Nullfokalisierung hat die Erzählinstanz die Übersicht und weiß bzw. sagt mehr als irgendeine der Figuren weiß bzw. wahrnimmt. Wenn die Erzählinstanz nicht mehr weiß bzw. sagt als die Figur, dann liegt eine interne Fokalisierung vor. Sagt bzw. weiß die Erzählinstanz weniger als die Figur sagt bzw. wahrnimmt, dann liegt eine externe Fokalisierung vor.

Die dritte Kategorie der Erzähltextanalyse ist die **Stimme**. Hier geht es um den Zeitpunkt des Erzählens sowie die Stellung der Erzählinstanz zum Geschehen. Bezüglich des **Zeitpunktes des Erzählens** gibt es gleichzeitiges, früheres und späteres Erzählen. Gleichzeitiges Erzählen ist gegenwärtiges Erzählen und stellt dementsprechend einen Gegenwartsbezug her. Späteres Erzählen ist vergangenes Erzählen und eröffnet eine vollendete bzw. historische Perspektive. Früheres Erzählen schaut in die Zukunft und eröffnet damit Perspektiven, wie es werden könnte.

Der zweite Aspekt der Stimme ist die Frage nach der **Stellung der Erzählinstanz zum Geschehen**. Eine heterodiegetische Erzählinstanz ist eine solche, die selbst nicht als Figur in der erzählten Welt auftritt. Hier ist es spannend, ob wir als Leser:innen der Erzählinstanz ein Geschlecht zuschreiben und woran wir dies festmachen. Eine homodiegetische Erzählinstanz tritt auch als Figur in der Diegese auf, ist aber nicht die Hauptfigur. Ist sie doch die Hauptfigur, dann haben wir es mit einer autodiegetischen Erzählinstanz zu tun. Wer sind also die Figuren, die erzählen dürfen, und welches Geschlecht wird ihnen zugewiesen?

Neben den Parametern der Erzähltextanalyse ist für die Analyse der Darstellungsebene ebenfalls interessant, wie auf sprachlicher Ebene Geschlecht erzeugt wird.

Zum einen geht es um die Frage, ob das **generische Maskulinum** (→ Kap. 2) verwendet wird oder nicht, d. h. meint das generische Maskulinum alle Geschlechter oder ist es gar nicht generisch, sondern konkret maskulin. Die Antwort gibt damit immer auch Hinweise auf die geschlechtliche Ordnung der Diegese, sprich ob es tendenziell eher eine heteronormative Ordnung ist oder nicht. Zum anderen können wir untersuchen, ob es ausschließlich männliche und weibliche Figuren gibt oder auch nichtbinäre, die durch ein Sonderzeichen wie das Sternchen oder den Doppelpunkt markiert werden. Weiterhin ist es auch interessant, wer die Figuren in bestimmter Weise vergeschlechtlicht, also die Figuren sich selbst oder gegenseitig und/oder die Erzählinstanz?

Im Folgenden werden die relevanten Aspekte erst der Inhaltsebene, dann der Darstellungsebene bezüglich der Analyse der Kategorie Geschlecht im Erzähltext tabellarisch aufgeführt:

Tabelle 2: Übersicht über Analyseaspekte der Inhaltsebene

Analyseaspekt	**Konkretisierung des Analyseaspekts**	**Relevante Aspekte bezüglich des Themas Geschlecht**
Figur	Greismassches Aktantenmodell	• Was möchte die Figur erreichen? D. h. was ist das begehrte Objekt der Figur? • Welche Geschlechter nehmen welche Positionen im Handlungsgefüge ein? • Wer handelt aktiv/passiv? • Worin besteht die Dynamik der Handlung?
	Pfisters Modell zur Figurenanalyse	• Entwickelt sich die Figur hinsichtlich ihrer Einstellungen, z. B. bezüglich heteronormativer Perspektiven hin zu queeren? • Kann die Figur differenzieren zwischen unterschiedlichen Lebensformen? • Liegt z. B. die Geschlechtsidentität der Figur völlig offen?
	Inkongruenzen zwischen *sex*, *sex-category* und *gender*	• Liegt ein stark heteronormatives Verständnis vor? • Wird die Heteronorm aufgebrochen? • Ist das Verständnis primär feministisch geprägt? • Ist die Vorstellung durch ein queeres Verständnis abgeleitet? • Entspricht das Verständnis solchen Überlegungen, die in der Debatte bislang nicht benannt sind?
	Reflexion der Geschlechterrollen	• Welche Geschlechterrollen liegen in der erzählten Welt vor? • Über welche Merkmale und Eigenschaften werden die Geschlechterrollen konstruiert? • Wie verhalten sich die Figuren zu diesen Geschlechterrollen? • Liegt ein Bruch mit der zugeschriebenen Geschlechterrolle vor? Wenn ja, wird diese sanktioniert? Bei wem und wie? • In welchem Verhältnis stehen unterschiedliche Geschlechterrollen zueinander? Wie werden diese voneinander abgegrenzt?

(Fortsetzung Tabelle 2)

Analyse-aspekt	Konkretisierung des Analyseaspekts	Relevante Aspekte bezüglich des Themas Geschlecht
Raum	Lotmans Konzept der Grenzüberschreitung	• Wer darf in welchem Raum sein und seine Identität voll entfalten? • Welche Regeln geben dem Raum den Rahmen? • Wofür steht die Grenze zwischen den Räumen? • Wer darf die Räume wechseln? • Was geschieht mit einer Figur bei einem Raumwechsel? • Welche Räume sind nur für bestimmte Figuren/Gruppen zugänglich?
	(Meta-)Reflexion der Heteronormativität	• Entspricht die erzählte Welt einer heteronormativen Ordnung? • Sind sich die Figuren dieser heteronormativen Ordnung bewusst? • Reflektieren und/oder sprechen die Figuren über die heteronormative Ordnung?
	Erweiterung binärer Kategorisierungen	• Gibt es nichtbinäre Figuren? • Wie wird Nichtbinarität markiert? • Wer markiert Nichtbinarität? • Erfahren nichtbinäre Figuren Ausschlüsse, die binäre Figuren nicht erfahren? • Welche Handlungsmacht haben nichtbinäre Figuren? • Finden Aneignungsprozesse nichtbinärer Figuren statt?
	Geschlecht als interdependente Kategorie	• Welche Kategorien spielen in der erzählten Welt eine Rolle und interdependieren demnach? • Welche Merkmale einer Kategorie sind markiert? • Welche Merkmale einer Kategorie sind positiv konnotiert, welche negativ?

Tabelle 3: Übersicht über Analyseaspekte der Darstellungsebene

Analyse-aspekt	Konkretisierung des Analyseaspekts	Relevante Aspekte bezüglich des Themas Geschlecht
Zeit	Ordnung	• Welche Ereignisse werden vorweggenommen? • Auf welche Ereignisse wird zurückgeblickt? • In welchem Bezug stehen die Anachronien zum Thema Geschlecht?
	Dauer	• Isochronie: Das Verhandeln der Kategorie Geschlecht in dieser Form der Dauer kann eine Normalität oder auch Normalisierung abbilden. • Raffung: Da dem Ereignis in seiner Darlegung weniger Zeit eingeräumt wird, kann eine Banalisierung stattfinden, die positiv und negativ bewertet werden kann. • Dehnung: Auf das Erzählte wird ein besonderer Fokus gelegt.
	Frequenz	• Singulativ: Realitätseffekt • Repetitiv: Fokus auf das Ereignis • Iterativ: Form der Banalisierung und auch ein Rahmen für das Alltägliche

(Fortsetzung Tabelle 3)

Analyse-aspekt	Konkretisierung des Analyseaspekts	Relevante Aspekte bezüglich des Themas Geschlecht
Modus	Distanz	• Narrativer Modus: Durch die Mittelbarkeit kann die Kategorie Geschlecht leichter markiert werden. • Dramatischer Modus: Durch die Unmittelbarkeit ist keine Erzählinstanz sichtbar, wodurch das Geschlecht unmarkiert bleiben kann.
	Fokalisierung	• Nullfokalisierung: Durch die Übersicht können Geschlechter benannt oder auch ausgelassen werden. • Interne Fokalisierung: Geschlecht wird markiert, wenn die Figur sich eins zuspricht. • Externe Figur: Ist die Kategorie Geschlecht so stark in den Strukturen des Textes verankert, dass Geschlechter trotz der Außensicht benannt werden?
	Zeitpunkt des Erzählens	• Gleichzeitiges Erzählen stellt dementsprechend einen Gegenwartsbezug her. • Späteres Erzählen eröffnet eine vollendete bzw. historische Perspektive. • Früheres Erzählen schaut in die Zukunft und eröffnet damit Perspektiven, wie es werden könnte.
	Stellung der Erzählinstanz zum Geschehen	• Heterodiegetische Erzählinstanz: Schreiben wir als Leser:innen der Erzählinstanz ein Geschlecht zu? Woran machen wir dies fest? • Homodiegetische/autodiegetische Erzählinstanz: Spricht die Erzählinstanz sich selbst ein Geschlecht zu? Wenn ja, auf welcher Ebene und in welcher Form über welche Merkmale?
Doppeldeutigkeit des generischen Maskulinums		• Wird das generische Maskulinum verwendet? Generisch oder spezifisch? • Gibt es ausschließlich männliche und weibliche Figuren oder auch nicht-binäre, die durch ein Sonderzeichen wie das Sternchen oder den Doppelpunkt markiert werden? • Wie sprechen die Figuren über andere Figuren?

Zusammenfassung

Literarische Texte eröffnen Möglichkeitsräume, schaffen Distanz zum Selbst, regen die Reflexion an und eignen sich deshalb in besonderer Weise für einen geschlechterreflektierenden Deutschunterricht. Für die Analyse eines Romans hinsichtlich der Kategorie Geschlecht nutzen wir einerseits Parameter der klassischen Erzähltextanalyse, andererseits geschlechtertheoretische Perspektiven. Eine erzähltheoretische Analyse unterteilen wir in die Analyse der Inhaltsebene (Was wird erzählt?) und der Darstellungsebene (Wie wird erzählt?). Bezüglich des Inhalts können wir den Roman in puncto der Figuren, des Raums, der Inkongruenzen zwischen *sex*, *sex-category* und *gender*, der (Meta-)Reflexion der Heteronormativität, der Reflexion der Geschlechterrollen, der Erweiterung binärer Kategorisierungen sowie der Interdependenzen analysieren; die Darstellungsebene im Sinne der Parameter der Erzähltextanalyse Zeit, Dauer, Frequenz, Modus und Stimme mit ihren jeweiligen Unterparametern sowie bezüglich der Doppeldeutigkeit des generischen Maskulinums.

4.2.1.2 Bilderbuch

Im Anschluss an die vorhergegangenen Ausführungen zu einer Erzähltextanalyse folgen nun Ausführungen zu den Besonderheiten einer Bilderbuchanalyse[17], die den Fokus auf die Analyse der Kategorie Geschlecht (→ Kap. 2) legt. Grundsätzlich unterscheidet sich das Bilderbuch vom Erzähltext dadurch, dass hier **Bild und Text** vorliegen. Bild und Text erzählen für sich genommen eine Geschichte, aber erst im Zusammenspiel entfalten sie das volle Potenzial der Erzählung.

Bei der Bilderbuchanalyse geht es, ähnlich wie in der Erzähltextanalyse, nicht nur darum, **was erzählt** wird, sondern auch **wie erzählt** wird. Kurwinkel hebt hervor, dass jedem Bilderbuch eine symbolische Ebene eingeschrieben sei,

> die Interpretation versucht, über die Buchstäblichkeit der Zeichen hinauszugehen und im Zusammenspiel von Texten und Interpreten etwas zur Sprache zu bringen, worüber die Texte auf den ersten Blick ‚scheinbar keine Aussage, eine ungenaue Aussage oder eine eindeutige Aussage mach[en]' (Luserke-Jaqui 2007, 45). (Kurwinkel 2020, 191)

Kurwinkels Hinweis ist bei der Analyse der Kategorie Geschlecht besonders relevant, denn heteronormative Strukturen können tief in den Strukturen der Erzählung angelegt und damit auf den ersten Blick nicht ersichtlich sein, zumal, wenn die Kategorie Geschlecht nicht selbst zum Thema der Erzählung gemacht wird. Die Bilderbuchanalyse hilft also solch derart tief verankerte Strukturen aufzudecken. Die Bildebene spielt dabei eine besondere Rolle, z. B. hinsichtlich der Fragen: Mit welchen Abbildungen von Körpern werden wir bildlich konfrontiert? Lösen diese Darstellungen Irritationen aus, weil die Figuren beispielsweise nicht unserer Vorstellung entsprechen? Anhand welcher äußeren Merkmale schreiben wir ein Geschlecht zu? Und stimmt unsere optische Wahrnehmung und Einschätzung mit der Beschreibung der Textebene überein?

Um sich diesen Fragen zu nähern, wird im Folgenden Staigers sechsdimensionales Modell zur Bilderbuchanalyse (2022) vorgestellt und direkt auf eine Analyse der Kategorie Geschlecht übertragen.

Staiger (2022) nennt folgende sechs Dimensionen:

1. Paratextuelle und materielle Dimension[18]
2. Verbale Dimension (Wort, Stilanalyse, Mehrsprachigkeit, Raum)

---

17 Die grundlegenden Aspekte einer Bilderbuchanalyse werden in aller Ausführlichkeit diskutiert in Staiger (2014), Kurwinkel (2020), Dammers, Krichel und Staiger (2022).

18 Bei dieser Dimension stehen der Paratext und alles, was den eigentlichen Text umschließt, sowie die materiellen Eigenheiten des Mediums Buch im Vordergrund. Das betrifft beispielsweise den Klappentext, ggf. ein Vorwort etc. Diese Dimension scheint für unser Vorhaben zunächst einmal weniger relevant zu sein, weshalb an dieser Stelle auf nähere Ausführungen verzichtet wird. Diese sind aber umfänglich bei Staiger (2022) nachzulesen.

3. Bildliche Dimension (visuelle Gestaltung: Positionierung im Raum, Stereotype, Farbgebung)
4. Intermodale Dimension (Text-Bild-Verhältnis: symmetrisch, komplementär, kontrapunktisch, widersprüchlich)
5. Narrative Dimension (Erzähltextanalyse hinsichtlich *discours* und *histoire*)
6. Kontextuelle Dimension (extratextuelle: thematische Bezugswissenschaften)

Wir beginnen mit der von Staiger zuletzt genannten Dimension, der kontextuellen Dimension, weil diese in unserem Anliegen besondere Relevanz hat, da die Analyse der Kategorie Geschlecht kaum möglich ist, ohne außerliterarische Bezüge herzustellen. **Die kontextuelle, also außerliterarische Dimension** verweist auf intertextuelle und extratextuelle Bezüge, die für die Interpretation notwendig sind. Für uns spannend sind die extratextuellen Kontexte. Dabei handelt es sich um Bezüge, die nicht direkt mit dem Buch verbunden sind, sondern in die außerliterarische Realität hinausweisen. Dabei kann es um den Entstehungshintergrund gehen, der historisch-gesellschaftliche Aspekte tangiert oder die Biografie des:der Künstler:in betrifft. Diese Aspekte sind für unseren Kontext von besonderer Relevanz: Welche Gemeinsamkeiten und Unterschiede gibt es in der Darstellung der Geschlechter im Abgleich mit jenen in der außerliterarischen Wirklichkeit? Werden historische Entwicklungen bezüglich der Geschlechter aufgegriffen oder utopische Szenarien kreiert? Welchen Bezug hat der:die Künstler:in zum Thema Geschlecht? Dabei ist stets zu beachten, dass hier wie im Erzähltext das Thema Geschlecht im unthematischen Hintergrund oder im thematischen Vordergrund stehen kann. Dementsprechend werden die aufgeführten Fragen unterschiedlich offensichtlich beantwortet und Bezüge zur Kategorie Geschlecht hergestellt werden können. Jede Interpretation erfolgt durch eine Kontextualisierung, die neben den inter- und extratextuellen Bezügen auf Bezugswissenschaften und theoretische Hintergründe zurückgreift: Inwiefern geht die Darstellung der Geschlechter mit aktueller Forschung der Gender und Queer Studies, der Soziologie, der Erziehungs- und Politikwissenschaften einher? Wie werden diese Bezüge in die Bild-Text-Kombination eingebaut?

Die nächste für uns relevante Dimension ist die **verbale Dimension**, die auf die sprachliche Gestaltung des Buches eingeht. Bezüglich des Wortes ist in unserem Kontext die Frage nach Schlüsselwörtern bezüglich der Kategorie Geschlecht interessant. Weiterhin kann herausgearbeitet werden, inwiefern z. B. das generische Maskulinum verwendet wird, ob es eine geschlechterinklusive Schreibweise (→ Kap. 2) gibt, ob Namen über Pronomen vergeschlechtlicht werden, in welcher Funktion Begriffe aus dem semantischen Feld des Geschlechtes Verwendung finden usw. Auf der Bedeutungsebene können entscheidende Hinweise für die Analyse der Kategorie Geschlecht liegen. Beispielsweise kann über eine semantische Analyse der Frage nachgegangen werden, ob in der Diegese eine Frau das gleiche bedeutet wie in der außerliterarischen Wirklichkeit. Gefragt werden kann auch, wer die Deutungshoheit hat, bestimmte Subjekte zu konstituieren und Identitäten einen Subjektstatus zusprechen kann. Bezüglich einer Stilanalyse fragt Staiger unter anderem, ob rhetorische Figuren und bildliche

Redeweisen zum Einsatz kommen. Für unsere Analyse ist es interessant, ob es bestimmte Metaphern oder Ausdrucksweisen gibt, die Geschlechtlichkeit umschreiben und/oder ob bestimmte Kontexte des Geschlechts schamhafter oder indirekter benannt werden als andere. Ein weiterer Aspekt, den Staiger für die Analyse der verbalen Dimension nennt, ist Mehrsprachigkeit. Bei der Mehrsprachigkeit geht es um übersetzte Bilderbücher; hier ist es spannend zu sehen, ob bei der Übersetzung Verschiebungen bspw. bezüglich der Geschlechtsdarstellung oder der Genus-Sexus-Verschränkung (→ Kap. 2) stattgefunden haben. Ganz besonders interessant sind dabei Texte, die von einer genuslosen Sprache (z. B. Englisch) ins Deutsche übersetzt worden sind. Bezüglich der verbalen Dimension kann ebenfalls der Raum analysiert werden, dies aber in mehrfacher Hinsicht. Hier geht es zunächst einmal um die bildliche Räumlichkeit: Welcher Blickwinkel wird durch den Standpunkt der Betrachter:innen eingenommen? D. h. übertragen auf unser Thema: Was sehen die Rezipient:innen? Weiterhin können Räume aber auch eine symbolische Bedeutung haben, d. h. gibt es zum Beispiel besonders heteronormativ geprägte Räume oder queere Räume?

Die nächste Dimension, die Staiger nennt, ist die **bildliche Dimension**, die alle Aspekte der visuellen Gestaltung betrifft. Elemente, die in der Bildmitte positioniert sind, würden die Zentralposition besetzen – wer wird warum in den Fokus gerückt?[19] Elemente am äußeren Rand könnten auf Außenseiter:innentum hinweisen; sind Elemente vertikal angeordnet, könne dies für Hierarchisierungen stehen. Durch die westliche Lesetradition ist es des Weiteren so, dass eine Figur, die nach rechts ausgerichtet ist, den Eindruck erweckt, in die Welt oder nach vorne zu blicken, umgekehrt wirkt eine nach links ausgerichtete Figur, als blicke sie zurück (siehe dazu Kurwinkel 2020, 161 f.). Bei der bildlichen Dimension ist für uns weiterhin zentral, ob die Figuren stereotyp gezeichnet sind, wodurch visuell Geschlecht markiert wird. Auch die Farbgebung spielt dabei eine Rolle – werden die stereotypisierten Farben rosa und blau verwendet oder gemieden?

In der **intermodalen Dimension** wird das wechselseitige Verhältnis von Bild und Schrifttext sowie das Design erfasst. Bei der Analyse eines Bilderbuches ist diese Dimension zentral, weil das Verhältnis, in dem Bild und Text zueinander stehen, zentral für das Verständnis des Bilderbuches ist. Dabei können Bild und Text in unterschiedlichen Verhältnissen korrelieren: Ein symmetrisches Verhältnis liegt vor, wenn Bild und Text die gleichen Informationen vermitteln; komplementär ist das Verhältnis, wenn Bild und Text jeweils Informationen liefern, die nicht miteinander kongruent sind und das Zusammenspiel von Bild und Text daher eine komplexere Bedeutung konstituiert als Bild und Text jeweils alleine. Ein weiteres Verhältnis zwischen Bild und Text ist das kontrapunktische. Dabei geben Bild und Text grundlegend verschiedene Informationen, es werden gegenläufige Geschichten erzählt, die jedoch gemeinsam eine neue Deutungsmöglichkeit eröffnen. Zuletzt ist von einem widersprüchlichen Verhältnis die Rede, wenn sich die Informationen aus Schrift und Bild widersprechen und damit gegenseitig ausschließen. Staiger merkt diesbezüglich allerdings an, dass diese

19 Interessant ist für diesen Aspekt auch eine linguistische/kommunikationswissenschaftliche Analyse der Proxemik, d. h. der Anordnung im Raum.

Variante sehr selten vorkomme (vgl. Staiger 2022, 16 f.). Für uns stellt sich hier die Frage, ob Differenzerfahrungen bezüglich der Darstellung der Kategorie Geschlecht über das Verhältnis von Bild und Text erzeugt werden.

Zuletzt geht es um die **narrative Dimension**, und diese enthält die gleichen erzähltextanalytischen Kategorien auf der Ebene der *histoire* (Was wird erzählt?) und des *discours* (Wie wird erzählt?), die wir bereits im vorherigen Kapitel zur Erzähltextanalyse kennengelernt haben und die im Bilderbuch mithilfe von bildlichen als auch verbalen Codes bzw. in ihrem Zusammenspiel realisiert werden. Dementsprechend werden alle sich doppelnden Parameter nur erwähnt und nicht erneut erörtert. Neues wird hinzugefügt. Bezüglich der Inhaltsebene geht es hier um das Thema der Erzählung, erneut um den Raum, der unter dem Aspekt der narrativen Dimension nach den Kriterien analysiert wird, die wir im vorherigen Kapitel kennengelernt haben. Weiter geht es um die Analyse der zeitlichen Struktur und das potenzielle Vorhandensein von Symbolen und möglichen (Leit-)Motiven. Auch eine Figurenanalyse gehört zum „Was?" der narrativen Dimension. Bezüglich der Figuren unterscheidet Kurwinkel (2020, 103 f.) zwischen typisierten und individualisierten Figuren. Typisierte Figuren sind dabei quasi ent-individualisiert, sie tragen keine Namen, sondern werden häufiger über Berufs-, Geschlechts- oder Altersbezeichnungen gekennzeichnet. Individualisierte Figuren verändern sich im Verlauf der Erzählung, sie entwickeln sich folglich im Gegensatz zu den typisierten. Bei unserer Analyse ist es spannend zu sehen, welche Figuren/welche Geschlechter typisiert sind und welche individualisiert, welche Figuren fallen aus der Rolle und stechen im Vergleich zu den anderen Figurenzeichnungen hervor?

Auch bei der Bilderbuchanalyse geht es auf der Darstellungsebene um die Erzählperspektive und den Erzählmodus. Dabei unterscheidet Staiger zwischen einer bildlichen Erzählinstanz und einer verbalsprachlichen, was bedeutet, dass beide Ebenen hinsichtlich ihrer Erzählinstanz analysiert werden sollten, wozu auch die Fokalisierung und der Modus gehören. Staiger hebt hervor:

> Im Bilderbuch ist die bildliche Erzählinstanz oftmals völlig anders gelagert als die verbalsprachliche. Bilderbuchillustrationen geben meistens einen Überblick über die dargestellte Szene [...] und sie nehmen nur sehr selten die subjektive Perspektive einer Figur ein. Dies gilt auch für Erzählungen, die parallel im Schrifttext einen Ich-Erzähler präsentieren. (Staiger 2022, 20)

Kurwinkel (2020, 127) hebt diesbezüglich noch hervor, dass ein Bild nicht direkt personal erzählen könne, es könne aber indirekt das Bewusstsein einer Figur samt Gedanken und Gefühlen über Mimik und Gestik abbilden, auch die visuelle Gestaltung könne dies unterstreichen. Hier scheint es für uns von besonderem Interesse, welche Diskrepanzen über die Ebenen bezogen auf die Kategorie Geschlecht erzeugt werden und ob dadurch ein Machtgefälle und/oder eine Wertung stattfindet. Bei der Zeitdarstellung ist ein Spezifikum des Bilderbuches, dass ein einzelnes Bild nicht zwingend eine Tempusmarkierung enthält, diese erfolgt häufig erst über die Abfolge mehrerer Bilder hintereinander. Demnach übernimmt zumeist der Schrifttext die Markierung von Zeitlichkeit.

Im Folgenden werden die relevanten Aspekte der einzelnen Dimensionen bezüglich der Analyse der Kategorie Geschlecht im Bilderbuch tabellarisch aufgeführt:

Tabelle 4: Dimensionen der Kategorie Geschlecht im Bilderbuch

Dimension	Konkretisierung der Dimension	Relevante Aspekte bezüglich des Themas Geschlecht
Kontextuelle D.	Extratextuelle Ebene	• Gemeinsamkeiten und Unterschiede der Geschlechter zueinander und im Abgleich mit jenen in der außerliterarischen Wirklichkeit • Historische Entwicklungen • Biografie des:der Künster:in • Abgleich mit thematischen Bezugswissenschaften
Verbale D.	Wort	• Schlüsselwörter • Geschlechterinklusive Schreibweise
	Stilanalyse	• Metaphern
	Mehrsprachigkeit	• Grammatische Veränderungen durch die Übersetzung
	Raum	• Standpunkt der Betrachter:innen • symbolischer Raum
Bildliche D.	Positionierung im Raum	• Fokus • Horizontale oder vertikale Anordnung • Ausrichtung nach rechts oder links
	Stereotype	• Geschlechterdarstellung
	Farbgebung	• Rosa und Blau • Farbgebung insgesamt
Intermodale D.	symmetrisch	• Bild und Text vermitteln die gleichen Informationen
	komplementär	• Bild und Text liefern Informationen, die nicht miteinander kongruent sind; das Zusammenspiel konstituiert eine komplexere Bedeutung → Differenzerfahrung?
	kontrapunktisch	• Bild und Text liefern grundlegend verschiedene Informationen, es werden gegenläufige Geschichten erzählt, die jedoch gemeinsam eine neue Deutungsmöglichkeit eröffnen → Differenzerfahrung?
	widersprüchlich	• Informationen aus Text und Bild widersprechen sich und schließen sich damit gegenseitig aus. → Differenzerfahrung?
Narrative D.	Inhaltsebene	s. Kap. 4.2.1.1
	Darstellungsebene	s. Kap. 4.2.1.1

Die Analyse eines Bilderbuches ermöglicht die Trennung dieser verschiedenen Dimensionen, im Bilderbuchtext selbst agieren sie zusammen, wobei eine Dimension stärker ausgeprägt sein kann als eine andere.

Zusammenfassung
Das Bilderbuch unterscheidet sich vom Erzähltext dadurch, dass hier Bild und Text vorliegen, unabhängig voneinander eine Geschichte erzählen, aber erst im Zusammenspiel das volle Potenzial der Erzählung entfalten. Auch bei der Bilderbuchanalyse analysieren wir die Inhalts- und die Darstellungsebene. Dabei können heteronormative Strukturen tief in der Anlage der Erzählung verankert und damit auf den ersten Blick nicht ersichtlich sein, zumal, wenn die Kategorie Geschlecht nicht selbst zum Thema der Erzählung gemacht wird. Die Bilderbuchanalyse hilft, derart tief verankerte Strukturen aufzudecken. Die Bildebene spielt dabei eine besondere Rolle, z. B. hinsichtlich der Fragen: Mit welchen Abbildungen von Körpern werden wir bildlich konfrontiert? Lösen diese Darstellungen Irritationen aus, weil die Figuren beispielsweise nicht unserer Vorstellung entsprechen? Anhand welcher äußeren Merkmale schreiben wir ein Geschlecht zu? Und stimmt unsere optische Wahrnehmung und Einschätzung mit der Beschreibung der Textebene überein? Um sich diesen Fragen zu nähern, haben wir Staigers sechsdimensionales Modell zur Bilderbuchanalyse (2022) auf eine Analyse hinsichtlich der Kategorie Geschlecht übertragen.

4.2.2 Sachtexte

Geschlechtersensible und später -inklusive Sprache (→ Kap. 2) ist seit vierzig Jahren ein Forschungsgebiet der Genderlinguistik (→ Kap. 2) (vormals Feministische Linguistik (→ Kap. 2), vgl. vor allem Klann-Delius 2005, Samel 2000 und Kotthoff & Nübling 2018), sie wird zudem intensiv in der Öffentlichkeit diskutiert, das gilt für Beiträge im (öffentlich-rechtlichen) Fernsehen, Print- und Online-Journalismus, der Diskussion in den sozialen Medien und vermutlich auch im Freund:innen- und Familienkreis. Aus analytischer Perspektive ergibt sich damit eine große, schwer zu überblickende Datenmenge. Eine einfache Suchanfrage im SPIEGEL-Archiv nach den Schlagwörtern „Gender Sprache“ liefert beispielsweise allein 251 Einträge. Die gleiche Suchanfrage bei der FAZ online für Texte, die nur zwischen dem 01.01.2022 und dem 07.09.2022 erschienen sind, listet 37 Beiträge auf.

Aus unterrichtlicher Perspektive: Sachtexte zum Thema geschlechtersensible/-inklusive Sprache für den Unterricht auszuwählen und aufzubereiten, ist nicht wenig (-er) herausfordernd; in jedem Fall ist eine unterrichtliche Einbettung notwendig. Die schwierige Textauswahl hat verschiedene Gründe: Die Diskussion ist dynamisch und verändert sich stark. Schulbuchtexte, die eine lange Produktions- und Verweildauer haben, sind daher oft wenig geeignet, da sie gesellschaftliche (auch juristische) Veränderungen nicht entsprechend schnell aufnehmen können. Die Diskussion wird zudem oftmals sehr engagiert und mitunter polemisch geführt, nicht immer werden sachliche Gründe für eigene Überlegungen angegeben, sondern vielmehr die als politische Gegner:innen identifizierten Personen diffamiert, beleidigt und bedroht. Die damit verbundenen (vereinfachten) Botschaften finden sich auch auf Merchandising-Produkten. Träger:innen von T-Shirts können sich damit als Anti-Gender-Vertreter:in

(„Don't gender my gender") oder als Feminst:in („Destroy the Patriarchy") – und noch vieles mehr – eindeutig verorten.

Die entsprechend stark aufgeladene gesellschaftliche Debatte wird von den Schüler:innen gespiegelt. Denn geschlechterinklusive Sprache hat auch viel mit ihnen zu tun; einige haben sich damit bereits intensiv auseinandergesetzt, sich beispielsweise für Pronomen entschieden, die ihre Geschlechtsidentität abbilden, andere lehnen diese Auseinandersetzung für sich und andere kategorisch ab. Umso wichtiger scheint eine sachliche, mit Argumenten gestützte Auseinandersetzung, die respektvoll umgesetzt und von einer Lehrkraft angeleitet wird.

Zu bedenken ist auch, dass die Rezeption von Sachtexten (und überhaupt von Texten) in den letzten Jahren deutlich zurückgegangen ist. In der Altersgruppe der 12–19-Jährigen ist der Anteil derjenigen, die eine Tageszeitung lesen, von fast 50 % (2004) auf 13 % (2021) gesunken (vgl. Statista 2021).

Die Auseinandersetzung mit Sachtexten findet außerhalb der Schule also nur noch für eine Minderheit der Schüler:innen statt. In der #UseTheNews-Studie des Leibniz-Instituts für Medienforschung (vgl. Hasebrink, Hölig & Wunderlich 2021) zeigt sich, dass unabhängig vom Informationsinteresse der Jugendlichen die häufigste Quelle der Information Social Media ist. Neben Texte von Journalist:innen treten – ohne inhaltliche Abstufung – die Einschätzungen von Influencer:innen und anderen Prominenten. Posts und Tweets sind oftmals kurz, verschlagwortet und arbeiten mit Bild, Ton und Text im Zusammenspiel; das Lesen und die Analyse eines mehrseitigen, unbebilderten Zeitungsartikels kann dann zuweilen ermüdend sein.

In diesem Kapitel werden drei Methoden vorgestellt, die bei der Auswahl und Aufbereitung von Sachtexten genutzt werden können. Dies dient zum einen dazu, Anregungen für kleinere Forschungsprojekte zu geben, zum anderen dazu, die üblichen Methoden der Auseinandersetzung mit Texten in der Schule zu erweitern, wenngleich dies im stark durchgetakteten und an festen Textmustern orientierten Unterricht nicht immer einfach sein wird. In Kapitel 5.2 werden diese Methoden anhand eines Textes konkretisiert und illustriert. Alle Methoden sind ausführlich in Methodenbänden beschrieben, auf die an entsprechender Stelle verwiesen wird. Eine solch methodisch angelegte Auseinandersetzung mit Sachtexten dient dazu, Texten anders zu begegnen und sie – auch losgelöst von den eigenen Motiven und Überlegungen – zu verstehen. Schule kann dann ein Ort der möglichst analytischen Auseinandersetzung sein. Im Rahmen einer Erhebung mit Oberstufenschüler:innen, die verschiedene Sachtexte zum Thema geschlechterinklusiver Sprache bearbeitet und im Anschluss in Gruppengesprächen dazu Auskunft gegeben haben, benennen sie dies als besonderen Vorteil der schulischen Bearbeitung des Themas. Die vier Schüler:innen, die hier befragt werden, äußern, dass sie es gut finden, wenn sie auch mit anderen Perspektiven konfrontiert werden und zugleich durch die Lehrkraft Orientierung bekommen.

```
212   AbW:   UND ähm;
213          (-) das irgendwie nochmal (.) ja relativ neuTRAL ein[geordnet]
             zu bekommen,
214   INT:                                                   [hm_HM,   ]
215          oKAY,
216   AbW:   hilft glaub ich MIR auch-
217          (-) mir nochmal eine (-) ja fundiertere MEInung vielleicht
             [zu bil]den-
218   INT:   [hm_HM,]
219   AbW:   und EINfach-
220          (--) °h ja MEHR zu sehen als (.) mein eigenen horizont,
221          und mein FREUNdeskreis is ja auch-
222          (--) ja in gewisser weise sind es ja auch menschen die mir
             ÄHneln,
223          und [ähnliche] ANsichten [haben,]
224   INT:       [hm_hm   ]           [oKAY, ]
225   AbW:   und son kurs is ja jetz nunmal zuSAMmengewürfelt,
```

Abbildung 1: Auszug aus einem Gruppengespräch[20]

4.2.2.1 Textanalyse

Textanalyse gilt als eine Kernkompetenz des Faches Deutsch. Neben literarischen Texten sollen Schüler:innen auch Sachtexte untersuchen können – das gilt bereits ab der Primarstufe (vgl. KMK 2022). Eine Methode der systematischen Prüfung von Texten ist die **Textanalyse**; diese kann also auch genutzt werden, um Sachtexte, die sich mit dem Thema geschlechterinklusiver Sprache beschäftigen, aufzuschlüsseln. Die im Unterricht verwendete Textanalyse orientiert sich zwar an den Kategorien, wie sie in der Textlinguistik herausgearbeitet wurden, problematisiert diese Kategorien aber durchweg weniger. So sind beispielsweise eine Einschätzung und Verortung der Textsorte und der Textfunktion, Beschreibung des Textmusters, Konkretisierung der kommunikativen Situation, in der der Text platziert ist (Erscheinungsort und -jahr; Adressat:in), sowie die Markierung inhaltlicher Propositionen und sprachlich-stilistischer Merkmale durchaus (kontroverser) Gegenstand der wissenschaftlichen Forschung. Die Frage beispielsweise, was genau eine Textsorte ist und wie sie sich von anderen Textsorten unterscheidet bzw. wer oder was das entscheidet, spielt aus schulischer Perspektive aber nur eine nachgeordnete Rolle.[21]

Baurmann (2009) legt ein praktikables Instrumentarium von sechs Merkmalen vor, die bei einer Textanalyse Schritt für Schritt ermittelt werden können; diese Analyse kann eine schulische Untersuchung durchaus erweitern. Das erste (und damit als

20 Das Interview ist aufgezeichnet und anschließend nach GAT 2.0 (Gesprächsanalytisches Transkriptionssystem) transkribiert worden (vgl. Selting u. a. 2009).

21 Eine gute Übersicht zur Textlinguistik als linguistischer Disziplin bietet der Sammelband von Nina Janich (2019). Hinweise zur Analyse bietet die „Textlinguistik fürs Examen" von Heike Hausendorf und Wolfgang Kesselheim (2008).

prominent ausgewiesene) Merkmal ist die Bestimmung der **Textfunktion**. Die Textfunktion fragt danach, worauf der Text abzielt, d. h. was die Intention des Textes ist. Ganz grundsätzlich können Sachtexte über einen Sachverhalt informieren und/oder Leser:innen instruieren (Informationsfunktion), sie können an Leser:innen appellieren (Appellfunktion) oder sie zu etwas verpflichten (Obligationsfunktion), sie dienen vielleicht der Aufrechterhaltung der Beziehung (Kontaktfunktion) oder benennen einen Tatbestand, der sich unmittelbar auf die Leser:innen auswirkt (Deklarationsfunktion). Die Textfunktion ist nicht immer eindeutig, möglicherweise können mit einem Text auch mehrere Intentionen (und entsprechend Funktionen) verknüpft sein.

In welchem **Kontext** der Text steht, soll im nächsten Schritt ermittelt werden. Der Kontext eines Textes ist zunächst einmal ganz grundsätzlich der Rahmen, in dem der Text platziert ist: In welchem Verhältnis stehen Emittent:in (Autor:in) und Rezipient:in? Sind dem Text bereits andere Texte vorangegangen (z. B. ein Zeitungsartikel, auf den ein Leser:innenbrief folgt) bzw. sollen andere Texte folgen (z. B. eine Stellungnahme, auf die Reaktionen erwartet werden)? Wie ist die (aktuelle, z. B. politische und rechtliche) Situation rund um den Text einzuschätzen? Baurmann nennt den **Adressaten** (die Adressat:innen) als drittes Kriterium. Nicht immer, gerade in Texten der Massenmedien, sind die Adressat:innen leicht bestimmbar. Texte selbst können aber Spuren legen, die im Hinblick auf Vorwissen, Präferenzen und Motive und damit Annahmen über die Leser:innen gedeutet werden können. Eine Einschätzung über den Text wird mit Merkmal vier getroffen, hier soll die „**Qualität und der Umfang des Mitgeteilten**" ebenso wie die „**Art des vermittelten Wissens**" (Baurmann 2009, 15) eingeschätzt werden. Unterschieden werden kann hinsichtlich der Aktualität des Mitgeteilten, der thematischen Entfaltung (mono- oder polythematisch) und der Art des Wissens (Fakten- vs. Handlungswissen). Die **thematische Entfaltung** wird in Merkmal fünf noch genauer aufgeschlüsselt, indem geprüft wird, ob der Text das Thema vollständig oder reduziert, faktenbezogen oder wertend, monoreferenziell oder polyreferenziell und schließlich deskriptiv, explikativ, argumentativ oder narrativ bearbeitet. Das letzte Merkmal richtet sich auf die **sprachlichen und nichtsprachlichen Mittel**, die im Text Verwendung finden, neben Wortwahl, Syntax und Semantik bezieht sich dies auch auf Typografie, Texttyp (z. B. Hypertext), Bildlichkeit u. a. Im Fall unseres Themas kann eine solche Analyse vor einer vorschnellen Textbewertung schützen, indem zunächst erkennbare Eigenschaften des Textes bestimmt werden. Besonders das letzte Merkmal lässt sich häufig etwas ausführlicher analysieren und nimmt dabei alle Sprachdimensionen schriftlicher Texte in den Blick (Morphologie, Syntax, Semantik und Pragmatik) und versucht den besonderen Stil des Textes zu beschreiben.

Tabelle 5: Analyse von Sachtexten, orientiert an Baurmann (2009)

Textfunktion	Worauf zielt der Text ab? Soll er informieren, unterhalten, instruieren, mich zu einer Handlung bewegen, etwas beschreiben, zu einem Problem argumentieren?
Kontext	In welchem Zusammenhang steht der Text? Wer kann/soll den Text lesen (alle, einige, nur eine Person)? Antwortet der Text auf einen anderen Text, verlangt der Text eine Antwort?

(Fortsetzung Tabelle 5)

Adressat	Was ist über die Adressat:innen bekannt? Welches Wissen wird vorausgesetzt? Was für Motive und Interessen verfolgen sie?
Qualität und Umfang des Mitgeteilten	Wie lässt sich der Text einschätzen? Ist er aktuell, umfassend, innovativ? Wird eins oder werden mehrere Themen behandelt? Welche Art von Wissen wird vermittelt?
Thematische Entfaltung	Wie wird das Thema im Text behandelt? Werden die Inhalte beschrieben, erklärt, argumentiert oder erzählt? Ist das Thema vollständig oder in Teilen dargestellt? Ist die Darstellung neutral oder wertend?
Sprachliche und nicht-sprachliche Mittel	Wie ist die Textgestalt? Handelt es sich um einen Fließtext, einen Hypertext, einen Infotext? Welche Rolle spielen Bilder? Welche sprachlichen Mittel werden eingesetzt? Wie ist der Text gestaltet (Typografie, Textausrichtung etc.)?

4.2.2.2 Inhaltsanalyse

Ganz grundlegend lässt sich die **Inhaltsanalyse** von der Textanalyse im Hinblick auf das Untersuchungsziel unterscheiden. Während es bei der Textanalyse (vornehmlich) um den „Text“ und seine Eigenschaften geht, die beschrieben werden sollen, bezieht sich die Inhaltsanalyse auf die (im Text diskutierten) Inhalte (wenngleich auch formale Aspekte von Texten eine Rolle spielen können; z. B. die Länge von Sätzen). Die Inhaltsanalyse gibt es in unterschiedlichen Ausprägungen. Unterschieden wird zunächst zwischen der **qualitativen** und der **quantitativen** Inhaltsanalyse. Verkürzt: Qualitative und quantitative Inhaltsanalyse unterscheiden sich zum einen im Hinblick auf die verarbeitete Textmenge (bei quantitativer Inhaltsanalyse ist diese in der Regel größer), aber auch auf die Offenheit/Geschlossenheit der Kategorien (bei qualitativer Inhaltsanalyse sind die Kategorien in der Regel offener) sowie auf das Erkenntnisinteresse (bei **qualitativer Inhaltsanalyse** geht es eher um die **Genese neuer Hypothesen**, bei **quantitativer Inhaltsanalyse** um die **Ausprägung bestimmter Phänomene**; zur qualitativen Inhaltsanalyse siehe auch Heins 2018; zur quantitativen Inhaltsanalyse Uhl 2018). Döring und Bortz (2016) fassen die Unterschiede folgendermaßen zusammen:

> Während die quantitative Inhaltsanalyse darauf abzielt, anhand eines Forschungsproblems bestimmte formale und inhaltliche Merkmale von Dokumenten mittels eines theoriebasierten vollstandardisierten Kategoriensystems zu messen und dann statistisch auszuwerten (deduktives Vorgehen), will die qualitative Inhaltsanalyse anhand eines Forschungsproblems die Bedeutungsgehalte von Dokumenten durch eine datengesteuerte schrittweise Kodierung herausarbeiten (induktives Vorgehen). (541)

Sie geben aber unmittelbar zu bedenken, dass eine solch „pointierte Gegenüberstellung“ zu „relativieren“ sei.

> Denn eine qualitative Inhaltsanalyse kann deduktive Elemente enthalten (z. B. theoriebasierte Codes berücksichtigen) und eine quantitative Inhaltsanalyse kann induktive Elemente enthalten (z. B. datengenerierte Kategorien). (541)

Da für eigene, kleinere Forschungsprojekte sowie die Arbeit im Unterricht eher die qualitative Ausprägung der Inhaltsanalyse sinnvoll erscheint, soll sie hier fokussiert werden. Die qualitative Inhaltsanalyse zielt darauf, **Material** (in diesem Fall einen oder mehrere Texte) „**datenreduzierend, kategorienorientiert, auch latente Bedeutungen berücksichtigend, systematisch und regelgeleitet**" (Heins 2018, 303; das Zitat ist syntaktisch angepasst) zu analysieren. Dabei geht es darum, im weitesten Sinne „fixierte Kommunikation" (Mayring 2015, 13) zu untersuchen und damit „Rückschlüsse auf bestimmte Aspekte der Kommunikation zu ziehen" (ebd.). Kern inhaltsanalytischer Arbeiten ist die Entwicklung von Kategorien wie auch die Kodierung des Materials im Hinblick auf diese Kategorien. Unterstützend können Programme wie MAXQDA[22] eingesetzt werden. MAXQDA ist eine Software, in der Daten annotiert werden können. Sie ermöglicht die gezielte Nutzung und Aufbereitung der zuvor vergebenen Codes (annotierten Kategorien)[23]. Gerade bei größeren Datenmengen ermöglicht dies eine vereinfachte Suche und Dokumentation von Befundstellen.

Wenngleich es auch innerhalb der qualitativen Inhaltsanalyse verschiedene Ausprägungen gibt, die sich je nach Theoriebezug unterscheiden (vgl. Kuckartz & Rädiker 2022), zeigen sich zentrale Gemeinsamkeiten, die hier im Mittelpunkt stehen sollen. Üblich ist ein bestimmter, durchaus zirkulärer **Ablauf**, der von der im Zentrum der Arbeit stehenden Forschungsfrage strukturiert wird. Diese bestimmt die Datenauswahl und -erhebung, die Bildung der Kategorien, die Kodierung der Daten, die Analyse der kodierten Daten und die Darstellung der Ergebnisse. Am Anfang der Arbeit steht die **Fragestellung**, daraus wird abgeleitet, welche Daten ausgewählt bzw. erhoben werden sollen – sollen beispielsweise Einstellungen von Lehrkräften zu geschlechterinklusiver Sprache untersucht werden, ist es sinnvoll, Lehrkräfte in Interviews zu befragen. Auch die nächsten Schritte – Bildung der Kategorien, Kodierung der Daten und Analyse der kodierten Daten – stehen in unmittelbarer Abhängigkeit von der Fragestellung (und dem entsprechenden theoretischen Hintergrund). Denkbar wäre dann herauszuarbeiten, welche Überzeugungen Lehrkräfte zum Thema zeigen, wie diese strukturiert und systematisiert werden können (z. B. im Hinblick auf Bezüge zu Fragen von Gerechtigkeit, Partizipation, Verständlichkeit etc.).

Gerade für kleinere, qualitative Forschungsprojekte bietet sich eine **fallbezogene Auswertung** an. Eine fallbezogene Auswertung geht vom einzelnen Beispiel aus, das in Einzelteile (Segmente) zerlegt wird, dem jeweils Textstellen zugeordnet werden, die Codes entsprechen und zu Kategorien zusammengefasst werden können.

22 MAXQDA ermöglicht eine kostenlose Testversion, die für kleinere bzw. kürzere Projekte verwendet werden kann. Die anschließende Vollversion ist kostenpflichtig.

23 Die Unterscheidung von „Kategorie" und „Code" ist nicht ganz einfach (vgl. auch Kuckartz & Rädiker 2022, 58 ff.). Im Folgenden soll Kategorie als gedankliches Konzept, Code als Werkzeug der Umsetzung verstanden werden.

Tabelle 6: Methodologisches Vorgehen – fallbezogene Auswertung

Segment	Textstelle	Codes	Übergeordnete Kategorie
Zeile 1–10	Zitat aus einem Text, Transkriptzeilen	C: Partizipation C: fehlende Verständlichkeit	K: Einstellungen gegenüber geschlechterinklusiver Sprache
Zeile 11–20	Zitat aus einem Text, Transkriptzeilen	C: Inklusion	

Im Kern der Forschungsmethode steht die Arbeit mit den (schriftlichen) Daten. Ganz grundlegend wird bei der Inhaltsanalyse unterschieden, ob die Kategorien eher von außen (also beispielsweise durch eine Auseinandersetzung mit der Theorie) an das Material herangetragen werden (deduktives Vorgehen) oder ob sie aus dem Material selbst entwickelt werden (induktives Vorgehen). Mayring (2015, 65 ff.) unterscheidet verschiedene **Analysetechniken**, mit denen das Material bearbeitet werden kann: **Zusammenfassung** (hier wird das Material so reduziert, dass nur noch die wesentlichen Inhalte erhalten bleiben, dies geschieht in mehreren Schritten von der Paraphrasierung, der Generalisierung bis zur Reduktion), **Explikation** (dreht das Verfahren quasi um und erläutert die jeweilige Textstelle mit zusätzlichem Material) und **Strukturierung** (ordnet das Material z. B. unter zuvor festgelegten Kriterien).

Bei der Zusammenfassung wird iterativ vorgegangen. In einem ersten Durchgang werden alle inhaltlich relevanten Aspekte paraphrasiert und generalisiert. In einem nächsten Schritt werden dann Doppelungen gestrichen, sodass entsprechend abstrahierte, reduzierte Kategorien entstehen.

Tabelle 7: Zusammenfassung des Datenmaterials

Fall	Seite/ Zeile	Paraphrase	Generalisierung	Reduktion
A	01–08	Geschlechtergerechte Sprache ist im Unterricht nicht nutzbar, weil sie weitgehend unverständlich für Schüler:innen mit DaZ ist.	Verständlichkeit für DaZ-Lernende	Verständlichkeit geschlechterinklusiver Sprache für Lernende (z. B. mit DaZ)
A	09–15	DaZ-Lernende kennen die verschiedenen Möglichkeiten der gendergerechten Sprache nicht und verstehen sie nicht.	Verständlichkeit für DaZ-Lernende	

4.2.2.3 Korpusanalyse

Während die Inhaltsanalyse sich (vornehmlich) auf inhaltliche Aspekte konzentriert, die aus den Daten herausgearbeitet werden, ist der Fokus der **Korpuslinguistik** auf **sprachliche Informationen zu Sprachsystem und Sprachgebrauch** gerichtet und umfasst Untersuchungen zur gesprochenen und geschriebenen Sprache. Korpuslinguist:innen arbeiten dazu mit bestehenden, annotierten Korpora, z. B. dem DWDS-Wortschatzkorpus[24], oder sie stellen ein eigenes Korpus zusammen (dazu Lemnitzer 2022; in jedem Fall sollten die Daten digitalisiert vorliegen). In der Regel sind diese Korpora sehr umfassend, die Fragestellungen zielen auf **grundlegende grammatische Befunde oder typische Gebrauchspraktiken**. Herausgearbeitet werden können Befunde zur Orthografie, Morphologie, Syntax, aber auch (eingeschränkt) zur Semantik (vgl. auch Lemnitzer & Zinsmeister 2015). Auswertungsmethoden sind in der Regel computergestützt und erheben quantitative Ausprägungen (und entsprechende Belegstellen). Für die unterrichtliche Praxis werden vermutlich vor allem Referenzkorpora eine Rolle spielen. So könnte aus einer korpuslinguistischen Perspektive interessant sein, wann und in welchem Umfang bestimmte Movierungen verwendet werden. Eine Suchanfrage im DWDS-Korpus nach „Bundeskanzlerin" gibt eine Übersicht über die Bedeutungen und zeigt sogenannte Wortverlaufskurven.

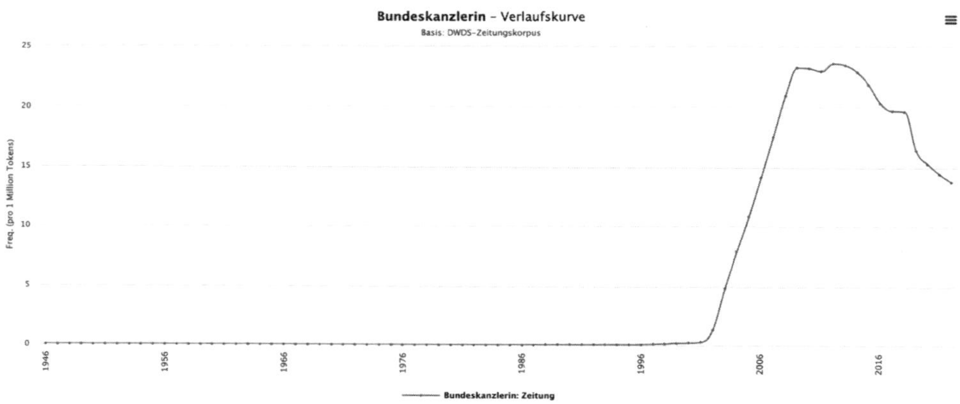

Abbildung 2: Wortverlaufskurve „Bundeskanzlerin" (Quelle: Berlin-Brandenburgischen Akademie der Wissenschaften (Hg.). *„Bundeskanzlerin".* DWDS – Digitales Wörterbuch der deutschen Sprache. https://www.dwds.de/wb/Bundeskanzlerin (Zugriff am: 27.01.2023))

Mit der Wahl von Dr. Angela Merkel zur Bundeskanzlerin (2005) steigt also auch die Frequenz des Wortes sprunghaft an. Vor 2005 finden sich keine entsprechenden Einträge. Hier zeigt sich sehr eindrücklich, wie Sprache gesellschaftliche Wirklichkeit spiegelt. Interessant wäre es auch, Schreibungen wie das Binnen-I, den Genderstern und den Gendergap u. a. nachzuweisen. Aber Referenzkorpora wie das DWDS-Korpus haben zugleich ihre (zeitlichen) Begrenzungen, bislang sind lediglich (Zeitungs-)Texte bis 2010 ausgewertet (vgl. dazu auch Lemnitzer 2022).

In den letzten Jahren hat sich die Korpuslinguistik als Methode innerhalb der Linguistik etabliert (vgl. auch die vielen Beiträge dazu in Beißwenger, Lemnitzer & Mül-

24 Das DWDS-Wortschatzkorpus ist ein digitales Wörterbuch, das auf Texten seit dem 16. Jahrhundert basiert. Es fächert eine Vielzahl von Teilkorpora auf, die frei oder über Anmeldung zugänglich sind. Das Korpus ermöglicht damit gezielte Suchanfragen beispielsweise zu Lexemen (siehe: https://www.dwds.de/). Auch Schüler:innen können bereits unaufwändig einzelne Suchanfragen stellen. Dabei zeigt sich Verblüffendes: Bereits im Deutschen Wörterbuch bei Jakob und Wilhelm Grimm findet sich der Eintrag Gästin für einen weiblichen Gast.

ler-Spitzer 2022) und kann auch für die Genderlinguistik (u. a. in Bezug auf Fragen des Sprachwandels) wichtige Befunde liefern. Im unterrichtlichen (und deutschdidaktischen) Kontext sind korpuslinguistische Methoden bislang kaum vertreten[25]; teils benötigen die entsprechenden Suchanfragen, wenn sie über Schlagworte hinausgehen, auch ein schon tiefgehendes Verständnis der deutschen Grammatik. Erste Zugänge zur Methode bieten die kurzen Einführungen von Simon Meier-Vieracker, der auf seinem TikTok-Kanal eine ganze Vielzahl von kurzen Videos zum Thema bereitstellt; es sei zudem auf verschiedene Einführungen verwiesen: Perkuhn, Keibel & Kupietz (2012); Lemnitzer & Zinsmeister (2015).

Wir hatten in Kapitel 2 verschiedene Akteur:innen und Institutionen unterschieden, die in der (öffentlichen wie wissenschaftlichen) Debatte um geschlechtergerechte Sprache den Diskurs dominieren. In den Sachtexten zum Thema werden sie häufig und häufiger als andere benannt, wobei sich verschiedene Positionierungen zeigen. Die – bislang kaum in der Linguistik verwendete – **Netzwerkanalyse** ermöglicht es, solche Zusammenhänge aufzuschlüsseln. Die Netzwerkanalyse ist eine Methode aus der Soziologie (vgl. auch Jansen 1999), mit ihr können Individuen am Beispiel ihrer Merkmale (und entsprechend ihrer Beziehungen zueinander) unterschieden werden. Inzwischen gibt es auch Computerprogramme, die bei der Erstellung unterstützen.[26] Für schulische Kontexte kann es ausreichend sein, wenn Schüler:innen die handelnden Personen identifizieren, ihnen Merkmale zuweisen (z. B. hinsichtlich ihrer wissenschaftlichen Qualifikation) und Beziehungen (z. B. unterstützend, ablehnend) unterscheiden und visualisieren.

25 Wie korpuslinguistische Methoden im Deutsch- und DaZ-/DaF-Unterricht zur Wortschatzarbeit eingesetzt werden können, zeigen beispielsweise Nolting und Radtke (2019) sowie Schmidt (2007). Einen weiteren Überblick über verschiedene Einsatzmöglichkeiten von Korpora im Sprachlernunterricht geben u. a. Cheng und Lam (2022).

26 Siehe z. B. https://www.vennmaker.com/ oder https://mynetworkmap.com/

5 Didaktische Perspektiven

Ein gelingender Deutschunterricht, der die Kategorie Geschlecht verhandelt, lebt nicht nur von geeigneten Inhalten, sondern auch von der Performanz und dem (Sprach-) Handeln der Lehrperson. Mit dem doppelten Doppeldeckerprinzip[27] (vgl. Bieker & Schindler 2020, 139 f.) reflektieren wir unter anderem diese Erkenntnis und denken ebenfalls eine integrative Deutschdidaktik mit. Dementsprechend setzen wir die folgenden zwei Ebenen relevant:

- Eine spezifische Form und einen entsprechenden Inhalt des Deutschunterrichts sowie
- die Verknüpfung von Sprach- und Literaturwissenschaft und -didaktik.

Bei der spezifischen Form geht es um die Kompetenz der Lehrperson, geeignete Gegenstände auszuwählen, die eine geschlechterreflektierende Auseinandersetzung ermöglichen. Die Thematik kann (und sollte hinsichtlich vielfältiger Themen und Kompetenzen des Deutschunterrichts) mit anderen Themen verknüpft werden, das gilt beispielsweise für Fragen von Sprachwandel, Identität u. a., aber auch hinsichtlich des Genussystems, der Rolle von Pronomen etc. Ebenfalls geht es darum, dass die Lehrperson einen geschlechterreflektierenden und -inklusiven Umgang mit den Lernenden praktiziert. Damit ist beispielsweise eine geschlechterinklusive Anrede der Lernenden gemeint sowie die Reflektion des eigenen (Sprach-)Handelns inklusive geschlechtsspezifischer Stereotype und Voranannahmen.

Exkurs

Bieker und Schindler (2020) haben **sieben Werkzeuge** benannt, von denen jedes eine spezifische Perspektive auf das weite Themenfeld „Geschlecht" bietet, diese Werkzeuge können als Anregungen für den Deutschunterricht verstanden werden, sie sind in der entsprechenden Literatur aufbereitet:

- **Inkongruenzen zwischen *sex*, *sex-category* und *gender*** ermöglichen, Naturalisierungsprozesse zur Legitimation der Zweigeschlechtlichkeit aufzudecken
- **Doppeldeutigkeit des Generischen Maskulinums** macht die sprachliche Markierung von Geschlecht erkennbar
- **(Meta-)Reflexion der Heteronormativität** eruiert die gesamtgesellschaftlichen Ursachen der Zweigeschlechtlichkeit
- **Reflexion der Geschlechterrollen** gibt Einblicke in die alltägliche Markierung von Geschlecht
- **Erweiterung binärer Kategorisierungen** ermöglicht die Erweiterung der Zweigeschlechtlichkeit

27 Auf erster Ebene ist das doppelte Doppeldeckerprinzip angelehnt an Fuchs' und Zutaverns Doppeldeckerprinzip (2005).

- **Konstitution des Subjekts** diskutiert, welche Subjekte gesellschaftlich anerkannt sind[28]
- **Geschlecht als interdependente Kategorie** zeigt die Wechselwirkungen mit anderen sozialen Kategorien

Bei der Verbindung von Sprach- und Literaturwissenschaft und -didaktik knüpfen wir an Bredel und Piepers integrative Deutschdidaktik (2015) an, die für eine funktional sinnvolle Bezugnahme zwischen literarischem Gegenstand und sprachwissenschaftlichem Thema plädiert (vgl. Bredel & Pieper 2015, 280).

Um diese zu erreichen, gilt es in Anlehnung an Bredel und Piper (2015) Differenzerfahrungen zu provozieren:

> Von Differenzerfahrung spricht man allgemein beim Auftreten von etwas, das erwartungswidrig ist. Es besteht dann eine Differenz zwischen der Normalitätserfahrung und einem Ereignis, das sich nicht in diese Normalitätserfahrung fügt. Die Wahrnehmung der Differenzerfahrung ist mit einer Perspektivverschiebung verbunden; so können zum Beispiel Dimensionen von Ereignissen in den Blick geraten, die zuvor für unbedeutend gehalten wurden oder der bewussten Wahrnehmung entzogen waren. Um Differenzerfahrungen zu bearbeiten, sind reflexive Anstrengungen, häufig auch neue Deutungsansätze erforderlich. (283)

5.1 Literarische Texte

5.1.1 Roman

In diesem Kapitel werden die theoretischen Ausführungen aus Kapitel 4.2.1.1 zur Anwendung gebracht, und zwar in der Form, dass der Übergangsroman „Blitzeinschlag im Territorium“ von Christine Werners (2021) hinsichtlich vieler der in dem Theoriekapitel erörterten Aspekte analysiert wird. Diese Analyse zeigt beispielhaft auf, wie ein Roman hinsichtlich der Kategorie Geschlecht konkret untersucht werden kann, um einerseits seine Tauglichkeit für das Thema zu überprüfen und andererseits ihn bei Eignung für die Vorbereitung des Deutschunterrichts und den Unterricht selbst aufzubereiten. Der Aufbau der folgenden Analyse folgt den Unterpunkten des Theoriekapitels, damit eine Anschaulichkeit und Nachvollziehbarkeit ermöglicht wird. Dadurch kann es ggf. inhaltlich zu Redundanzen kommen, da manche Inhaltsaspekte des Romans mithilfe verschiedener Zugänge analysiert werden können.

Zusammenfassung

Christine Werners Roman „Blitzeinschlag im Territorium“ (2021) kommt deshalb für diese Musteranalyse infrage, weil er viele Perspektiven zulässt: Es bietet sich eine Figuren- und eine Raumanalyse an, wir können die Reflexion der Geschlechter-

28 Dieses Werkzeug wird im Folgenden nicht weiter ausgeführt. Zur näheren Erläuterung siehe Bieker & Schindler 2020.

rollen, die (Meta-)Reflexion der Heteronormativität, alle Aspekte der Erzähltextanalyse bezüglich der Darstellungsebene sowie die Doppeldeutigkeit des generischen Maskulinums analysieren. Gleichzeitig ist der Roman aber nicht zu komplex, um die unterschiedlichen Perspektiven auf die Kategorie Geschlecht zu differenzieren. Demnach eignet er sich als Unterrichtsgegenstand einer fünften Klasse.

In Christine Werners 2021 erschienenen Übergangsroman (11–13 Jahre) „Blitzeinschlag im Territorium" geht es thematisch vordergründig um Liebe: Terris beste Freundin Nina ist in einen Jungen aus der Parallelklasse verliebt, Terris Mutter in Michaela. Bezogen auf die Kategorie Geschlecht werden dabei unterschiedliche Themen in dem Roman angesprochen: Verschiedene Formen von Weiblichkeit werden ebenso aufgezeigt wie gegen- und gleichgeschlechtliche Liebe. Dabei wird jedoch die gegengeschlechtliche Liebe als die Norm dargestellt, die gleichgeschlechtliche zwar gelebt, aber auch mit den noch bestehenden gesamtgesellschaftlichen Hürden besprochen. Thematisch im Vordergrund steht demnach neben dem übergreifenden Thema Liebe und was diese mit den Verliebten macht auch weibliche Homosexualität. Hervorzuheben ist, dass der Roman zeigt, dass Begehren sich verändern und nicht an ein bestimmtes Geschlecht gekoppelt sein muss – so war Terris Mutter Paulette in der Vergangenheit des erzählten Zeitraums zunächst mit Terris Vater liiert, der als Mann markiert ist, und ist es in der erzählten Welt mit Michaela, einer weiblich gezeichneten Figur. Paulette und Michaela bleiben trotz gesellschaftlicher Hürden ein Paar. Weiterhin hervorzuheben sind die verschiedenen Formen von Weiblichkeit, repräsentiert in den unterschiedlichen Mädchenfiguren Terri und Nina. Während Terris beste Freundin ein typisches „Pferdemädchen" ist, fällt Terri ein wenig aus dem stereotypen Bild heraus.

Im Folgenden wird die **Inhaltsebene** von „Blitzeinschlag im Territorium" bezüglich der Kategorie Geschlecht anhand der im vorherigen Kapitel aufgeführten Theorie analysiert. Dabei wird der Roman nicht hinsichtlich aller theoretischen Aspekte analysiert, sondern lediglich hinsichtlich jener, die für den Roman zentral sind.

Die Analyse beginnt mit einer **Figurenanalyse**, die nach dem Greimasschen Aktantenmodell vorgenommen wird, da in dem vorliegenden Roman die Dynamiken zwischen den verschiedenen Figuren für die Handlung zentral sind und weniger die Entwicklung einzelner Figuren.

In „Blitzeinschlag im Territorium" ist im Greimasschen Sinne das das Objekt begehrende Subjekt die Hauptfigur Terri, die gleichsam die Adressatin ist, für die das Objekt bestimmt ist. Bei dem Objekt handelt es sich im vorliegenden Roman um die Einsichten, die Terri bezüglich des Themas Liebe gewinnen möchte. Terri ist angestrengt von Ninas Verhaltensänderungen und denen ihrer Mutter, sodass es den Anschein macht, als sei das begehrte Objekt der Zustand, in dem Nina und Paulette noch nicht verliebt waren. Dem ist aber nicht so, der Roman beginnt damit, dass Terri die Leser:innen direkt anspricht und diese fragt, ob sie bereits von Liebesblitzen gehört haben. Im Folgenden werde Terri den Leser:innen von diesen erzählen und berichten, was es mit diesen auf sich habe. Auf diesen Kommentar aus der erzählten Gegenwart, in der Terri bereits Einsichten gewonnen hat, folgt die Erzählung der erzählten Vergangenheit, die deutlich macht, dass im Sinne Greimas das Objekt das Gewinnen genau dieser Einsichten ist. Dem Subjekt – Terri – gelingt es folglich, das begehrte Objekt zu erlangen.

Die Opponentin, die sich zwischen Subjekt und Objekt stellt, sind die unterschiedlichen Symptome des Verliebtseins bei Paulette und Nina. Nina berichtet Terri von ihrer Verliebtheit, weshalb Terri anhand von Ninas Verhaltensveränderungen eine Liste mit Symptomen anlegt und als Maßstab nimmt. An Paulette nimmt Terri zunächst nur ein verändertes Verhalten wahr, weiß aber nicht, dass auch sie verliebt ist. Da Paulettes Verhaltensveränderungen nicht dieselben sind wie Ninas, versteht Terri nicht direkt, dass auch Paulette verliebt ist. Die unterschiedlichen Symptome erschweren es Terri, die „Liebesblitze“ (5) zu verstehen. Im Laufe der Erzählung wird deutlich, dass Paulette nicht früher mit Terri gesprochen hat, weil Paulette sich sorgte, dass Terri sich von ihr distanziert, wenn Terri erfährt, dass Paulette mit einer Frau zusammen ist. Dadurch wird deutlich, dass der Konflikt viel tiefer liegt als angenommen und die Opponentin Paulettes gleichgeschlechtliche Liebe ist. Der Sender, der den Konflikt schließlich entscheidet, ist der Moment, in dem Terri bewusst wird, dass Paulette verliebt ist, das darauffolgende Gespräch zwischen Paulette und Terri sowie das Kennenlernen von Michaela. Helfer ist dabei indirekt Terris Vater, der Chemiker ist und bei dem sich Terri über Blitze erkundigt. Terris Vater kann Terri demnach nicht direkt helfen, er wird aber als Helferfigur inszeniert, was mit den stereotypen Geschlechterrollen, über die an späterer Stelle diskutiert wird, korreliert. Nina ist auch eine Helferfigur, da sie ihre Verliebtheit offenlegt und Terri dadurch an ihr Beispiel nehmen kann.

Eine weitere Perspektive, die sich bei dem zu analysierenden Roman anbietet, ist jene geschlechtertheoretische, die die vier Seiten des Geschlechts – Geschlechtsidentität, *sex*, *sex-category*, *gender* (→ Kap. 2) – in ein Verhältnis zueinander setzt. Terri wird in dem Roman als weibliche Figur durch feminine Pronomen markiert. Über Terris *sex* erfahren die Leser:innen nichts, Terris *sex-category* ist weiblich markiert durch ihren Geburtsnamen und durch als weiblich markierte Kleidung wie Röcke. Da Terri sich selbst aber Terri nennt, bricht Terri damit mit der eindeutigen *sex-category*, denn Terri ist kein geschlechtsspezifischer Name. Dies wiederum passt zusammen mit Terris *gender*, denn in ihrer sozialen Rolle samt ihren Vorlieben entspricht sie sowohl typisch weiblich als auch typisch männlich markierten Eigenschaften. Terri hilft im Haushalt und ist bekümmert um Paulettes psychischen Zustand. Terri backt gerne und geht gerne shoppen, was beides als stereotyp weiblich markiert ist – beides macht Terri im Roman immer gemeinsam mit weiblichen Figuren. Terri betätigt sich aber auch gerne sportlich und forscht – schwimmen geht Terri stets mit ihrem Vater und auch in der naturwissenschaftlichen Forschung dient er ihr als Vorbild. Terri negiert aber auch als typisch weiblich markierte Eigenschaften, bei denen Terri immer im Vergleich zu ihrer Freundin Nina steht: Terri mag keine Pferde, Nina schon. Nina ist großer Hollywood-Fan und mag Glitzer und Glamour, Terri mag lieber Nacktschnecken als das Nachtleben und Blitzableiter als Blitzlichtgewitter (vgl. 191). Diese Gegenüberstellungen müssen aber nicht als Negation von Weiblichkeit gelesen werden, sondern als Bandbreite von Weiblichkeit, die neben den Stereotypen existiert. Schließlich ist davon auszugehen, dass Terris Geschlechtsidentität weiblich ist, da Terri, wenn sie über sich selbst spricht, das Femininum verwendet, z. B.: „Ich wäre eine große Entdeckerin [...]“ (24).

Diese Erkenntnisse leiten über zu der Reflexion der im Text vorkommenden Geschlechterrollen. Terri wird als weibliche Figur gezeichnet, die im Gegensatz zu Nina aber nicht mit allzu vielen stereotyp weiblichen Merkmalen markiert ist. Interessant ist beispielsweise, wenn Terri von sich sagt: „Ich mag immer noch kein Pink“ (6). Zunächst einmal scheint dies eines dieser Merkmale zu sein, die typisch weiblich sind, aber nicht zu Terri gehören. In der darauffolgenden Erklärung heißt es dann unter Verweis auf den eigenen Namen: „Theresa Emmanuelle Rosa Rohrbach-Ibrahim. Unauffällig ist anders. Und deshalb kann ich auf Pink echt gut verzichten“ (7). Terri meidet die Farbe Pink folglich nicht, weil diese Terri nicht gefällt, sondern weil Terri sich aufgrund ihres Namens schon auffällig genug findet und nicht weiter auffallen möchte. Damit bedient die Figur Terri ein typisch weibliches Merkmal, das zumeist nicht an der Oberfläche sichtbar ist, sondern subtiler waltet. In der außerliterarischen Wirklichkeit wird Frauen suggeriert, dass sie nicht auffallen sollen, wenig Platz einnehmen und nicht laut sein sollen (vgl. Eckes 2010, 178 ff.). Ob dies in der Diegese genauso ist, lässt sich kaum ausmachen, aber das Zitat macht deutlich, dass hier ein Übertrag einer außerliterarisch tief verankerten Zuschreibung in die Diegese stattgefunden hat.

Terris Mutter Paulette scheint zunächst die am wenigsten konventionelle Figur, wenn es um Geschlechterstereotype geht. Dennoch gibt es einige außerliterarische Stereotype, die sie bedient: Sie kennt sich nicht mit Star Wars aus (vgl. 8), sie ist hektisch und schusselig; hingegen kann sie nicht kochen (vgl. z. B. 14). Interessant sind aber weniger ihre Charaktereigenschaften als Individuum, sondern die Eigenschaften, die ihr aufgrund ihres Mutterseins zugeschrieben werden. Mit der Rolle als Mutter wird Anstrengung, Verantwortung und teils auch Überforderung verbunden. Was sich in diesem Zusammenhang fortlaufend zeigt, ist eine Art Bedürftigkeit: „Aber manchmal muss man nachsichtig sein, gerade mit Müttern“ (8), häufig wird der Mutterfigur eine Hilflosigkeit bzw. ein Defizit zugeschrieben, das nur durch eine andere Person behoben werden kann. „Manchmal wäre es einfach gut, da wäre noch jemand anderes“ (11). Hier werden also Rollenzuschreibungen vorgenommen, die aus der außerliterarischen Welt übernommen sind (vgl. Eckes 2010, 178 ff.). Wenn Terri konstatiert: „*Mütter sind nicht immer stark und allwissend. Sie sind wie du und ich. Wenn man das weiß, erleichtert es den Umgang mit ihnen ungemein*“ (183) scheint es zwar zunächst einmal so, als hätte Terri einen neuen Blick auf ihre Mutter gewonnen, aber es bleibt, dass Terri diese vor allem in ihrer Rolle als Mutter sieht und nicht als Individuum, von dem Mutterschaft eine von mehreren Eigenschaften ist.

Der Beruf der Mutter spielt in dem Text keine Rolle, der Tätigkeitsbereich, der von ihr gezeigt wird, bezieht sich auf das Haus und den privaten Bereich. Anders beim Vater, hier spielt sein Beruf eine wichtige Rolle, jedenfalls in seiner Beschreibung, denn die Leser:innen erfahren früh, dass Terris Vater Chemiker ist (vgl. 22). Sein Beruf bestimmt über die Art und Weise, wie er auf sein Leben blickt:

> Denn Papa ist davon überzeugt, dass sich alles, vom Bauchkribbeln am ersten Ferientag über Heißhunger auf Schoko-Muffins bis hin zu Wetterfühligkeit und Geschmacksverirrungen bei Nagellack, dass sich also das ganze Leben mit chemischen Reaktionen und Formeln erklären lässt. (22)

Männlichkeit, im Roman insbesondere in der Vaterrolle, ist markiert durch Vorbildfunktion, Ratio, Eigenständigkeit (vgl. z. B. 97). Terri kommt über den Beruf des Vaters auf die Idee, dass dieser ihr bestimmt gerne als Vornamen ein chemisches Element gegeben hätte. Terri imaginiert nun, dass sie mit einem anderen Vornamen andere Möglichkeiten hätte:

> Papa und seine Formeln. Manchmal glaube ich, er mag Formeln lieber als Menschen. Wenn es nach ihm gegangen wäre, würde ich wahrscheinlich auch wie ein chemisches Element heißen: Chrom, Zink oder Bor. Bor Ibrahim ... wie wäre ich als Bor Ibrahim? Bor Ibrahim klingt total nach Forscherin! [...] Haben Entdeckerinnen eigentlich eine Familie? Vielleicht sollte ich morgen beim Amt eine Namensänderung beantragen und ein ganz anderes Leben führen. (24)

Hier wird deutlich, dass allein der Name, der zur *sex-category* gehört, ein ganzes Lebenskonzept aufrufen kann, das klare Grenzen des Möglichen aufweist.

Im Text wird erkennbar zwischen dem öffentlichen und dem privaten **Raum** unterschieden. Der öffentliche Raum in „Blitzeinschlag im Territorium" scheint stark heteronormativ geprägt zu sein. Diese Prägung finden wir auch im privaten Bereich, allerdings brechen hier die rigiden Grenzen langsam durch Paulettes gleichgeschlechtliche Beziehung auf.

Um dies genauer aufzuzeigen, folgt nun eine Analyse nach Lotmans Raumkonzept. Diesem folgend, können wir die beiden oben benannten Räume topologisch bezeichnen als innen und außen, wobei innen der private Raum ist, außen der öffentliche. Als semantisches Gegensatzpaar bietet sich hier vertraut und fremd an – fremd in dem Sinne, dass damit all jene Aspekte gemeint sind, mit denen die Figur(-en) (noch) keine Berührungspunkte hatten. Im Laufe der Erzählung erweitert sich der vertraute Raum für die Hauptfigur, sodass sie in den zunächst fremden Raum eintreten kann und schließlich Zutritt zu beiden Räumen hat.

Im öffentlichen, fremden Raum ist es Paulette nicht möglich, zu ihrer neuen Partnerin zu stehen:

> Vor uns steht Mamas Arbeitskollege mit einer Frau. Ich mustere Detlef. Ich kenne ihn. Er hat keinen Durchblick, verbockt jede Konferenz, trägt unmögliche Anzüge und alberne Krawatten mit Micky Maus drauf, er hat keine Ordnung in seinen Papieren, er ist es, der die Telefonanlage nicht kapiert und ständig Leute aus der Leitung wirft. Sagt jedenfalls Paulette. Jetzt legt sie ihren Arm um mich und stellt mich diesem Detlef vor.
>
> ‚Meine Tochter Theresa.' Ich gebe ihm die Hand, seine fühlt sich an wie Muffin-Teig.

> ‚Und das ist Frau Jacob', sagt Mama und dreht sich kaum erkennbar zu Michaela um. ‚Eine Bekannte aus dem Sport.' (186)

Dass der öffentliche, der gewöhnliche Raum einer ist, der der Heteronorm entspricht, wird des Weiteren durch die Darstellung von Ninas Familie durch die Beschreibung als Bilderbuchfamilie deutlich, was den vorbildlichen Charakter unterstreichen soll.

> Ich drücke auf den Klingelknopf unter dem Namensschild: Nina, Anton, Sabine und Thomas Schmidt steht da in bunten Buchstaben. Neben den Namen sitzt Otto, der allerbeste Hund der Welt, mit seinem Wuschelschwanz. Ninas Name ist verschnörkelt und lila. Sie durfte sich die Farbe aussuchen. Sabine, ihre Mama, hat das Familienschild selbst getöpfert. Paulette macht sich manchmal lustig über die Schmidts. Sie sagt dann: ‚Die Schmidts sind eine richtige Bilderbuchfamilie.' Irgendwie finde ich den Spruch doof. (15)

Auch hier wird die Rolle der Frau als Mutter und Versorgerin im privaten Raum unterstrichen. Terri verspürt ein Unbehagen gegenüber diesen starren Normen, kann dieses aber noch nicht artikulieren.

Wie tief die Vorstellung von heterosexuellem Begehren trotz allem Unbehagen auch in Terri sitzt, wird deutlich, als ihr bewusst wird, dass ihre Mutter verliebt ist, und Terri sich fragt, ob „er nett" (50) ist – Terri setzt folglich voraus, dass ihre Mutter sich in einen Mann verliebt. Als Terri dann versteht, dass sich Paulette in eine Frau verliebt hat, bringt Terri diese eigentliche Unmöglichkeit selbst gut auf den Punkt: „Micha ist eine Frau! Dafür gibt es keine Formel. Das war in den Daten nicht erkennbar. Oder habe ich was übersehen?" (77) Durch Paulette erfolgt schließlich eine explizite Metareflexion der Heteronormativität:

> Sie sieht mich an – und redet. Spricht über unsere kleine Stadt, über die Menschen [...]. Sie redet von Detlef, von seiner Frau, von der Gesellschaft und dass das auch für sie eine neue Welt ist. Wir können überall auf der Welt zu Hause sein, hat sie immer gesagt. Es klingt auf einmal, als wäre das nicht immer so einfach. (204)

Und auch Michaela hebt hervor, warum es für Paulette nicht leicht war, Terri von ihrer neuen Liebe zu erzählen:

> Paulette hat sich so viele Gedanken und Sorgen gemacht. Wer wie reagieren könnte – und ihre größte Angst war, dass du dich abwendest, dass sie dich verliert.'
>
> Sie macht eine Pause.
>
> [...]
>
> ‚Ich kenne all die Gedanken und Sorgen', sagt sie dann. ‚Als ich meine erste Freundin hatte, habe ich mir Gedanken um meine Familie, um meine Eltern gemacht. Bei uns im Dorf gab es schon immer viel Gerede. Es war nicht leicht. (206 f.)

Terri selbst hat zunächst eine heteronormative Vorstellung von Liebesbeziehungen, was unter anderem daran liegt, dass sie noch keine Erfahrungen mit anderen Formen der Liebe gemacht oder von diesen gehört hat. Der private, vertraute Raum ist folglich zunächst einmal auch ein heteronormativer. Mit Paulettes Beziehung zu Michaela wird Terri nicht nur eine andere Form der Liebe neben der heterosexuellen bewusst, sie erfährt auch, dass die gesellschaftlichen Strukturen und Normen heteronormativ sind und erkennt dadurch ihre eigene heteronormative Perspektive. Terri gelingt es so, im Sinne Lotmans, den Raum zu wechseln und eine Meta-Perspektive auf die oben zitierte Begegnung zwischen Paulette und ihrem Arbeitskollegen als Beispiel für heteronormative Strukturen zu bekommen.

Eine im weiteren Sinne Erweiterung binärer Kategorisierungen oder vielmehr ein Aufbrechen der Heteronorm findet auch durch Terris Vater statt. Dieser hat mit Terri über Paulettes gleichgeschlechtliche Liebe gesprochen und konstatiert:

> Wenn man sich in einen Menschen verliebt, hat Papa gesagt. Hormonen und Aszendenten ist es also egal, ob Mann oder Frau – ob Michael oder Michaela. Es passiert einfach so. So oder so. Und auch ein Liebesblitz unterscheidet da nicht. Er trifft einen Menschen – oft völlig unvorbereitet. (108)

Nina fragt Terri schließlich, ob Terri sich wohl auch mal in eine Frau verliebe, woraufhin Terri nur antwortet, dass sie dies nicht wisse (vgl. 192) Vielmehr sucht Terri nach einem Ort, an dem sie nicht „von Liebesblitzen umgeben“ ist (170). Zuletzt endet der Roman aber damit, dass Terri doch plötzlich auch verliebt zu sein scheint, und zwar in Pepe. Dies wurde zuvor an keiner Stelle angedeutet, was aufzeigt, dass die Tiefenstruktur des Romans heteronormativ angelegt ist.

Es folgt nun die Analyse des Primärtextes hinsichtlich der **Darstellungsebene**. Wir beginnen dabei mit den Parametern der klassischen Erzähltextanalyse, die bereits im Theoriekapitel erörtert worden sind.

Bezüglich der Ordnung als Unterpunkt der Zeit ist festzuhalten, dass die Erzählung überwiegend chronologisch präsentiert wird, nur zu Beginn eines jeden Kapitels erzählt Terri aus der erzählten Gegenwart und gibt damit einen Hinweis, über welche Ereignisse aus der erzählten Vergangenheit in dem folgenden Kapitel berichtet wird. Da sowohl die erzählte Vergangenheit als auch die erzählte Gegenwart im Präsens (gleichzeitiges Erzählen (Stimme)) formuliert sind, kann der Großteil der Erzählung, zu der nicht die einführenden Worte zu Kapitelbeginn gehören, als im historischen Präsens präsentiert bezeichnet werden. Der Kapitelbeginn, der die erzählte Gegenwart markiert, ist kursiviert und hebt sich damit typografisch vom Rest des Textes ab. In diesem verwendet Terri dann auch gelegentlich die Vergangenheitsform, wenn Terri auf Ereignisse aus der Vergangenheit verweist, die dann im Kapitel geschildert werden.

In den jeweiligen Kapitelanfängen geht es in der Regel darum, wie sich Terris Leben durch die Liebesblitze, die Nina und Paulette getroffen haben, verändert. Diese Spoiler markieren folglich, dass Liebe das zentrale Thema des Textes ist. Dadurch wird durch die Kapitelanfänge die Vorstellung perpetuiert, dass Liebesbeziehungen nahezu ein zentraler Bestandteil im Leben sind.

Bezüglich der Dauer ist zu sagen, dass überwiegend zeitdeckendes Erzählen vorliegt, die Leser:innen erleben die Situationen also mit Terri mit, sodass bis zu dem

Moment, in dem klar wird, dass Paulette mit einer Frau zusammen ist, ein Spannungsbogen erzeugt wird. Dadurch wird der Fokus eindeutig auf die gleichgeschlechtliche Liebe gelegt und dies als etwas Besonderes markiert, denn von Nina wissen die Leser:innen von Beginn an, dass diese in einen Jungen verliebt ist. Über das heterosexuelle Begehren kann also keine Spannung erzeugt werden, weil es der Norm entspricht. Die Frequenz ist wie in den meisten Erzählungen üblich singulativ; repetitiv berichtet wird davon, welche Verhaltensveränderungen Terri bei Paulette und Nina wahrnimmt, wodurch der Fokus auch hier auf Liebe gelegt wird und darauf, dass diese das Leben verändert und bestimmend ist.

In „Blitzeinschlag im Territorium" liegt der narrative Modus vor, denn Terri wird deutlich als autodiegetische Erzählinstanz (Stimme) markiert. Gleichzeitig liegt eine interne Fokalisierung vor, das heißt, die Leser:innen wissen genau das, was Terri auch weiß. Zusammengenommen bedeutet dies, dass Terris heteronormative Prägung deutlich wird, denn die Leser:innen erleben mit, dass Terri es grundsätzlich nicht in Erwägung zieht, dass Paulette mit einer Frau zusammen ist und dass der Name Micha in jedem Fall die Abkürzung eines männlichen Vornamens ist.

Neben den erzähltheoretischen Parametern betrachten wir den Text zuletzt noch aus linguistischer Perspektive mit dem Fokus auf das generische Maskulinum (→ Kap. 2). Die Kategorie Geschlecht ist eine soziale Differenzkategorie. Solche Kategorien zeichnen sich dadurch aus, dass sie binär und hierarchisch organisiert sind (vgl. Bräu 2015). Bei der Kategorie Geschlecht findet die binäre Teilung in männlich und weiblich/Mann und Frau statt, wobei das Männliche stets in der Hierarchie oben steht. Auf sprachlicher Ebene zeichnet sich dies durch die Verwendung des generischen Maskulinums ab. Dies lässt sich gut an dem folgenden Beispiel aufzeigen: Terri spricht in Bezug auf die Schule vom „Lehrerzimmer" (67). Es ist zwar potenziell möglich, dass es an dieser Schule ausschließlich männliche Lehrkräfte gibt, aber unwahrscheinlich, sodass das Maskulinum hier vermutlich vermeintlich generisch verwendet wird. An späterer Stelle im Roman erzählt die Hauptfigur dann von „Frau Fabritius" (200), der Kunstlehrkraft. Hier wird folglich die weibliche Lehrkraft über die feminine Anrede markiert, wodurch deutlich wird, dass das „Lehrerzimmer" ein generisches Maskulinum ist. Da es aber keine neutrale Form des „Lehrerzimmers" gibt, die alle Geschlechter umfasst und Komposita in einer geschlechterinklusiven (→ Kap. 2) Schreibweise noch selten sind, ist das „Lehrerzimmer" noch kein eindeutiger Beleg dafür, dass im Text das generische Maskulinum verwendet wird. Bei der Verwendung des Singulars wird deutlich, dass dieser an das zugewiesene Geschlecht der Figur angepasst ist, dafür steht beispielsweise die „Kassiererin" (60). Bei der Pluralbildung ist es so, dass der Plural immer dann feminin ist, wenn es explizit weiblich markierte Figuren sind – beispielsweise werden Terri und Nina als „Nachwuchs-Forscherinnen" (147) bezeichnet. Es finden sich im Text aber viele Plurale, die maskulin sind, bei denen aber nicht klar ist, wer – im Sinne des Geschlechts – damit gemeint ist. Diese beziehen sich immer auf unbestimmte Gruppen, bei denen es zwar sein könnte, dass ausschließlich männliche Figuren gemeint sind, es aber mindestens genauso wahrscheinlich erscheint, dass sich in der Gruppe auch Figuren anderen Geschlechts finden lassen, wie z. B. „Blitzopfer“ (55), „Blitzforscher“ (57), „Ärzte“ (57) und „Forscher“ (61). Resümierend kann also festgehalten werden, dass das generische Maskulinum bei unbestimmten Figurengruppen verwendet wird. Wenn explizit weiblich markierte Figuren gemeint sind, findet das Femininum Anwendung.

5.1.2 Bilderbuch

Im Folgenden wird ein ausgewähltes Bilderbuch hinsichtlich der in Kapitel 4.2.1.2 vorgestellten methodischen Grundlagen analysiert. Bei dem Bilderbuch handelt es sich um Jessica Loves „Julian ist eine Meerjungfrau“, 2020 im Knesebeck-Verlag erschienen und für Leser:innen ab 3 Jahren empfohlen. Das Buch ist aus dem Englischen übersetzt; im Original ist es 2018 unter dem Titel „Julian is a Mermaid“ erschienen.

Zusammenfassung

Das Besondere an dem vorliegenden Bilderbuch und auch der Grund für die Gegenstandswahl ist, dass „Julian ist eine Meerjungfrau“ mit den Normvorstellungen der Leser:innen spielt. In der erzählten Welt, der Diegese, geschehen im Grunde keine Handlungen oder Ereignisse, die Rückschlüsse auf die besondere Markierung der Kategorie Geschlecht zulassen. Da aber die Lexeme Junge (namens Julian) und Meerjungfrau bestimmte Konzepte bei den Leser:innen assoziieren lassen, die auch im Kontext der Kategorie Geschlecht stehen, bietet sich das Buch für eine Analyse an. Dementsprechend finden wir bei diesem Bilderbuch die symbolische Ebene, von der Luserke-Jaqui spricht und über die der Text auf den ersten Blick „scheinbar keine Aussage, eine ungenaue Aussage oder eine eindeutige Aussage macht“ (2007, 45). Als Leser:innen haben wir zunächst den Eindruck, dass der Text eine eindeutige Aussage über die Kategorie Geschlecht macht. Wir stellen aber bei genauerer Betrachtung fest, dass das Buch kaum solche Aussagen trifft. Die von den Leser:innen assoziierte heteronormative Struktur ist also nicht dem Buch inhärent, sondern unserer Lesart. Wie es zu dieser Diskrepanz kommt, soll die folgende Analyse zeigen.

Bevor wir uns aber der Analyse widmen, wird kurz der Inhalt wiedergegeben: In dem Bilderbuch „Julian ist eine Meerjungfrau“ geht es um Julian. Julian wird eingeführt mit den Worten: „Das ist ein Junge namens Julian.“ Julian ist mit seiner Oma mit der Straßenbahn unterwegs. Die Erzählinstanz informiert die Leser:innen darüber, dass Julian Meerjungfrauen liebt. Drei solcher Meerjungfrauen steigen in die gleiche Bahn ein, in der Julian und seine Oma sitzen. Julian hat ein Buch bei sich; es lässt sich erahnen, dass auf der aufgeschlagenen Doppelseite eine Meerjungfrau abgebildet ist. Während des Lesens und der Fahrt in der Straßenbahn verliert Julian sich in einem Tagtraum, in dem er sich selbst in eine Meerjungfrau verwandelt. Zuhause angekommen, nutzt Julian die kurze Abwesenheit der Oma, um sich mithilfe der Vorhänge und Pflanzen als Meerjungfrau zu verkleiden. Julians Oma schenkt Julian ein weiteres Accessoire und nimmt Julian zu einer Meerjungfrauenparade mit.

Analog zur vorgestellten Methode beginnen wir auch bei der Analyse mit der **kontextuellen**, also außerliterarischen Dimension, konkret mit den extratextuellen Bezügen. Zunächst einmal erinnert die Meerjungfrauenparade an die Coney Island Mermaid Parade in New York, die seit 1983 immer am Samstag vor der Sommersonnenwende am 21. Juni stattfindet und als Willkommensfeier für den Sommer gilt. Die Parade gilt als die größte Kunstparade der USA und vertritt weder kommerzielle noch religiöse Zwecke. Vielmehr ist sie ein Ort für Menschen, an dem sie sich selbst und ihre Kunst in Form der selbst kreierten Kostüme feiern, stolz sind auf die eigene Persönlichkeit und fröhlich mit den anderen maritimen Wesen feiern. Für unsere Interpretation bedeutet dieser Kontext, dass es für Julian mindestens einen Ort gibt, an dem sein Sein als Meerjungfrau gefeiert wird und Julian nicht alleine mit diesem Teil seiner Identität ist. Die Möglichkeit, einen Ort zu finden, an dem alle gleich sind, führt uns zu Bezugswissenschaften, die sich mit Othering (z. B. Soziologie), Rassismus (z. B. Politikwissenschaften), Diskriminierung (z. B. Sozialwissenschaften, Bildungswissenschaften) und Heteronormativität (→ Kap. 2) (z. B. Gender Studies) auseinandersetzen – warum braucht es für Julians Anerkennung die Parade als symbolischen Ort, wenn es gesamtgesellschaftlich kein Problem wäre, dass Julian eine Meerjungfrau ist? Die Parade scheint eine Art *save space* zu sein, in dem Julian sich sicher und angenommen fühlen kann.

Warum Julian diesen *save space* als Meerjungfrau überhaupt benötigt, darüber schafft die Analyse der **verbalen Dimension** Aufklärung. Es scheint in unserem Text zwei Schlüsselwörter zu geben: Junge und Meerjungfrau. Die Bezeichnung Junge fällt zwar nur einmal im Text, allerdings ist es das erste Substantiv im Text und eröffnet den Text. Es scheint also von Relevanz zu sein, dass Julian ein Junge ist. „Meerjungfrau(-en)" fällt hingegen deutlich öfter im Text, es kommt bereits im Titel vor und nimmt dort die Funktion einer Zuschreibung ein. Meerjungfrau ist des Weiteren eine Metapher, zum einen steht diese für eine Transition, zum anderen aber auch für ein Erlösungshoffen durch einen Mann (vgl. Kraß 2010, 14). Diese Metapher lässt die Interpretation zu, dass Julian „auf dem Weg" ist, zu werden, wer er ist, eventuell aber auch, dass Julian dafür eine andere Person benötigt, die ihm diese Transition ermöglicht. In dem Bilderbuch ist die Meerjungfrau aber auch Ausdruck für Empowerment und Zugehörigkeit: Julians Oma konstatiert auf Julians Feststellung hin, dass in der Parade lauter Meerjungfrauen seien, „Genau wie du", womit die Oma Julian nicht nur einen Subjektstatus als Meerjungfrau zuspricht, sondern ihn damit auch als zugehörig markiert.

Im Text findet sich insgesamt eine wenig vergeschlechtlichte Sprache. Lediglich zu Beginn wird einmal das Possessivpronomen seine in Bezug auf Julians Oma verwendet. Im weiteren Verlauf des Textes gibt es keine Pronomen. Lediglich Oma ist eine geschlechtsspezifische Personenbezeichnung. Wie es mit der Meerjungfrau ist, kann diskutiert wird. Diese hat zwar ein feminines Genus und ist auch eine Bezeichnung für ein weibliches Lebe-/Fantasiewesen, aber vor allem in Bezug auf die Verbindung mit Julian, der laut dem Titel des Buches eine Meerjungfrau ist und nicht beispielsweise sein möchte, kann dahingestellt werden, ob es sich bei Meerjungfrau wirklich um eine geschlechtsspezifische Bezeichnung handelt, die in Korrelation mit der Geschlechtsidentität oder auch dem *sex* der Figur steht. Damit scheint das Lexem

Junge in der Diegese mehr zu umfassen als in der außerliterarischen Wirklichkeit, denn Julian ist hier ein mythologisches Wesen: Wir könnten dies so lesen, dass Julian auch in der Diegese nur über Verkleidung zu einer Meerjungfrau wird, aber auch, dass die Kleidung seinem Sein als Meerjungfrau Ausdruck verleiht und Julian auch ohne diese Kostümierung eine Meerjungfrau ist, wie es der Titel und auch eine Aussage Julians im Text verlautbaren. Letztlich ist es aber die Oma, die Julian bestätigt, dass er eine Meerjungfrau ist und ihm damit in der erzählten Welt – auch durch die Partizipation an der Parade – zuspricht, tatsächlich eine Meerjungfrau zu sein. Insgesamt erweist sich der Raum damit als nicht heteronormativ geprägt.

Wie bereits erwähnt, ist der Text aus dem Englischen übersetzt. Da wir aber auch in der deutschen Übersetzung keine auffälligen Genus-Sexus-Verschränkungen finden, kann davon ausgegangen werden, dass der Text in dieser Hinsicht dem Original entspricht, da das Englische eine genuslose Sprache ist. Was aber auffällig ist, ist, dass der deutsche Text ethnische Zuschreibungen weglässt, die das englische Original über die Schreibung des Namens Julian mit Akzentzeichen (Julián) und die Bezeichnung der Großmutter als *abuela* vornimmt, dem spanischen Wort für Oma. Damit scheint der Text unter dem Aspekt der Mehrsprachigkeit auch hinsichtlich einer anderen Differenzkategorie spannend zu analysieren zu sein.

Bezüglich der **bildlichen Dimension** wird deutlich, dass Julian in der Regel immer in der Bildmitte positioniert ist oder mehrfach auf einer Seite, was eine zeitliche Dimension abbilden soll, d. h. Julian wird insgesamt als Hauptfigur in den Mittelpunkt gerückt. Lediglich als seine Oma ihn mit zur Parade nimmt, steht er zunächst am äußeren Rand, was aufzeigen soll, dass er noch nicht Teil der Gruppe ist. Aber so, wie die Oma auch sprachlich Julian Zugehörigkeit bekundet, wird dies bildlich dadurch deutlich, dass sie sich vom Rand weg hin in die Mitte bewegt, auf die Parade zu und Julian die Hand hinhält, um diesen zu ermutigen, ihr zu folgen. Auf der nächsten Seite ist Julian dann Teil der Gruppe. Bezüglich des Geschlechts können wir im Abgleich mit den Normen der außerliterarischen Wirklichkeit feststellen, dass Männlichkeit durch einen freien Oberkörper – auch im Gewand der Meerjungfrau – und Weiblichkeit durch einen bedeckten Oberkörper markiert wird. Dennoch sind alle Figuren stets als Meerjungfrauen zu erkennen, sodass das Geschlecht der Meerjungfrau irrelevant und für alle Geschlechter möglich ist. In Julians Imagination als Meerjungfrau fällt des Weiteren auf, dass er sich sich selbst mit deutlich längerem Haar vorstellt. Das Bedecken der Brüste und langes Haar sind in der außerliterarischen Wirklichkeit stereotype Merkmale für Weiblichkeit – es ist nicht eindeutig zu sagen, ob es so auch in der Diegese ist.

Bezüglich der **intermodalen Dimension** liegt überwiegend ein symmetrisches Verhältnis zwischen Bild und Text vor. Interessant ist diesbezüglich lediglich eine Stelle im Buch, und zwar jene, als die Oma zurück aus dem Bad kommt und sieht, dass Julian sich mithilfe des Mobiliars als Meerjungfrau angezogen hat. Die Oma kommentiert dies mit „Oh!“, „Oh, oh.“ Eine heteronormativ geprägte Lesart lässt diese Interjektion der Oma zunächst als Kritik an Julians Verwandlung in eine Meerjungfrau lesen. Dies geht bedingt einher mit dem entsprechenden Bild, denn es ist nicht eindeutig, wo die Oma hinschaut, ob sie ihren Blick auf Julian richtet, das Chaos im Zimmer oder auf das Handtuch, das sie sich umwickelt. Auch ist nicht ganz eindeutig, ob der Gesichtsausdruck der Oma kritisch ist und die Intonation, die weiterhin Aufschluss geben würde über die Intention der Interjektion, ist ebenfalls nicht auszumachen. Lediglich das Ausrufezeichen nach dem ersten „Oh" deutet auf eine Intonation hin, die Überraschung ausdrückt; Interjektionen drücken in aller Regel eine Empfindung aus. Auf der nächsten Doppelseite schenkt die Oma Julian eine Halskette, womit sie Julians Ausstattung weiter komplettiert. In Bezug auf die heteronormative Lesart würde die Oma damit ihre erste Empörung über Julians Kleidung revidieren und sie durch die Halskette legitimieren. Es sei aber noch einmal betont, dass die Diegese selbst keine heteronormative Lesart anbietet, was aber dementsprechend umso mehr zu einer (unterrichtlichen) Diskussion einlädt.

Wenn es um die **narrative Dimension** geht, beginnen wir mit der Analyse der Inhaltsebene. Es ist bereits deutlich geworden, dass wir es bei „Julian ist eine Meerjungfrau" in vielerlei Hinsicht mit einem besonderen Text zu tun haben. Der Abgleich mit der außerliterarischen Realität funktioniert nur bedingt, über die teilweise ganz eigene Semantik des Buches haben wir bereits gesprochen.

Interessant ist, dass eine **Figurenanalyse** kaum möglich ist, wenn wir jede Art der Interpretation außen vor lassen. Wir nähern uns einer Analyse zunächst über das **Greimassche Aktantenmodell** (vgl. Greimas 1971, 161–165). Das das Objekt begehrende Subjekt ist Julian. Selbst diese Aussage ist beinahe eine Spekulation, denn wenn wir das Objekt deklarieren als das Meerjungfrausein, dann können wir nicht wissen, ob es überhaupt das erste Mal ist, dass Julian seinem Wunsch, Meerjungfrau zu sein Ausdruck verleiht. Es könnte auch sein, dass Julians Oma das Subjekt ist und das Objekt darin besteht, dass sie Julian zur Parade bringt, weil sie weiß, dass Julian eine Meerjungfrau ist. Denn so steht es im Text wiederholt, Julian ist eine Meerjungfrau, nicht, er möchte eine werden. Der Adressat ist in beiden Fällen Julian, die Senderin ist stets die Großmutter, da sie Julian indirekt die Absolution erteilt, eine Meerjungfrau zu sein. Gleichzeitig ist die Großmutter in gewisser Weise die Helferin; Julian weiß ohne Hilfe, dass er eine Meerjungfrau ist und wie er sich dementsprechend kleiden möchte, aber die Großmutter gibt ihm beinahe als deklarative Geste eine Halskette für seine Ausstattung als Meerjungfrau und bringt ihn zur Parade. Julian kann damit aufgrund seiner Merkmale und der Tatsache, dass er als einzige Figur einen Namen trägt, nach Kurwinkel (2020) als individualisierte Figur bezeichnet werden. Die Großmutter hingegen scheint durch ihre Bezeichnung, die Geschlecht und Alter markiert, sehr typisiert zu sein und die vermutete Rolle der Fürsorge zu übernehmen. Ob die Großmutter dadurch aber wirklich eine typisierte Figur ist, ist nicht auszumachen, da wir als Leser:innen nicht erfahren, ob es für die Großmutter eine Entwicklung ist, Julian als Meerjungfrau zu sehen oder ob es für sie gewöhnlich ist. Für unsere außerliterarische Betrachtung wäre damit die zweite Möglichkeit, dass es für sie gewöhnlich ist, die revolutionäre, weil die Großmutter damit mit außerliterarischen Stereotypen in Bezug auf Alter und Geschlechterrollen brechen würde.

Wenn es um eine **Raumanalyse nach Lotman** (1986) geht, verhält es sich sehr ähnlich wie mit vielen Aspekten bisher. Innerhalb der Diegese gibt es nur bedingt zwei komplementäre Teilräume, und zwar den privaten Raum, den Julian mit seiner Oma betritt, und den öffentlichen Raum, hier die Meerjungfrauenparade und auch die Straßenbahn. Allerdings ist nicht ersichtlich, dass es zuvor (auch dieses zuvor ist relativ, denn was ist das Schlüsselereignis?) für Julian nicht die Möglichkeit gab, an der Parade teilzunehmen. Einen Teilraum überhaupt betreten zu können oder erst von ihm zu erfahren und dann hineinzutreten, das sind unterschiedliche Aspekte. Nun scheint es so, als würde Julians Oma die Initiation in die neue Welt der Meerjungfrauen bereiten, allerdings muss auch dies nicht bedeuten, dass dieser Raum für Julian zuvor nicht zugänglich war. Es kann sich lediglich um eine leise Scheu vor einer neuen Situation handeln. Aus einer heteronormativen Perspektive, die stereotype Geschlechterrollen impliziert, sind die zwei Teilräume klar voneinander getrennt und es verhält sich genau so, dass Julian (und seine Oma) die Grenze zwischen den beiden Räumen erstmals übertreten.

Als es oben um die Mehrsprachigkeit ging, haben wir gesehen, dass in der Übersetzung die ethnische Markierung ausgeblieben ist, die das Original aufweist. Es ist weiterhin so, dass alle Figuren im Text Schwarz/PoC sind, dies selbst in der Erzählung aber nicht thematisiert wird. Uns als Leser:innen fällt dies aber auf, denn die Norm ist immer noch jene, dass fiktive Figuren weiß sind. Die Norm ist weiß. Wenn wir die Kategorie **Geschlecht als interdependente Kategorie** betrachten, gilt es zu reflektieren, dass es auffällt, dass die Figuren eben nicht weiß sind. Wir haben bereits die implizite Regel kennengelernt, dass die Norm unbenannt ist. In der erzählten Welt bleibt unbenannt, dass alle Figuren Schwarz/PoC sind, womit eine erzählte Welt vorliegt, die utopisch erscheint. Diese Diskrepanz ist erneut ein guter Anlass zur Diskussion.

Die Möglichkeit, dass wir die erzählte Welt über außerliterarische Normen lesen, liegt wesentlich an einem Aspekt der **Darstellungsebene**, und zwar der Fokalisierung der verbalsprachlichen Erzählinstanz. Hier liegt eine externe Fokalisierung vor, das heißt, die Erzählinstanz sagt und weiß weniger als die Figuren. Über den Text erfahren wir als Leser:innen nicht, ob es für Julian eine neue Erfahrung ist, sich als Meerjungfrau zu kleiden, was die Großmutter denkt und fühlt, wenn sie „Oh!“ sagt etc. Dadurch bleibt maximal viel Interpretationsspielraum, den die Leser:innen füllen können. Auf der bildlichen Ebene liegt zum Teil auch eine externe Fokalisierung vor; wenn wir aber beispielsweise an Julians Tagtraum, in dem er sich in eine Meerjungfrau verwandelt, teilhaben, dann tendiert die Fokalisierung hier zu einer internen, weil die Leser:innen an Julians Wünschen teilhaben.

5.1.3 Korpus

Das folgende Kapitel bietet eine Übersicht an kinder- und jugendliterarischen Primärtexten, die sich für eine Analyse hinsichtlich der Kategorie Geschlecht eignen und sich im Unterricht einsetzen lassen. Die Kommentare weisen stets darauf hin, welche geschlechtertheoretischen Zugänge (siehe dazu den Exkurs zu den Werkzeugen zu Beginn von Kap. 5) sich anbieten und ob die Figur oder der Raum oder beides hinsichtlich des Analyseinteresses im Fokus stehen. Des Weiteren findet sich immer noch die Angabe, ob der Text binär (→ Kap. 2) oder nichtbinär organisiert ist. Diese Informationen folgen einer kurzen Beschreibung zum Inhalt, dem Umfang und der Altersempfehlung.

Bilderbücher

Angel, Frauke und Julia Dürr: Disco. Wien: Jungbrunnen 2020.
In diesem Bilderbuch geht es um das Aufbrechen der Zuweisung von bestimmten Farben und Kleidung zu bestimmten Geschlechtern. Zwei kindliche Figuren spielen Disco und am nächsten Tag gehen beide als Mädchen angezogen in den Kindergarten. Für eine Figur hat dies aber zunächst einmal keine guten Folgen. Die Bilder tragen die Geschichte, der wenige Text hat ergänzenden Charakter.

Das Buch hat 32 Seiten und ist ab vier Jahren empfohlen.
- Fokus: Raum
- Reflexion der Geschlechterrollen
- (Meta-)Reflexion der Heteronormativität
- Binär

Axster, Lilly: Ein bisschen wie Du/A little like you. Wien: Zaglossus 2018.
Dieses Bilderbuch ist collagenartig gestaltet; der Bildteil überwiegt. Der Text ist im Bild integriert und zweisprachig, d. h. einmal auf Deutsch und einmal auf Englisch abgedruckt. Erzählt wird die Geschichte von Terry – einer Figur, deren Geschlecht(-s-Identität) nicht markiert ist – und deren „Mom Chioma“, die zu Beginn der Erzählung verstorben ist. Diese ist nicht Terrys leibliche Mutter, aber eine Mutterfigur. Mom Chioma und Terry sind PoC, und Mom Chioma ist aus ihrem Herkunftsland in ein europäisches Land gezogen – warum genau, erfährt der:die Leser:in nicht, es wird aber angedeutet, dass es an den besseren Lebensmöglichkeiten für LGBTQIA*-Personen liegt.

Das Bilderbuch hat 64 Seiten und ist ab 7 Jahren empfohlen.
- Fokus: Figur
- Geschlecht als interdependente Kategorie
- Erweiterung binärer Kategorisierungen
- Interdependenzen zwischen *sex*, *sex-category* und *gender* (und Geschlechtsidentität)
- Nichtbinär

Baltscheit, Martin und Sandra Brandstätter: L wie Liebe. Berlin: Kindermann 2022.
Bei diesem Bilderbuch handelt es sich nicht um eine fortlaufende Geschichte, sondern es wird auf jeder Doppelseite eine Form der Liebe vorgestellt: von der Liebe zu sich selbst, der Liebe zwischen mehreren Menschen bis hin zur Liebe für Eis. Dabei stehen die Bilder im Vordergrund und der Text erörtert die dargestellte Form der Liebe.

Das Buch hat 40 Seiten und ist ab vier Jahren empfohlen.

- Fokus: Raum
- (Meta-)Reflexion der Heteronormativität
- Binär

Boomgaarden, Brigitte: Nour fragt Warum? Oldenburg: Isensee 2019.
Eine nicht vergeschlechtlichte kindliche Figur geht durch ein Kaufhaus und wundert sich stark über die Geschlechtszuweisung bestimmter Kleidungsstücke und deren Farbgebung. Damit werden in dem Buch Stereotype hinterfragt und offengelegt. Text und Bild ergänzen sich.

Das Buch hat 28 Seiten und ist ab drei Jahren empfohlen.

- Fokus: Figur
- Erweiterung binärer Kategorisierungen
- (Meta-)Reflexion der Heteronormativität
- Reflexion der Geschlechterrollen
- Nichtbinär

Engler, Michael und Juliana Swaney: Das alles ist Familie. München: arsEdition 2021.
In diesem Bilderbuch werden unterschiedliche Familienformen vorgestellt. Dies gelingt über die Suche nach den Adressat:innen eines Paketes, das zwei Kinder finden. Sie klingeln an diversen Türen und stellen fest, dass es sehr viele verschiedene Formen von Familie gibt. Über die Bilder erkennen die Leser:innen, welche Familienform jeweils vorgestellt wird; im Text unterhalten sich die kindlichen Figuren über diese Familienformen.

Das Buch hat 32 Seiten und ist ab vier Jahren empfohlen.

- Fokus: Raum
- (Meta-)Reflexion der Heteronormativität
- Reflexion der Geschlechterrollen
- Binär

Thom, Kai Cheng und Li, Wai-Yant/Kai, Yun Ching: Von den Sternen am Himmel zu den Fischen im Meer. Münster: edition assemblage 2020.
Dieses Buch erzählt von einem wandelbaren Kind, das sich keinem der gängigen *sexes* zuordnen lässt und auf der Suche nach der eigenen Identität ist. Dabei macht es Ausgrenzungserfahrungen, erfährt aber von seiner Mutter Akzeptanz und das eigene Selbst wertzuschätzen. Hier ergänzt der Text die Bilder und führt diese aus.

Das Buch hat 40 Seiten und ist ab drei Jahren empfohlen.

- Fokus: Figur und Raum
- Reflexion der Geschlechterrollen
- Inkongruenzen zwischen *sex*, *sex-category* und *gender* (und Geschlechtsidentität)
- Nichtbinär

Laibl, Melanie und Michael Roher: Prinzessin Hannibal. Wien: Luftschaft 2016.
In diesem Bilderbuch geht es um Prinzessin Hannibal, die zunächst als Prinz vorgestellt wird, als ein solcher aber nicht leben möchte. Er fragt seine zahlreichen Schwestern, wie er zur Prinzessin wird, wobei das Buch auf viele Märchen referiert und Bezüge herstellt. Es ist nicht auszumachen, ob Prinzessin Hannibal sich im falschen Körper fühlt oder lieber die weibliche Geschlechterrolle leben möchte als die männliche. Schlussendlich geht es in dem Text aber darum, Geschlechterstereotype aufzubrechen und zu sein, was und wer man möchte. Bild und Text ergänzen sich dabei.

Das Buch hat 32 Seiten und ist ab sechs Jahren empfohlen.
- Fokus: Figur
- Reflexion der Geschlechterrollen
- Erweiterung binärer Kategorisierungen
- (Meta-)Reflexion der Heteronormativität
- Binär

Love, Jessica: Julian feiert die Liebe. München: Knesebeck 2021.
Die beiden vorgestellten Bilderbücher von Jessica Love funktionieren über das Spiel mit außerliterarischen Normvorstellungen der Leser:innen. In der erzählten Welt passieren gar keine spektakulären Dinge, diese werden lediglich durch eine Norm-Vorstellung erzeugt, die bei der Lektüre mitgelesen wird. In „Julian feiert die Liebe" geht es um die Hochzeit zweier Figuren, Julians Funktion als Blumenkind und die Abenteuer, die Julian mit einer anderen kindlichen Figur namens Marisol erlebt. Die Bilder erzählen in diesem Buch mehr als der Text, der ohne Pronomen auskommt.

Das Buch hat 32 Seiten und ist ab vier Jahren empfohlen.
- Fokus: Figur und Raum
- Reflexion der Geschlechterrollen
- (Meta-)Reflexion der Heteronormativität
- Geschlecht als interdependente Kategorie
- Nichtbinär

Love, Jessica: Julian ist eine Meerjungfrau. München: Knesebeck 2020.
In diesem Buch kleidet Julian sich als Meerjungfrau, nachdem Julian in der Straßenbahn drei Meerjungfrauen gesehen und auch über solche in einem Buch gelesen hat. Julians Großmutter unterstützt Julian und gemeinsam besuchen sie schließlich eine Meerjungfrauenparade. Auch in diesem Buch erzählen die Bilder mehr als der Text, der auch ohne Pronomen auskommt.

Das Buch hat 32 Seiten und ist ab drei Jahren empfohlen.
- Fokus: Figur und Raum
- Reflexion der Geschlechterrollen
- Geschlecht als interdependente Kategorie

- Erweiterung binärer Kategorisierungen
- Nichtbinär

Minne, Brigitte: Prinzessin Pompeline traut sich. Heidelberg: Carl Auer 2017.
In diesem Bilderbuch geht es darum, dass Prinzessin Pompeline sich traut, und zwar nicht nur zu heiraten, sondern auch zu sagen, dass sie eine Frau heiraten möchte, was gegen die Konventionen des Hofes spricht. Ihre Liebe wird aber anerkannt und gemeinsam bekommen die beiden Prinzessinnen Kinder. Am Ende der Erzählung gibt es einen kurzen Text darüber, wie zwei Frauen zusammen Kinder bekommen. Der Text liefert hier die meisten Informationen, die Bilder fungieren ergänzend.

Das Buch hat 38 Seiten und ist ab sechs Jahren empfohlen.
- Fokus: Figur und Raum
- (Meta-)Reflexion der Heteronormativität
- Reflexion der Geschlechterrollen
- Binär

Stuart, Scott: Mein Schatten ist pink. Münster: Coppenrath 2021.
In diesem Bilderbuch werden gängige Geschlechterstereotype (m/w) aufgebrochen und diskutiert. Dies gelingt über eine männlich gezeichnete Kinderfigur, deren Schatten pink ist, im Gegensatz zu den Schatten der anderen männlich gezeichneten Figuren, die blau sind. Der Text ist in Reimform und übersteigt in der Informationsvergabe die Bilder.

Das Buch hat 40 Seiten und ist ab 5 Jahren empfohlen.
- Fokus: Figur
- Reflexion der Geschlechterrollen
- Binär

von Kitzing, Constanze: Ich bin anders als du – Ich bin wie du. Hamburg: Carlsen 2019.
In diesem Wendebilderbuch geht es um die Unterschiede und – andersherum gelesen – Gemeinsamkeiten von jeweils zwei kindlichen Figuren. Dabei fällt optisch immer direkt ein Unterschied ins Auge, der über verschiedene Differenzkategorien bestimmt ist. Im Text wird dann aber immer eine ganz andere Gemeinsamkeit und ein anderer Unterschied benannt, welche nicht nach äußeren Kategorisierungen funktionieren, sondern Talente, Vorlieben und Eigenschaften benennen, die gar nicht zu sehen sind. So werden die Leser:innen ggf. auf ihre eigenen Vorurteile und Stereotypen hingewiesen.

Das Buch hat 96 Seiten und wird ab drei Jahren empfohlen.
- Fokus: Figur
- Reflexion der Geschlechterrollen
- Geschlecht als interdependente Kategorie
- Binär

Kinderbücher

Kapprell, Klara: Keke. Achse: Wien 2022.
In diesem Buch wird der gewöhnliche Alltag einer kindlichen Figur erzählt. Besonders ist hier, dass die Figur zunächst einmal ohne Vergeschlechtlichung auskommt und auch andere Figuren mitunter keine Geschlechtszuweisung erfahren. Am Ende der Erzählung wird offengelegt, dass die kindliche Figur inter ist.

Das Buch hat 97 Seiten und ist ab sieben Jahren empfohlen.
- Fokus: Raum und Figur
- Erweiterung binärer Kategorisierungen
- (Meta-)Reflexion der Heteronormativität
- Inkongruenzen zwischen *sex, sex-category* und *gender* (und Geschlechtsidentität)
- Doppeldeutigkeit des generischen Maskulinums
- Nichtbinär

Orghandl, Franz: Der Katze ist es ganz egal. Leipzig: Klett Kinderbuch 2020.
In diesem Roman geht es um Jennifer, die bei der Geburt den Namen Leonhard bekommen hat, sich aber als Jennifer fühlt und dies ihren Freund:innen und Eltern nun mitteilt. In dem Text wird auf viele Stereotype hingewiesen, mit manchen wird gebrochen, andere werden perpetuiert, sodass es an dem:der Leser:in ist, diese zu erkennen.

Das Buch hat 96 Seiten und ist ab neun Jahren empfohlen.
- Fokus: Figur und Raum
- Reflexion der Geschlechterrollen
- Inkongruenzen zwischen *sex, sex-category* und *gender* (und Geschlechtsidentität)
- Binär

Übergangsbuch

Hjertzell, Maja: Henrietta mein Geheimnis. Stuttgart: Kosmos 2016.
Der Roman erzählt eine gewöhnliche Geschichte über die erste Liebe. Die Hauptfigur wird nur Möwe genannt und wir erleben Möwes Gefühlschaos aus Möwes Perspektive mit. Verliebt ist Möwe in Henrietta. Die Besonderheit des Textes ist, dass die Leser:innen Möwes echten Namen nicht erfahren und es so auch keine Markierung des Geschlechts auf grammatischer Ebene gibt. Erst auf der letzten Seite wird Möwe von einem Kind geschlechtlich markiert.

Das Buch hat 208 Seiten und ist ab zwölf Jahren empfohlen.
- Fokus: Figur
- Reflexion der Geschlechterrollen
- (Meta-)Reflexion der Heteronormativität
- Doppeldeutigkeit des generischen Maskulinums
- Binär

Ofner, Agnes: Nicht so das Bilderbuchmädchen. Wien: Jungbrunnen 2019.
Zara und Sam sind neue Nachbar:innen, und Zara sieht, weil sie einander in die Fenster schauen können, dass Sam oft weint. Zwischen beiden entwickelt sich eine nonverbale Freund:innenschaft, indem sie über Zettel, die sie an ihre Fenster hängen, kommunizieren. Zuletzt erfahren Zara und auch die Leser:innen, dass Sam trans ist und deshalb eine aufwühlende Zeit erlebt. Sprachliche Besonderheit ist, dass nicht das generische Maskulinum verwendet wird, sondern Sam von Beginn an mit dem Genus seiner Geschlechtsidentität angesprochen wird.

Das Buch hat 180 Seiten und ist ab zwölf Jahren empfohlen.
- Fokus: Figur
- Reflexion der Geschlechterrollen
- (Meta-)Reflexion der Heteronormativität
- Inkongruenzen zwischen *sex*, *sex-category* und *gender* (und Geschlechtsidentität)
- Binär

Schützsack, Lara: Sonne, Moon und Sterne. Frankfurt am Main: Fischer SAUERLÄNDER 2019.
In diesem Roman geht es um eine heranwachsende Figur namens Gustav, die als weiblich markiert ist, jedoch die stereotype Mädchenrolle selbst gar nicht mag und diese aufbricht – „Warum Gustav ‚Gustav' genannt wird, weiß eigentlich niemand mehr so genau" (Schützsack 2019, 7). Nach den Sommerferien ist Moon neu in Gustavs Klasse. Moon ist eine männlich markierte Figur, die mit ihren Glitzerleggings und langen Haaren ebenfalls aus der Norm fällt. In dem Text werden viele Geschlechterrollen hervorgehoben und es wird mit ihnen gespielt.

Das Buch hat 240 Seiten und ist ab zehn Jahren empfohlen.
- Fokus: Figur
- Reflexion der Geschlechterrollen
- Inkongruenzen zwischen *sex*, *sex-category* und *gender* (und Geschlechtsidentität)
- Binär

Steinkellner, Elisabeth: Papierklavier. Weinheim [u. a.]: Beltz & Gelberg 2020.
In „Papierklavier" wird Maias Geschichte erzählt, die gemeinsam mit zwei Geschwistern und deren Mutter zusammenlebt. Maias Mutter geht mehreren Jobs nach, um die Familie zu versorgen, sodass Maia viele Aufgaben übernehmen muss. Gleichzeitig fordert Maia aber das Erwachsenwerden heraus und sie macht sich viele Gedanken über geschlechtliche Ungleichbehandlung, Körpernormen und Vorurteile. Der Text des Buches wird unterstützt durch markante Illustrationen.

Das Buch hat 140 Seiten und ist ab dreizehn Jahren empfohlen.
- Fokus: Raum und Figur
- Reflexion der Geschlechterrollen

- (Meta-)Reflexion der Heteronormativität
- Erweiterung binärer Kategorisierungen
- Geschlecht als interdependente Kategorie
- Nichtbinär

Werner, Christine: Blitzeinschlag im Territorium. München: Mixtvision 2022.
„Blitzeinschlag im Territorium“ erzählt von der Liebe: Terris beste Freundin Nina ist in einen Jungen aus der Parallelklasse verliebt, Terris Mutter in Michaela. Diese gleichgeschlechtliche Liebe gehört aber nicht zur Norm der erzählten Welt und bringt einige Hürden mit sich. Weiterhin präsentiert der Roman verschiedene Formen von Weiblichkeit.

Das Buch hat 180 Seiten und ist ab 11 Jahren empfohlen.
- Fokus: Raum und Figur
- Reflexion der Geschlechterrollen
- (Meta-)Reflexion der Heteronormativität
- Doppeldeutigkeit des generischen Maskulinums
- Binär

Jugendbuch

Callender, Kacen: Felix ever after. Köln: Bastei Lübbe 2021.
Felix Love, die Hauptfigur des Romans, macht sich große Sorgen bezüglich der Assoziation mit seinem Nachnamen. Felix glaubt sich deswegen niemals zu verlieben oder geliebt zu werden. Felix sieht zu viele Mängel an sich, die nicht liebenswert sind: Felix ist of color und queer, fühlt sich weder dem weiblichen noch dem männlichen Geschlecht zugehörig. Als plötzlich in seiner Schule Fotos aus der Zeit vor Felix Transition ausgestellt sind, entwickelt sich aus der diskriminierenden Situation eine ermächtigende.

Das Buch hat 368 Seiten und ist ab vierzehn Jahren empfohlen.
- Fokus: Figur
- Erweiterung binärer Kategorisierungen
- Geschlecht als interdependente Kategorie
- Nichtbinär

Louis, Édouard: Das Ende von Eddy. Frankfurt a. M.: Fischer 2015.
In diesem autobiografisch angelegten Roman berichtet der erwachsene Édouard über seine Kindheit in einem kleinen französischen Dorf, das stark von heteronormativen Strukturen geprägt ist. Der junge Édouard wird schnell als homosexuell stigmatisiert und deshalb diskriminiert. Erst mit dem Verlassen des Dorfes gelingt es Édouard, sein eigenes Selbst zu finden.

Das Buch hat 208 Seiten und ist ab vierzehn Jahren empfohlen.

- Fokus: Figur und Raum
- Reflexion der Geschlechterrollen
- (Meta-)Reflexion der Heteronormativität
- Inkongruenzen zwischen *sex, sex-category* und *gender* (und Geschlechtsidentität)
- Binär

Osemann, Alice: Loveless. Bindlach: Loewe 2022.
In diesem Roman geht es um die Hauptfigur Georgia, die achtzehn Jahre alt ist und noch nie verliebt war, obwohl sie viel übrig hat für alles, dem das Etikett Romantik angehaftet werden kann. Verhandelt werden verschiedene Formen des Begehrens, vor allem aber Asexualität – ein seltenes Thema in der Kinder- und Jugendliteratur.

Das Buch hat 480 Seiten und ist ab vierzehn Jahren empfohlen.
- Fokus: Figur und Raum
- Erweiterung binärer Kategorisierungen
- Nichtbinär

Posthuma, Lisabeth: Baby und Solo. München: Hanser 2021.
„Baby und Solo" erzählt vor allem die Geschichte von Solo, einer jugendlichen männlichen Figur, über die die Leser:innen zunächst einmal nur erfahren, dass diese lange Zeit in psychologischer Behandlung gewesen ist, u. a. deshalb, weil Solo lange Zeit eine imaginäre Freundin gehabt hat. Wie sich zuletzt herausstellt, handelt es sich bei dieser um Solos Schwester, der bei der Geburt das männliche Geschlecht zugewiesen wurde und die sich das Leben genommen hat, weil sie keine Chance gesehen hat, als Mädchen zu leben.

Das Buch hat 432 Seiten und ist ab vierzehn Jahren empfohlen.
- Fokus: Raum
- (Meta-)Reflexion der Heteronormativität
- Inkongruenzen zwischen *sex, sex-category* und *gender* (und Geschlechtsidentität)
- Binär

Slater, Dashka: Bus 57. Bindlach: Loewe 2019.
Dieser Text beruht auf einer wahren Begebenheit: Ein genderqueerer, weißer Jugendlicher wird von einem Schwarzen Jugendlichen angezündet. Leser:innen erleben den Prozess sowie die Auseinandersetzung der Jugendlichen mit sich selbst und miteinander. Die Besonderheit auf sprachlicher Ebene besteht in der Verwendung von Neo-Pronomen für die genderqueeren Figuren.

Das Buch hat 400 Seiten und ist ab vierzehn Jahren empfohlen.
- Fokus: Figur und Raum
- Erweiterung binärer Kategorisierungen
- Doppeldeutigkeit des generischen Maskulinums
- Nichtbinär

Russo, Meredith: Birthday. Eine Liebesgeschichte. Bindlach: Loewe 2022.
In diesem Roman geht es um die besten Freunde Morgen und Eric, die sich seit ihrer Geburt kennen. Langsam werden sie Teenager, und vor allem Morgen merkt, dass die beiden sich in unterschiedliche Richtungen entwickeln. Während Eric sich immer mehr für Mädchen interessiert, fühlt Morgan immer stärker, dass er eigentlich ein Mädchen ist.

Das Buch hat 320 Seiten und ab vierzehn Jahren empfohlen.

- Fokus: Figur und Raum
- Reflexion der Geschlechterrollen
- Binär

5.2 Sachtexte

In diesem Kapitel sollen die zuvor eingeführten Methoden (s. Kap. 4.2.2) am Beispiel eines Sachtextes dargestellt werden. Die Analyse soll also exemplarisch vorführen, welche Erkenntnisse mit welcher Analysemethode gewonnen werden können. Als Grundlage dient ein Text, der auch im Zentralabitur Verwendung findet.

Peter Eisenbergs (→ Kap. 2) Text „Finger weg vom generischen Maskulinum" erscheint am 8. August 2018 im Tagesspiegel. Der Autor, einer der renommiertesten Grammatiktheoretiker im deutschsprachigen Raum (Eisenberg 2020a und b), erläutert in dem Beitrag die besondere Funktion des generischen Maskulinums (→ Kap. 2) für das Sprachsystem und versucht, Argumente eines geschlechtersensiblen und -inklusiven Sprachgebrauchs (→ Kap. 2) zu widerlegen. In der Sachtextanalyse, die hier parallel zur Erzähltext- und Bilderbuchanalyse vorgeführt wird, soll exemplarisch herausgearbeitet werden, wie Sachtexte zum Thema entschlüsselt werden können. Der Text von Peter Eisenberg eignet sich dazu in zweifacher Weise. Zum einen ist der Text auch für Noviz:innen gut zugänglich. Die komplexen linguistischen und gesellschaftlichen Zusammenhänge werden nur kurz und eher vereinfacht dargestellt. Zum anderen ist der Text als Grundlage einer Aufgabe für das Zentralabitur ausgewählt worden[29]. Neben der Aufgabenstellung finden sich auf den Seiten des iqb[30] Hinweise zur Bearbeitung und Bewertung, die für die Analyse genutzt werden können. Zusätzlich kann die Analyse auf Beispiele rekurrieren, die im Januar 2022 in einer Erhebung am Bielefelder Oberstufenkolleg gesammelt wurden, bei dem Schüler:innen der Oberstufe den Text als Vorbereitung für die schriftlichen Aufgaben im Abitur erprobt haben. Einzelne Schüler:innen waren zudem bereit, in einem anschließenden Gruppeninterview Auskunft zur Bearbeitung zu geben. Ausschnitte aus den Interviews und damit Beispiele der Perspektive von Schüler:innen werden ebenfalls genutzt.

29 s. https://www.iqb.hu-berlin.de/abitur/pools2020/deutsch/

30 Das iqb (Institut zur Qualitätsentwicklung im Bildungswesen) ist ein wissenschaftliches Institut (angesiedelt an der HU Berlin), das die Bundesländer bei der Qualitätsentwicklung und Qualitätssicherung unterstützt und die KMK (Kultusministerkonferenz) berät. Das iqb prüft, ob die in den Bildungsstandards festgelegten Kompetenzen erreicht werden und nutzt dazu beispielsweise die Vergleichsarbeiten (VERA) in der 3. und 8. Klasse.

Um die Analyse des Textes nachzuvollziehen, ist es sinnvoll, den Text selbst vor Augen zu haben.[31] Die Analyse des Textes soll einerseits die zuvor eingeführten methodischen Zugänge illustrieren (Textanalyse, Inhaltsanalyse, Korpusanalyse) und damit auch die eigene Forschungs- und Lehrpraxis stützen, die Analyse soll andererseits die Grundlage einer Diskussion darüber schaffen, woran die Geeignetheit von Texten zu messen ist, sollten sie die Möglichkeit bieten, die komplexe Debatte so widerzuspiegeln, dass Schüler:innen damit ein entsprechender Zugang ermöglicht wird. Inhalts- wie korpusanalytische Zugänge brauchen mehr als einen Text, die Illustration dieser Methoden am Beispiel des Textes von Peter Eisenberg wird daher weitere Texte einbeziehen.

Zur Annäherung an Eisenbergs Text beginnen wir mit den bei Baurmann (2009) herausgearbeiteten Kriterien einer **Textanalyse**. Zunächst zur Textfunktion: Eisenbergs Text lässt sich vornehmlich als informierend kennzeichnen, die Überschrift („Finger weg vom generischen Maskulinum!") wie auch die Häufung von Modalverben im Verlauf des Textes („sollten") deuten zumindest auf eine auch appellative Funktion hin. Mit der Veröffentlichung in einer Tageszeitung lässt sich die kommunikative Situation als öffentlich beschreiben. Schwieriger zu bestimmen erscheint zunächst der Zuschnitt der Adressat:innen. Der Tagesspiegel hat eine durchschnittliche Auflage von 100.000 Exemplaren und eine Reichweite von 360.000 Personen, er ist die größte Tageszeitung in Berlin. Eine klare politische Ausrichtung ist beim Tagesspiegel nicht zu erkennen.[32] Eisenbergs Text erreicht demnach aller Wahrscheinlichkeit nach Personen unterschiedlichen politischen Spektrums und entsprechend auch verschiedener Positionen bezüglich geschlechtersensibler und -inklusiver Sprache. Die Nutzung des Begriffs „generisches Maskulinum" in der Überschrift wird aber vermutlich Leser:innen adressieren, die zumindest eine fachliche Vorbildung und/oder Interesse am Thema haben (Vorwissen/Interesse). Dass der Tagesspiegel zunächst vor allem eine regionale Zeitung ist, d. h. die Auflage und Reichweite konzentriert sich auf Berlin, scheint bei dieser Thematik weniger relevant; örtliche oder dialektale Beispiele finden sich nicht. In den 113 Kommentaren (Stand 29. August 2022) zum Beitrag, die sich auf der Seite des Tagesspiegels finden, fällt die weitgehend reflektierte und achtsame Diskussion der Überlegungen Eisenbergs auf – gerade auch im Vergleich zu Diskussionen dieses Themas in Social Media.

Eisenbergs Beitrag erscheint im August 2018. Zuvor erschienen sind die Duden-Broschüre „Richtig gendern" (Oktober 2017) der beiden Linguistinnen Gabriele Diewald (→ Kap. 2) und Anja Steinhauer sowie ein Beitrag von Anatol Stefanowitsch (2018) (→ Kap. 2), ebenfalls erschienen im Tagesspiegel. Stefanowitsch hat sich in diesem klar für den Genderstern ausgesprochen. Wichtiger erscheint jedoch, dass Eisenbergs Beitrag in Zusammenhang mit zwei relevanten Entscheidungen steht, die antizipiert werden: der Entscheidung der Bundesregierung zur Änderung des Personenstandsgeset-

31 Sollte der Text auf den Seiten des iqb nicht mehr zugänglich sein, findet er sich im Netz unter: https://www.tagesspiegel.de/wissen/debatte-um-den-gender-stern-finger-weg-vom-generischen-maskulinum/22881808.html (Stichwortsuche über eine Suchmaschine: „Tagesspiegel Finger weg vom generischen Maskulinum").

32 https://interaktiv.tagesspiegel.de/lab/die-lieblingsmedien-der-parteien/ (Stichwortsuche über eine Suchmaschine: „Lieblingsmedien der Parteien")

zes, die im Dezember 2018 vollzogen wird, sowie der Entscheidung des Rats für deutsche Rechtschreibung (→ Kap. 2) bezüglich der Frage, ob und wie geschlechterinklusive (→ Kap. 2) Sprache orthografisch normiert werden kann (Rat für deutsche Rechtschreibung 2018b). Eisenbergs Beitrag ist also gleichzeitig als aktuell und sicher und als relevant einzustufen; er selbst verweist in seinem Text auf die Diskussion, die „selten (...) so intensiv, wie in diesem Sommer [war]“. Bezüglich der im Beitrag verwendeten Wissenstypen überwiegt das Faktenwissen, das betrifft beispielsweise die Definition des generischen Maskulinums und die Unterscheidung von Genus und Sexus. Hinweise auf ein Handlungswissen finden sich ebenfalls. Eisenberg regt beispielsweise an, mit Geschlechteridentitäten, die nicht ins binäre Schema passen, rücksichtsvoll umzugehen. Als weiteres Anliegen postuliert er auch, die Gleichstellung von Männern und Frauen weiter zu forcieren, indem Frauen in bisher stark von Männern dominierten Berufen Karriere machen. Sein wichtigstes Anliegen schließlich benennt er schon in der Überschrift („Finger weg vom generischen Maskulinum“). Die Argumentation ist dabei nicht ganz frei von Widersprüchen: So lehnt Eisenberg zum einen das „Durchregeln, das Eingriffe in die Sprache einschließt“ als Bevormundung ab, greift aber ebenfalls zu einer ähnlichen Strategie, wenn er das generische Maskulinum als bestmögliche Form verteidigt und sich Eingriffe verbietet.

Sein Beitrag entfaltet die Thematik argumentativ und vergleichsweise vollständig, so versucht er verschiedene Perspektiven abzubilden, die er aber gleichwohl relativ zügig ablehnt. Als Autor zahlreicher wissenschaftlicher Publikationen und zudem Sprachwissenschaftler ist es Eisenberg gewohnt und dazu in der Lage, fachlich faktenbezogen und neutral zu formulieren. In dem Beitrag gelingt ihm das ebenfalls – bis zu einem gewissen Grad, was sich an zwei Beispielen erläutern lässt: am Beispiel der Einschätzung des generischen Maskulinums sowie an der Benennung anderer Positionen und Akteur:innen. Das generische Maskulinum wird im Text (inklusive Überschrift, Nennung der Seite und Verwendung von „generisch“) 23-mal erwähnt (teils im Plural), neben Beispielen für generische Maskulina (Lehrer, Spion, Soldat) finden sich auch durchweg positive Bewertungen für dieses: „durch das generische Maskulinum auch niemand diskriminiert“, „tief verankerte, elegante und leistungsstarke Möglichkeit zur Vermeidung von Diskriminierung“. Die Kolleg:innen, die das generische Maskulinum als Sprachform kritisieren, kommen indes nicht gut weg. Ihre Einschätzungen werden als „inkorrekt“ bewertet (Diewald & Steinhauer), teils wird ihnen aber auch eine Einschätzung verwehrt und damit wissenschaftlich fast größtmögliche Abwertung zuteil, das gilt für Anatol Stefanowitschs Belege, die mit „Wir brauchen ihn [gemeint sind die bei Stefanowitsch zitierten Assoziationstests] (...) nicht weiter zu kommentieren“ abgewertet werden, ebenso wie für Henning Lobin und Damaris Nübling, deren Beispiele alle als falsch interpretiert benannt werden.

In der Bearbeitung zeigt sich: Schüler:innen erkennen zwar, dass Peter Eisenberg deutlich mehr Argumente für das generische Maskulinum nennt, sie schätzen seinen Beitrag aber vornehmlich als neutral und informativ ein. Nur wenigen fallen sprachliche Feinheiten auf wie die Nutzung des Konjunktivs I, mit der zwar zum einen auf andere Positionen referiert, sich aber zugleich auch von diesen distanziert wird.

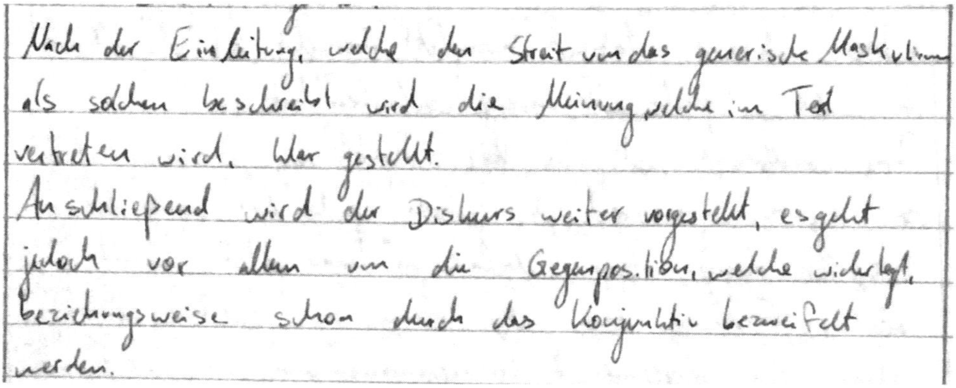
Nach der Einleitung, welche den Streit um das generische Maskulinum als solchen beschreibt wird die Meinung, welche im Text vertreten wird, klar gestellt.
Anschließend wird der Diskurs weiter vorgestellt, es geht jedoch vor allem um die Gegenposition, welche widerlegt, beziehungsweise schon durch das Konjunktiv bezweifelt werden.

Abbildung 3: Ausschnitt aus einem Schülertext

Im Gruppeninterview äußern die Schüler:innen sogar, es sei ihnen schwergefallen, die Position Eisenbergs zu erkennen und sich selbst dazu zu verhalten.

```
075          (-) dass es eben: (.) ja mir ganz schwer gefallen is SEIne
             position irgendwie rauszu[finden,]
076   INT:                            [hm_HM, ]
077   AbW:   und wo ER überhaupt steht?
078          °h und bis ich mich DAmit irgendwie befasst habe,
079          war MIR dann irgendwie auch gar nich mehr klar-
080          wo ICH jetz eigenlich nochmal stehe,
081   INT:   hm_HM,
```

Abbildung 4: Ausschnitt aus einem Gruppeninterview[33]

Im Beitrag hatte Eisenberg von den „in der ‚Zeit' geäußerten diffamierenden Äußerung des Kollegen" geschrieben, wer oder was damit genau gemeint ist, bleibt hingegen unklar. Verschiedene Beiträge kämen dafür in Frage, z. B. der Beitrag von Ronald Düker, der in seinem Text, der tatsächlich am 30. Mai 2018 in der ZEIT erscheint, Eisenberg als Linguisten einführt, „der in einer schönen Berliner Villengegend wohnt" (Düker 2018); ob diese Beschreibung als „diffamierend" ausreicht, sei dahingestellt. All die genannten Beispiele zeigen aber auch, Eisenbergs Text ist polyreferenziell, wenngleich sich nicht alle Referenzen – insbesondere für die Schüler:innen während einer Abituraufgabe – auflösen lassen. Als letztes Kriterium nennt Baurmann (2009) sprachliche und nichtsprachliche Mittel. Im Originaltext findet sich, anders als in der für schulische Zwecke didaktisierten Ausgabe, ein Bildbeispiel. Dieses zeigt das Bild eines Rechtschreibdudens, in markantem Gelb. Der Duden ist Symbol für die deutsche

33 Das Interview ist aufgezeichnet und anschließend nach GAT 2.0 (Gesprächsanalytisches Transkriptionssystem) transkribiert worden (vgl. Selting u. a. 2009).

Sprache, aber auch für ihre Regulierungen durch entsprechende Vorgaben (hinsichtlich der Dudenredaktion). Nicht nur dieser Text, auch andere Texte werden entsprechend illustriert. Der Duden stand und steht durchaus im Mittelpunkt der Diskussion. Insbesondere die aktuelle Auflage (2020) ist intensiv diskutiert worden. Die Redaktion hatte sich entschieden, generische Formen weitgehend über feminine Formen zu ergänzen[34] und das generische Maskulinum in Einzelfällen, aber nicht mehr als Standardfall zu nutzen. Andere nichtsprachliche Mittel finden sich im Text nicht. Typografie und Textgestaltung entsprechen dem Tagesspiegel-Layout, in der Abituraufgabe ist der Text im Blocksatz, dem Schriftfont Calibri und in Zeilennummerierung bearbeitet; letzteres unterstützt die genaue Verortung bei entsprechenden Zitaten.

Peter Eisenbergs Text war im Aufgabenpool für das Jahr 2020 als Aufgabenart „Erörterung pragmatischer Texte" im Anforderungsniveau erhöht[35] vorgesehen. Die Aufgabenstellung bestand aus zwei Aufgaben:

1. „Stellen Sie den Argumentationsgang des vorliegenden Textes von Peter Eisenberg dar und erläutern Sie die Intention des Textes" (40 %)
   und
2. „Erörtern Sie ausgehend vom Text die Berechtigung einer Sprachregulierung in Bezug auf Gendergerechtigkeit. Beziehen Sie dabei Ihre im Unterricht erworbenen Kenntnisse über Sprachverwendung in gesellschaftlichen Zusammenhängen und über das Verhältnis von Sprache, Denken und Wirklichkeit ein" (60 %).

Die erste der beiden Aufgabenstellungen lässt sich gut mit der Methode **(qualitative) Inhaltsanalyse** verknüpfen. Wie beschrieben, kann die Inhaltsanalyse in unterschiedlicher Form durchgeführt werden. Kategorien können beispielsweise entlang des Materials (induktiv) gewonnen oder ausgehend von den theoretischen Überlegungen (deduktiv) entwickelt werden; Mischformen sind möglich. Zur Illustration soll das zweite Vorgehen beispielhaft vorgeführt werden. Die Abituraufgabe wird hier als Ausgangspunkt für eine Studie genutzt, bei der Schüler:innen diese (und andere) Aufgaben bearbeiten. Diese Bearbeitungen werden nun mittels verschiedener Forschungsmethoden untersucht, es geht also gerade nicht um eine fachdidaktische Bewertung. Dennoch finden sich Aspekte, die durchaus aus beiden Perspektiven interessant sind. Die innerhalb einer Inhaltsanalyse untersuchten Codes lassen sich beispielsweise zunächst entlang der Argumentationsstruktur des Ausgangstextes von Peter Eisenberg denken sowie hinsichtlich des Diskurses, auf den sich der Text bezieht, diese könnten z. B. umfassen:

- Ausgangspunkt und Relevanz der Debatte um das generische Maskulinum (Diskurs),
- Argumente für das Gendern (Pro-Argumente allgemein),
- Kritik am Gendern (Kontra-Argumente allgemein),
- Definition des generischen Maskulinums (Definition),

34 https://www.spiegel.de/kultur/kritik-an-gender-sprache-abenteuerliche-duden-kreationen-a-846e042d-dfa9-4077-a16d-9adb2f258322 (Stichwortsuche über eine Suchmaschine: „Spiegel Kritik an gender")

35 In den Abituraufgaben wird zwischen „Anforderungsniveau grundlegend" und „Anforderungsniveau erhöht" unterschieden; grundlegend bezieht sich auf den Grundkurs, erhöht auf den Leistungskurs.

- Argumente für das generische Maskulinum (pro generisches Maskulinum),
- Argumente gegen das generische Maskulinum (kontra generisches Maskulinum).

Im Erwartungshorizont für die Abituraufgabe findet sich Ähnliches, wenngleich die Nennung kleinschrittiger, stärker auf die Autorintention ausgerichtet und durchgehend chronologisch zum Text aufgebaut ist.[36] Hier[37] wird unterschieden zwischen Hinführung zum Thema, Engführung des Themas, Darstellen der eigenen Position des Autors, Vorstellen der Gegenposition, Kritik an der Gegenposition, Zwischenfazit und These, Beleg der These, Darlegung der Kritik, moralische Positionierung, resümierende Forderung. Für die eigene, inhaltsanalytische Analyse erscheint das weniger praktikabel, da dies zum einen zu kleinschrittig scheint, zum anderen inhaltlich gleiche Themen nicht zusammengefügt werden könnten.

Der Text bzw. die einzelnen Textabschnitte lassen sich nun hinsichtlich der einzelnen Kategorien (Codes) zuordnen. Einen Mehrwert zur Textanalyse erzielt die Methode aber erst, wenn sie für eine Kollektion von Texten durchgeführt wird. Im folgenden Beispiel stellt diese Kollektion eine Anzahl von Texten von Schüler:innen dar (n = 17), die im Januar 2022 am Oberstufenkolleg Bielefeld erhoben wurden.

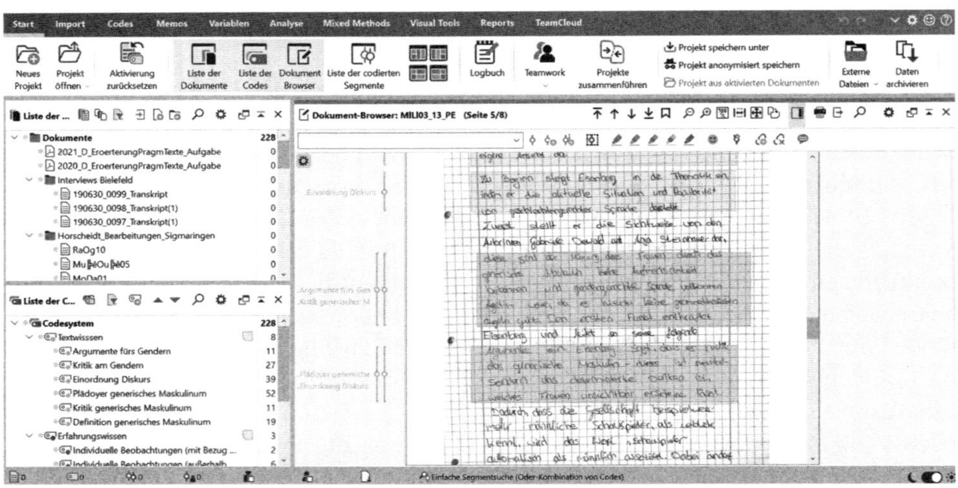

Abbildung 5: Screenshot der MAXQDA Oberfläche

Auffällig ist, dass es deutlich mehr Belegstellen gibt, in denen in den Texten der Schüler:innen Kritik am Gendern geäußert und zugleich ein Plädoyer für das generische Maskulinum gehalten wird. Der von Einzelnen im Interview eingeschätzte (vermeint-

36 Ein solches Vorgehen wird von den Schüler:innen im Unterricht erlernt, wenn sie sich auf das Aufgabenformat bzw. die Textform Sachtextanalyse in den Klausuren der Oberstufe vorbereiten. Zuerst sollen sie auf den Aufbau des zu analysierenden Textes eingehen und dann in der Regel die Argumentationsstruktur sowie die sprachlichen Mittel im Hinblick auf ihre Funktion bzw. Wirkung untersuchen (vgl. z. B. P.A.U.L. D Oberstufe 2014, 568).

37 https://www.iqb.hu-berlin.de/abitur/pools2020/deutsch/

lich) neutrale Text scheint im Widerhall der Schüler:innen doch eher eindeutig zu sein. Umso feiner die Kategorien, desto genauer sind die Befundstellen zu identifizieren und anschließend zu vergleichen. Das anschließende Textbeispiel stammt von einem:einer Schüler:in aus dem Grundkurs der 12. Klasse (G9). Die Sachtextanalyse in der oben beschriebenen Form und das Thema geschlechterinklusiver Sprachgebrauch sind im Unterricht bislang nicht behandelt worden.

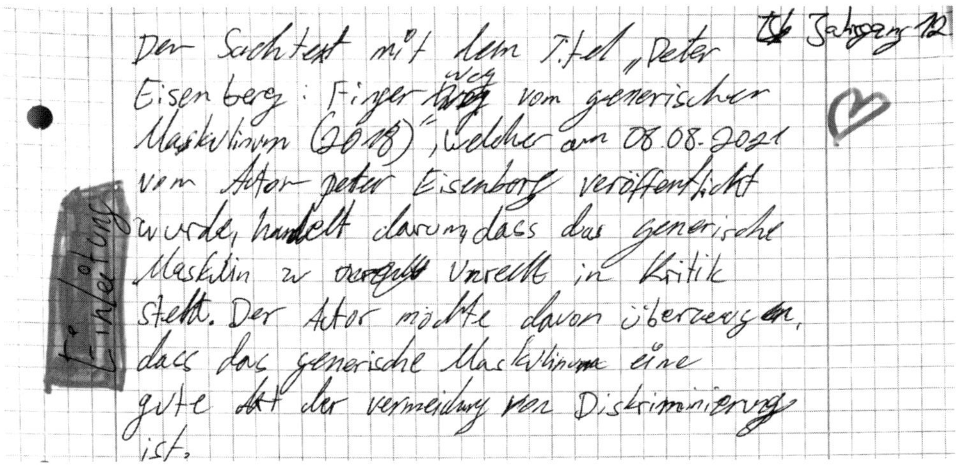
Jahrgang 12
Einleitung
Der Sachtext mit dem Titel „Peter Eisenberg: Finger weg vom generischen Maskulinum (2018)", welcher am 08.08.2021 vom Autor peter Eisenberg veröffentlicht wurde, handelt darum dass das generische Maskulin zu Unrecht in Kritik steht. Der Autor möchte davon überzeugen, dass das generische Maskulinum eine gute Art der vermeidung von Diskriminierung ist.

Abbildung 6: Ausschnitt aus einem Schülertext und literarische Umschrift

Der Sachtext mit dem Titel „Peter Eisenberg: Finger weg vom generischen Maskulinum (2018)", welcher am 08.08.2021 vom Autor Peter Eisenberg veröffentlicht wurde, handelt darum, dass das generische Maskulin zu Unrecht in Kritik steht. Der Autor möchte davon überzeugen, dass das generische Maskulinum eine gute Art der Vermeidung von Diskriminierung ist.

Die Identifikation entsprechender Befundstellen kann dann weiter untersucht werden, z. B. im Hinblick darauf, wie über den Autor geschrieben wird und ob die Position geteilt oder lediglich referiert wird. Interessant ist auch die Art der Argumentation: Werden beispielsweise eigene Beispiele und Beobachtungen als Beleg angeführt oder wird auf den Text bzw. die Belege aus dem Text verwiesen?

Zusammenfassung

Der Sachtext mit dem Titel „Peter Eisenberg: Finger weg vom generischen Maskulinum (2018)", welcher am 08.08.2021 im Tagesspiegel vom Autor Peter Eisenberg veröffentlicht wurde, handelt davon, dass das generische Maskulin zu Unrecht in Kritik steht. Der Autor möchte davon überzeugen, dass das generische Maskulinum eine gute Art der Vermeidung von Diskriminierung ist. Mit der Text- und der Inhaltsanalyse, eigentlich Forschungsmethoden, können Schüler:innen die Argumente aufschlüsseln und die sprachlichen Darstellungsmittel untersuchen.

Um **korpusanalytisch** zu arbeiten, bedarf es eines Korpus (von Texten), also einer Sammlung von Daten gleichen Typs. Um nun mit Eisenbergs Text weiterzuarbeiten, ließen sich verschiedene Texte zusammenstellen. Denkbar wäre beispielsweise, alle Texte aus einem oder verschiedenen Printorganen zum obigen Thema und innerhalb eines Jahres (2018) oder eines längeren Zeitraumes (von 2018–2021) zu sammeln; letzteres würde sich dann auf die beiden Ereignisse vor der ersten (November 2018) oder nach der zweiten (März 2021) Stellungnahme des Rats für deutsche Rechtschreibung (→ Kap. 2) beziehen. Denkbar wäre auch, ausschließlich Texte von Peter Eisenberg zu obiger Thematik zusammenzustellen, hier ließe sich prüfen, ob, und wenn ja, wie sich seine Position im Laufe der Zeit verändert. In jedem Fall ist die Zusammenstellung eines Korpus theoriegeleitet und von einer konkreten Fragestellung bestimmt. Für die schulische Praxis erscheint dies deutlich zu aufwändig, könnte aber in Ausschnitten umgesetzt werden und die Schüler:innen beispielsweise in einer Facharbeit zum forschungsgeleiteten Arbeiten anregen.

Wir gehen nun anders vor und nutzen ausschließlich die im Text genannten Referenzen. Welche Akteur:innen der Kontroverse werden von Peter Eisenberg referiert und auf welche Positionen nimmt er Bezug? Peter Eisenberg verweist in seinem Text explizit auf andere Texte, zugleich werden seine Überlegungen unmittelbar in Nachfolgebeiträgen wieder aufgegriffen, die Sammlung dieser Texte erzeugt ein Textnetz, das sich inhaltlich um einen Beitrag dreht und zugleich terminologische Aushandlungen und Positionierungen zur Debatte zeigt. Eisenberg benennt:

- Diewald, Gabriele & Steinhauer, Anja (2017). *Duden, richtig gendern. Wie Sie angemessen und verständlich schreiben*. Dudenverlag.
- Düker, Ronald (2018, 30. Mai). *Eins mit Sternchen. Der Kampf um die Geschlechtergerechtigkeit beschäftigt jetzt den Rat für deutsche Rechtschreibung, die Duden-Redaktion und Sprachwissenschaftler. Eine Reportage*. Zeit online. https://www.zeit.de/2018/23/gendergerechte-sprache-rechtschreibung-duden-binnen-i-sternchen
- Stefanowitsch, Anatol (2018, 7. Juni). *Geschlechtergerechte Sprache: Nützliche Sternchen brauchen keine Amtshilfe*. Tagesspiegel. https://www.tagesspiegel.de/wissen/nutzliche-sternchen-brauchen-keine-amtshilfe-3958504.html
- Tlusty, Ann-Kristin (2018, 16. Juni). *„Sprache ist nur eine von vielen Baustellen.“* Zeit online. https://www.zeit.de/kultur/2018-05/politische-korrektheit-sprache-diskriminierung-linguist-anatol-stefanowitsch
- (Interview mit Anatol Stefanowitsch).
- Lobin, Henning & Nübling, Damaris (2018, 7. Juni). *Tief in der Sprache lebt die alte Geschlechterordnung fort*. Süddeutsche Zeitung. https://www.sueddeutsche.de/kultur/genderdebatte-tief-in-der-sprache-lebt-die-alte-geschlechterordnung-fort-1.4003975

Einen direkten Bezug auf Eisenbergs Text stellt Gabriele Diewald mit ihrem Beitrag im Tagesspiegel her:

- Diewald, Gabriele (2018, 17. September). *Streit um das generische Maskulinum. Mitgemeint, aber ausgeschlossen.* Tagesspiegel. https://www.tagesspiegel.de/wissen/streit-um-das-generische-maskulinum-mitgemeint-aber-ausgeschlossen/23077686.html

In allen genannten Medienprodukten (Tagesspiegel, DIE ZEIT, Die Süddeutsche) und noch weiteren (Der Spiegel, Die Frankfurter Allgemeine Zeitung, taz etc.) geht die Debatte bis heute weiter. Dennoch lässt sich mit den wenigen Texten bereits ein eigenes Teilkorpus bilden, an dem erste Hypothesen entwickelt und geprüft werden; alle Texte bis auf die Duden-Broschüre liegen elektronisch (in entsprechendem Format) vor und sind veröffentlicht und damit nutzbar. Was könnten nun relevante Suchanfragen sein? Auch dies ist zunächst einmal theoretisch zu erfassen. Der Streit um geschlechterinklusives (→ Kap. 2) Schreiben bezieht sich häufig, wenn auch nicht ausschließlich, auf das generische Maskulinum, und auch in Peter Eisenbergs Text war dies ja ein zentraler Bezugspunkt. Während die Inhaltsanalyse nach den inhaltlichen Motiven fragt, interessiert sich die Korpuslinguistik für sprachliche Phänomene, die sich auf das Sprachsystem oder den Sprachgebrauch beziehen. Es ließe sich daraus nun beispielsweise die konkrete Frage ableiten: Mit welchen Adjektiven wird das generische Maskulinum in den ausgewählten Texten semantisch und syntaktisch (bezogen auf einen Satz) verknüpft? Ohne entsprechende Programme lässt sich eine solche Abfrage bereits über eine einfache Textsuche umsetzen.

Tabelle 8: Auswertung von Adjektiven in Bezug auf das generische Maskulinum

Suchbegriff	Adjektiv (Grundform)	Konnotat
generische~ Maskulinum	üblich	∅
	grammatisch	∅
	maskulin	∅
	männlich	∅
	weiblich	∅
	biologisch	∅
	verankert	+
	elegant	+
	leistungsstark	+
	≠ geschlechtergerecht	–
	≠ geschlechtsneutral	–
	sogenannt	–

Die Darstellung ist etwas irreführend, da die Adjektive durchaus unterschiedlich verwendet werden (auch in der Verneinung, wie bei geschlechtergerecht und geschlechtsneutral (→ Kap. 2) angedeutet). In der Nutzung von „grammatisch" (Text Lobin/Nübling) war beispielsweise die Rede von einer „grammatischen Fiktion"; dennoch deuten sie das argumentative Spannungsfeld gut an, das zwischen Fragen der Grammatik und der Pragmatik unterscheidet und das generische Maskulinum neutral, positiv oder negativ beurteilt. So gilt es einerseits als tradierte Praxis und verankert im Sprachsystem, so wird es andererseits gerade nicht als geschlechterinklusiv oder geschlechtsneutral eingeschätzt.

Zusammenfassung

Die Korpusanalyse untersucht verschiedene Texte (eines Korpus) im Vergleich. Mit einem um den Text von Peter Eisenberg gespannten Textnetz kann ein Diskurs nachvollzogen und die Verwendung von Begrifflichkeiten innerhalb dieses Diskurses aufbereitet werden.

Geschlechtersensible und -inklusive Sprache (→ Kap. 2) wird in vielen Sachtexten behandelt, nicht alle eignen sich gleichermaßen für die unterrichtliche Praxis. Selbst ein vergleichsweise gut recherchierter und aufbereiteter Text wie der von Peter Eisenberg beinhaltet einige Stolperfallen; die Argumente für das generische Maskulinum überwiegen, die Verweise auf andere Texte und Autor:innen sind im unterrichtlichen Kontext von den Schüler:innen nicht einfach zu entschlüsseln. Gleichwohl ist der Text geeignet und deutlich moderater als andere Texte dieser Position – und das gilt auch für andere Aufgabenbeispiele im iqb-Korpus, insbesondere die Texte von Matthias Schulz („Die Polizei, deine Freundin"; Abituraufgabe von 2017) und Ulrich Greiner („Droht uns die Sprachzensur? Ja!"; Abituraufgabe von 2021) sind schlichtweg ungeeignet, um die Komplexität der Debatte auch nur im Ansatz abzubilden. Ein paar Leitfragen können bei der Auswahl helfen.

- Wird die aktuelle Diskussion aufgegriffen und wird sie fachlich korrekt wiedergeben? (Erscheinungsjahr des Textes; Verortung der Personen, Nutzung der Begrifflichkeiten; siehe auch Kap. 2)
- Erlaubt der Text eine distanzierte Diskussion? (Sprache und Stil des Textes)
- Wie viel linguistisches Wissen wird vorausgesetzt bzw. wird linguistisches Wissen vermittelt? (Vorwissen)
- Bildet der Text unterschiedliche Positionen zum Thema ab? (Kontroversefähigkeit)
- Ist der Text anschlussfähig an die Erfahrungen der Schüler:innen? (Lebensweltbezug)

Ggf. kann es sinnvoll sein, mehrere Texte auszuwählen und gegenüberzustellen, in einzelnen Schulmaterialien (z. B. Kollektion von Texten bei Westermann) wird dies bereits umgesetzt.

Zusammenfassung
Die vergleichende Analyse der Bearbeitung von Abituraufgaben zeigt, dass die Darstellung über nur einen Text die Komplexität der Debatte nur selten wiedergeben kann. Besser eignen sich Textsammlungen, wie sie auch für Aufgaben materialgestützten Schreibens genutzt werden. Ob diese dann noch als Prüfungsaufgaben im Abitur funktionieren, muss sicherlich kritisch diskutiert werden. Aus schreibdidaktischer Perspektive würde sich für eine ausgeglichene Bearbeitung sicher auch die Textform Kontroversen- bzw. Diskursreferat eignen (vgl. Decker, Guschker, Hensel u. a. 2021).

5.3 Schulbücher/Aufgaben

In Kapitel 5.2 haben wir mit dem Text von Peter Eisenberg bereits einen ersten Einblick in schulische Aufgaben bekommen. In diesem Kapitel sollen diese Überlegungen nun auf **alle Schulstufen** ausgedehnt sowie für Lernende mit Deutsch als Zweit- (und Fremd-)Sprache ausgeweitet werden.

Das Kapitel verfolgt folgende Zielsetzungen:

- Themen des Deutschunterrichts zu identifizieren, die für eine geschlechterreflektierende Deutschdidaktik geeignet sind,
- schulische Materialien vorzustellen und
- Unterrichtsvorschläge zu diskutieren.

Im **Primarbereich** bietet sich vor allem das Thema Genus an. Im 2020 verabschiedeten Verzeichnis grundlegender grammatischer Fachausdrücke wird Genus folgendermaßen definiert:

> Genus (Plural: Genera) ist eine Deklinationskategorie in der →Nominalgruppe. → Nomen haben ein festes Genus. → Adjektive, → Artikel und die meisten → Pronomen können nach Genus flektiert werden. In der Nominalgruppe gibt der nominale Kern das Genus für die → Flexion von Artikel und Adjektiv vor. Das gilt auch für Pronomen und ihre Bezugselemente. Das Deutsche unterscheidet drei Genera: Femininum, Maskulinum, Neutrum. (KMK 2020, 19)

Im Lehrplan der Grundschule findet sich anstelle des Begriffs der Hinweis auf das Geschlecht als ein Bestimmungsmerkmal der Kategorie Substantiv/Nomen. Gerade die Gleichsetzung von Genus und Geschlecht erscheint uns in dieser Hinsicht problematisch, ist Geschlecht ja deutlich mehr als die grammatische Bestimmung.

Für die Darstellung wurden folgende, für die Grundschule (in NRW) zugelassene Schulbücher ausgewertet (jeweils in ihrer neuesten Auflage): ABC der Tiere (Mildenberger), Zebra (Klett), Bausteine (Diesterweg/Westermann), Einsterns Schwester (Cornelsen), Jo-Jo (Cornelsen), Klick! (Cornelsen), Pusteblume (Schroedel), Sprache und Lesen/der die das (Cornelsen).

Die Wortart Nomen und ihre Begleiter, den bestimmten und den unbestimmten Artikel, lernen die Schüler:innen ab der 2. Klasse kennen. Schüler:innen erkennen, dass sich Artikel und Adjektive am Substantiv ausrichten und Pronomen das Genus des Nomens aufgreifen („Der Junge rennt über die Straße. Er rutscht aus“ vs. „Der Junge rennt über die Straße. Sie ist ganz nass.“). Die Zuweisung der Genera bleibt hingegen häufig opak. Einzig bei Personen- und Tierbezeichnungen (Familien, Berufe etc.) ist die Genus-Sexus-Schnittstelle (→ Kap. 2) ganz unmittelbar erkennbar, wie sich anschaulich in der Übersicht zu Tierbezeichnungen zeigt, die aber nicht den Schulbüchern entstammt.

Tabelle 9: Grammatische Merkmale von Tiergattungen – systematisch

Generische Kategorie (Oberbegriff)	Männliches Tier; Genus: M	Weibliches Tier; Genus: F	Jungtier; Genus: N
Das Rind	Der Stier, der Bulle	Die Kuh	Das Kalb
Das Schwein	Der Eber	Die Sau	Das Ferkel
Das Pferd	Der Hengst	Die Stute	Das Fohlen
Das Huhn	Der Hahn	Die Henne	Das Küken

Familienmitglieder werden anhand der Kategorien weiblich (Genus: Femininum) und männlich (Genus: Maskulinum) angeordnet. So finden sich in den untersuchten Lehrwerken einerseits Mutter (und Ableitungen: Großmutter, Urgroßmutter), Tochter, Tante, Nichte, andererseits Vater, Sohn und Onkel, Neffe. Die altertümlichen und geschlechtsspezifischen Benennungen Base und Vetter sind inzwischen durch die Lehnwörter Cousin/Cousine ersetzt. Teils ist die Darstellung ähnlich einem Stammbaum angeordnet, teils in semantischen Netzen, z. B. als Opposition (Vater – Mutter; Mann – Frau) oder in hierarchischer Beziehung (Eltern – Tochter, Sohn). In neueren Schulbüchern finden sich durchaus auch alternative Darstellungen und Familienmodelle (zwei Mütter). Weder werden aber grammatische Prinzipien der semantischen Genuszuweisung erklärt noch auf alternative Begrifflichkeiten und Diskussionen hingewiesen.

In allen Materialien dominieren bestimmte Aufgabentypen (Lückentexte, Zuordnungsaufgaben). Regeln finden sich lediglich hinsichtlich der Unterscheidung von bestimmtem und unbestimmtem Artikel. In Unterrichtsmaterialien, in denen silbenmethodische Prinzipien dominant sind (also die Einfärbung der Silben zur besseren Unterscheidung genutzt wird), konterkariert diese Veranschaulichung geradezu mit einer Orientierung an spezifischen Genusmarkern (z. B. Morphemen; das gilt beispielsweise bei der Silbentrennung von Kin-der, die eben nicht mit der Morphemmarkierung des Plurals #er kongruent ist; ähnlich die Silbentrennung bei Leh-rer vs. #er). Im DemeK-Konzept[38] bekommen die Genera Farben zugewiesen, Maskulina werden blau, Feminina rot und Neutra grün eingefärbt. Auch hier ist es denkbar, dass sich Farblegenden überlappen bzw. ausschließen.

38 DemeK (Deutschlernen in mehrsprachigen Klassen) ist ein Unterrichtskonzept, das Schüler:innen mit Deutsch als Zweitsprache systematisch und über verschiedene Bildungsstufen hinweg unterstützt und dieses vor allem mit Bezug auf die Unterrichtsfächer Deutsch und Mathematik ausgeweitet hat. Siehe auch die Materialien der Bezirksregierung Köln.

Dass es neben solch semantischen (in den Materialien in der Regel implizit genutzten) Zuweisungsprinzipien auch morphologische und phonetische Zuweisungen zu den Genera gibt, ist kein Thema in der Grundschule, hilft aber, das komplexe Genussystem des Deutschen zu verstehen und bietet gerade auch für Deutsch als Zweitsprachenlernende Zugriffsmöglichkeiten (siehe auch die Arbeiten von Köpcke & Zubin 1997):

- Movierungssuffixe wie (-er) bzw. (-in) verlangen spezifische Genusformen, im ersten Fall das Maskulinum, im zweiten das Femininum (lehren – der Lehrer, die Lehrerin). Die Bildung von Diminutiva durch -chen und -lein erfordert das Neutrum (Mädchen, Knäblein, Röslein). Bei Komposita (besonders häufig sind sogenannte Determinativkomposita, bei dem das Erstglied das Zweit- bzw. Letztglied bestimmt bzw. konkretisiert) wird das Genus vererbt: die Haustür (wegen Tür), das Anmeldeverfahren (wegen Verfahren).
- Ganze Lexemgruppen übernehmen das Genus des Oberbegriffs, das gilt beispielsweise für Automarken (der Wagen – der Golf, der Mercedes, der Audi) und Alkoholika (das Bier – das Pils, das Kölsch, das Alt, das Guiness; der Wein – der Sauivgnon Blanc, der Rotwein) – als Beispiele für die Grundschule sind sie sicher nicht ganz passend. Besser geeignet ist das Lexemfeld Früchte (in der Regel mit femininem Genus bis auf Apfel und Pfirsich) oder Blumen (in der Regel feminines Genus).
- Phonetisch-phonologische Prozesse sind zwar linguistisch beschrieben (siehe auch hier Köpcke & Zubin 1997; zum Beispiel fordern Einsilber auf -ft in der Regel das Femininum: die Luft), kommen in der unterrichtlichen Praxis aber ebenfalls nicht vor.

Für Schüler:innen entsteht so der Eindruck, dass das Genus willkürlich zugewiesen wird, (auswendig) gelernt werden muss und keine weitere (sprachinterne oder sprachexterne) Bedeutung hat.

Neben diesem sehr konkreten Beispiel aus dem Deutschunterricht der Primarstufen werden im Folgenden Anknüpfungspunkte aus dem Kernlehrplan NRW aufgezeigt, die auch für einen integrativen Deutschunterricht fruchtbar gemacht werden können. Wir betrachten hier die Kompetenzerwartungen am Ende der Klasse 4 aus den Bereichen Lesen, Schreiben, Sprache und Sprachgebrauch reflektieren (Ministerium für Schule und Bildung NRW 2021).

Eine Kompetenzerwartung im Bereich Lesen ist jene, dass die Schüler:innen interessenbezogen Texte auswählen und ihre Entscheidung begründen sollen. Hier bietet es sich zunächst einmal an, Texte auszuwählen, die eine Reflexion der Kategorie Geschlecht ermöglichen. Damit können diese zugleich an den Prozess der Identitätsentwicklung der Schüler:innen anknüpfen und den Blick auf unterschiedliche Geschlechtsidentitäten lenken. Damit wird auch Bezug zu dem grundlegenden Beitrag des Faches Deutsch zum Bildungs- und Erziehungsauftrag hergestellt, wobei Sprache zur kognitiven, emotionalen und sozialen Entwicklung der Schüler:innen beiträgt. Beschreiben die Schüler:innen nun ihre eigenen Leseerfahrungen, kann diese Schilderung verknüpft werden mit dem Kompetenzbereich Schreiben, hier konkretisiert als

„setzen Strategien zur Textplanung ein (Klären von Schreibziel, Schreibsituation, Adressatenbezug und Textsorte, Nutzung von Strukturierungs- und Planungshilfen)." (Ministerium für Schule und Bildung des Landes Nordrhein-Westfalen 2021). Um dies an einem Beispiel zu veranschaulichen: Liegt als Textgrundlage das Bilderbuch „Julian ist eine Meerjungfrau" (s. Kap. 5.1.2) vor, kann über die individuelle Leseerfahrung, die im vorliegenden Beispiel daran geknüpft sein wird, ob es die Schüler:innen irritiert, dass Julian eine Meerjungfrau ist oder nicht, eine Gruppendiskussion initiiert werden, die selbst wiederum Grundlage eines Schreibimpulses ist. Es ließe sich dann zunächst diskutieren, mit welcher Intention sich die Schüler:innen an Julian wenden möchten und ob bzw. inwiefern eine Diskussion über die Geschlechterrollen, -erwartungen und -stereotype stattfinden könnte. Da das Verstehen literarischer Texte, wie hier des Bilderbuches, stark von den eigenen Erfahrungen der Lesenden abhängt, kann über das Erfassen von zentralen Aussagen dahin übergeleitet werden, wie sehr die eigenen Normen die Lektüre beeinflussen. So ließe sich dies auch mit dem Kompetenzbereich „Sprache und Sprachgebrauch untersuchen" verknüpfen, also dem Aspekt über „Verstehens- und Verständigungsprobleme bei Missverständnissen" (QUA-LiS NRW 2022). Eine leitende Frage wäre hier: „Meinen wir alle das gleiche, wenn wir von einem Jungen sprechen?"

Das Thema geschlechterinklusiver Sprachgebrauch findet sich in den Schulbüchern der **Sekundarstufe I** kaum, wobei sich Anknüpfungspunkte im Lehrplan durchaus finden lassen, wenn wir das Thema einer geschlechterinklusiven Sprache ausweiten auf das Themenfeld Geschlecht. Bei einem Blick in den Kernlehrplan Deutsch NRW Sek I (Ministerium für Schule und Bildung NRW 2022) wird deutlich, dass sich in der Sek I vor allem eine integrative Perspektive anbietet, also eine, die Sprache und Literatur verknüpft. Bei den Kompetenzerwartungen und inhaltlichen Schwerpunkten bis zum Ende der Doppeljahrgansstufe 5/6 ist ein Schwerpunkt im Inhaltsfeld Sprache das Thema Wortbedeutung. So sollen Schüler:innen „Wortbedeutungen aus dem Kontext erschließen und unter Zuhilfenahme von digitalen und analogen Wörterbüchern klären" (15). Hier bietet es sich an, zum Beispiel umgangssprachlich immer noch diffamierende Begriffe wie schwul zu untersuchen und die Wortherkunft zu bestimmen, um diesen Begriff als Schimpfwort zu dekonstruieren. Da bis zum Ende der Sek I Schüler:innen „die gesellschaftliche Bedeutung von Sprache" (QUA-LiS NRW 2022) beschreiben können sollen, kann an die Erkenntnisse aus den Klassen 5/6 angeknüpft werden, heteronormative Strukturen in der Sprache aufgedeckt und auch eine geschlechterinklusive (→ Kap. 2) Sprache diskutiert werden.

Der Sprachwandel steht in der Doppeljahrgangsstufe 9/10 auf dem Lehrplan; auch hier kann angeknüpft werden an das Themenfeld Geschlecht, z. B. über die Bezeichnung Frau (Fräulein), dabei können

> anhand von Beispielen historische und aktuelle Erscheinungen des Sprachwandels erläutert [werden] (Bedeutungsveränderungen, Einfluss von Kontakt- und Regionalsprachen wie Niederdeutsch, mediale Einflüsse, geschlechtergerechte Sprache) (28),

wie es im Kernlehrplan heißt.

Diese genannten Kompetenzbereiche lassen sich verknüpfen mit dem Inhaltsfeld 2, Texte, sodass ganz konkret im Sinne einer integrativen Deutschdidaktik vorgegangen werden kann. Für die Stufen 5/6 heißt es hier, dass die Schüler:innen über die Erfahrung mit Literatur Vorstellungsbilder generieren sollen. Um an das oben genannte Beispiel schwul anzuknüpfen, kann es durch die Zuhilfenahme literarischer Texte gelingen, die z. B. diskriminierende Verwendung des Begriffs zu hinterfragen, wenn diese Bezeichnung im literarischen Text als neutral oder positiv bewertet wird. In der Schulstufe 7/8 heißt es, dass die Schüler:innen Lebensweltbezüge literarischer Texte herstellen sollen, was sich gut verknüpfen lässt mit der gesellschaftlichen Bedeutung von Sprache – meint z. B. Frau in der erzählten Welt des literarischen Textes dasselbe wie es unsere konsensuelle gesamtgesellschaftliche Bedeutung nahelegt? Im Kapitel zur Bilderbuchanalyse von „Julian ist eine Meerjungfrau" haben wir gesehen, dass in der erzählten Welt ein Junge nicht dem entsprechen muss, was es in der außerliterarischen Realität bedeuten kann, ein Junge zu sein. Durch diese Vergleiche von sprachwissenschaftlichem und literarischem Zugang können bei den Schüler:innen Differenzerfahrungen erzeugt werden, also solche Erkenntnisse, dass die Welt auch anders sein kann als man selbst es bisher angenommen hat. Solche Erfahrungen sind implizit ebenfalls verankert im Kernlehrplan, wenn es für die Klassen 9/10 heißt „Fremdheitserfahrungen beim Lesen literarischer Texte identifizieren und mögliche Gründe (kulturell-, sozial-, gender-, historisch-bedingt) erläutern" – hier wird sogar eine Metareflexion der Differenzerfahrung angeregt. All diese Anknüpfungspunkte gilt es schließlich für die Lehrkräfte mit konkreten Inhalten zu füllen.

Auch fachübergreifend kann an das Thema über Querschnittsaufgaben wie den Bereich der geschlechtersensiblen bzw. -inklusiven Bildung oder das Inhaltsfeld Sprache und das Thema sprachliche Diskriminierung angeknüpft werden.

Ganz konkret für sprachliche Erkundungen im engeren Sinne: Erst in der letzten Zeit erstellen Verlage und Fachdidaktik **Unterrichtsvorschläge**. Von der Kammer (2020) stellt eine umfangreiche Unterrichtsreihe vor, die sich der Reflexion von Sprache widmet. Ähnliches gilt für Walden (2022) – „Gendern. Hintergründe und Diskussionsmaterial zum Thema gendergerechte Sprache" –, der sich mit seinem Überblick an Schüler:innen der 7.-10. Klasse richtet. Otts (2018) Zugang ist das Gendermarketing, ein Thema also, das über den engen Sprachkontext hinausweist. Ebenfalls für Schüler:innen der Sekundarstufe I sind die Materialsammlungen des Westermann-Verlags. Eingebettet in die kontroverse Diskussion um das Gendern („Gendern im Duden: Was ist der richtige Weg?" (Tietz 2021) und „Gendern: Nervig oder nötig?" (Bannenberg 2021)) ermöglichen gerade die Vielzahl von Materialien und weiterführenden Links einen ausgewogenen Zugriff auf die Thematik. Der aktuelle Reclam-Band von von Gunten, Morger und Wenger (2022) fokussiert zwar primär literarische Texte, bietet aber einzelne Zugriffe auf sprachanalytische oder sprachreflexive Themen an, z. B. zum generischen Maskulinum, zur Pejorisierung von Frauenbezeichnungen. Dadurch, dass Textausschnitte mit entsprechenden didaktischen Hinweisen gekoppelt werden, eignet sich das Material auch ganz unmittelbar für den Unterricht.

In der Sek I bietet sich zudem eine **fächerübergreifende Perspektive**[39] für die Thematisierung der Kategorie Geschlecht an und dies vor allem mit dem Fach Gesellschaftslehre. Betrachtet man den Kernlehrplan für dieses Fach für die Gesamtschule (Ministerium für Schule und Bildung NRW 2020), finden sich zahlreiche Anknüpfungspunkte, die im Folgenden exemplarisch ausgeführt werden.

Zunächst einmal ist im Kernlehrplan als übergeordnetes Ziel im Rahmen des allgemeinen Bildungs- und Erziehungsauftrags der Schule durch Unterstützung der Fächer Wirtschaft-Politik, Erdkunde und Geschichte, die hier die Grundpfeiler der Gesellschaftslehre sind, die Entwicklung einer mündigen und sozial verantwortlichen Persönlichkeit genannt, wozu u. a. eine „geschlechtersensible Bildung" gelistet wird. Weiter ist bei den Kompetenzbereichen die historische Sachkompetenz aufgeführt, die u. a. Geschlechtergeschichte umfasst. Hier finden sich zahlreiche Themen, die in Kooperation mit dem Fach verhandelt werden können. Im Fokus steht dabei u. a. die historische Entwicklung der Kategorie Frau – in der Gesellschaftslehre können dabei die rechtlichen Entwicklungen eine zentrale Rolle spielen, ganz besonders seien hier genannt:

- § 175 StGB Verbot von Homosexualität
- § 177 StGB Sexueller Übergriff; sexuelle Nötigung; Vergewaltigung
- § 218 StGB Schwangerschaftsabbruch
- § 219a StGB Werbung für den Abbruch einer Schwangerschaft
- Familienrecht

Im Abgleich mit der Entwicklung der Gesetze kann der Sprachwandel bestimmter Begrifflichkeiten analysiert werden (s. dazu Kap. 3.2).

Weiterhin finden sich Anknüpfungspunkte im Inhaltsfeld „Disparitäten" des Kernlehrplans Gesellschaftslehre, und zwar heißt es hier:

> Die Behandlung von Grundprinzipien, Systemen sowie politischen Maßnahmen zum Umgang mit sozio-ökonomischer Ungleichheit, insbesondere auch hinsichtlich geschlechter- und kulturbedingter Aspekte, ermöglicht ein vertieftes Verständnis unterschiedlicher Beweggründe für individuelles und politisches Handeln. (Ministerium für Schule und Bildung NRW 2020, 21)

Im Inhaltsfeld „Individuum und Gesellschaft" geht es um das Zusammenleben von Menschen mit ihren unterschiedlichen kulturellen Hintergründen und Geschlechterrollen. Beide Aspekte können gut über einen literarischen Gegenstand erarbeitet werden, was die Analyse eines literarischen Textes in Kap. 5.1.1 zeigt.

Im **Sekundarbereich II** ist die Anbindung an die Lerninhalte deutlicher, dies gilt insbesondere für den Themenschwerpunkt „Sprache, Denken, Wirklichkeit". Nach einer Auswertung von den verschiedenen, für die gymnasiale Oberstufe zugelassenen Schulbüchern

39 Auch wenn dies für den SII-Bereich ebenfalls sinnvoll und inhaltlich möglich wäre, ist dies meist mit der klaren Orientierung auf die Klausuren kaum umsetzbar.

1. P.A.U.L.D. – Persönliches Arbeits- und Lesebuch Deutsch – Oberstufe. Westermann
2. Kompetenzen – Themen – Training. Arbeitsbuch für die Qualifikationsphase. Westermann
3. Schroedel Abitur – Ausgabe für Nordrhein-Westfalen 2023. Schülerpaket Leistungskurs zum Abitur 2023. Westermann
4. Schroedel Abitur – Ausgabe für Nordrhein-Westfalen 2024. Schülerpaket Leistungskurs zum Abitur 2024. Westermann[40]
5. EinFach Deutsch Unterrichtsmodelle. Sprachvarietäten – und die Sapir-Whorf-Hypothese in der Diskussion. Westermann
6. Texte, Themen und Strukturen. Cornelsen
7. deutsch.kompetent. Qualifikationsphase|Kursstufe. Ernst Klett
8. deutsch.kompetent. Einführungsphase. Ernst Klett

zeigt sich folgende Textübersicht (in Klammern notiert die Häufigkeit, in der die Texte über das Korpus verteilt vorkommen):

- Senta Trömel-Plötz (1996): Frauensprache (I)
- Michael Utz (2007): Männersprache – Frauensprache (I)
- Dieter E. Zimmer (1984): DIE DER DAS (I)
- Dieter E. Zimmer: So kommt der Mensch zur Sprache (I)
- Dieter E. Zimmer: Wiedersehen mit Whorf (II)
- Lera Boroditsky: Wie die Sprache das Denken formt (I)
- David Crystal: Sprache und Denken (I)
- Daniel Everett: Sprache, Kultur und Denken (I)
- Benjamin Lee Whorff: Das linguistische Relativitätsprinzip (VI)
- E. Sapir: Vom Wesen der Sprache (I)
- Humboldt: Von der Sprache (I)
- Sapir-Whorf Hypothese (II)
- Felix Bohr, Lisa Duhm, Silke Fokken, Dietmar Pieper: Krieg der Sterne (2021) (I)
- Gleichstellungsbüro der RWTH Aachen (Hrsg.): Gendergerechte Sprache (2021) (I)
- dpa: AfD-Politikerin sorgt mit Aussagen zu trans Abgeordneter für Kritik (2022) (I)

Texte, die das Thema Geschlecht und Sprache direkt aufgreifen, finden sich lediglich fünfmal in der Liste (Trömel-Plötz, Utz, Zimmer, Bohr et al. und Gleichstellung Aachen). Die Texte von Trömel-Plötz und Zimmer sind beide im Lehrwerk Deutsch in der Oberstufe bei Westermann abgedruckt (Kompetenzen – Themen – Training, in der Auflage von 2007). Utz Zeitungstext ist aus deutsch.kompetent, Erscheinungsjahr 2016. Dadurch, dass die je unterschiedliche Positionen einnehmenden Texte von Trömel-Plötz und Zimmer in einem Band versammelt sind, besteht die Chance, eine kriti-

40 In diesem Lehrwerk fallen die genannten Lehrinhalte unter den Themenschwerpunkt „Rhetorisch ausgestaltete Kommunikation. Sprache in politisch-gesellschaftlichen Verwendungszusammenhängen.“

sche Diskussion zu führen. Allerdings sind beide Texte älter und spiegeln weder den aktuellen Forschungsstand noch die jetzige gesellschaftliche Debatte wider; Trömel-Plötz Text ist nicht empirisch fundiert, Zimmers Beitrag verweist auf veraltete Höflichkeits- und Geschlechterrollen. Möglicherweise wird diese Auswahl verständlicher, wenn man bedenkt, dass das Erscheinungsjahr des Schulbuches 2007 ist. Zur Einordnung beider Texte bedarf es also Wissen über zeithistorische Zusammenhänge einerseits wie auch Wissen darüber, wie sich die Debatte und die gesellschaftliche Situation von Frauen seitdem verändert hat. Auch Michael Utz Beitrag wiederholt eine inzwischen überholte Argumentation, die zwischen Männer- und Frauensprache unterscheidet, zudem sind die Kategorien, die Utz wie selbstverständlich nutzt und nicht hinterfragt wie „Mann“ und „Frau“, selbst Gegenstand einer gesellschaftlichen Diskussion und der Bemühung um eine Dekategorisierung ausgesetzt. Dies wird im Aufgabenkontext um den Beitrag gerade nicht aufgegriffen; das Wissen aus dem Text wird lediglich in Form eines Lückentextes abgefragt. Lediglich die Texte aus dem Lehrwerk von Schroedel für das Abitur 2024 sind aktuell und verhandeln ebendiesen aktuellen Diskurs mit einer historischen Perspektive. Allerdings finden sich an keiner Stelle im Lehrwerk grammatikalische Grundlagen, stattdessen sollen die Schüler:innen beispielsweise die unterschiedlichen Formen sexueller Orientierung, in der Abkürzung LGBTQIA, erklären. Diese Aufgaben tragen jedoch nur marginal zu einem fundierten Deutschunterricht bei.

Während sich also erst seit einigen, wenigen Jahren vereinzelt Unterrichtsvorschläge finden lassen, ist das Thema Sprache und Geschlecht **Gegenstand der Abiturprüfungen**, wie ein Blick in die Aufgabenbeispiele des Zentralabiturs für das Fach Deutsch der letzten Jahre zeigt[41]:

1. 2017 (Analyse pragmatischer Texte, grundlegend): Matthias Schulz – Die Polizei, deine Freundin
2. 2020 (Erörterung pragmatischer Texte, erhöht): Peter Eisenberg – Finger weg vom generischen Maskulinum
3. 2020 (Erörterung pragmatischer Texte, erhöht): Martin Ebel – Die Probleme mit der Political Correctness
4. 2021 (Analyse pragmatischer Texte, erhöht): Ulrich Greiner – Droht uns die Sprachzensur? Ja!
5. 2021 (Erörterung pragmatischer Texte, erhöht) Claudia Fromme – Ja und? Lann Hornscheidt will weder Frau noch Mann sein...
6. 2021 (Materialgestütztes Verfassen argumentierender Texte, grundlegend) Regulierende Eingriffe in den Gebrauch der deutschen Sprache aus Gründen der Gendergerechtigkeit

Alle Aufgaben – bis auf das letzte Beispiel – werden der Analyse oder Erörterung pragmatischer Texte zugeordnet, d. h. im Fokus der Aufgabe steht lediglich ein (meist) journalistischer Text.

41 Die nachfolgenden Überlegungen beziehen sich lediglich auf die Aufgaben, die auf der Seite des iqb zur Verfügung standen bzw. stehen. Das Thema wird auch in Aufgaben aufgegriffen, die auf Landesebene genutzt werden.

Eine kurze Einordnung: Matthias Schulz ist Redakteur beim Spiegel im Ressort Wissenschaft und Technik. 2014 erscheint im SPIEGEL sein Text, „Die Polizei, deine Freundin“ mit dem Teaser: „Geschlechtergerechtes Blähdeutsch breitet sich in Amtsstuben, Sportclubs und Klassenzimmern aus. An Unis lehrt Herr „Dozentin". Verfällt die Republik dem grammatischen Irrsinn?“ Ausgangspunkt seines Textes sind verschiedene Hochschulgesetze, die dort verwendeten Beid- und Partizipialformen. Durchgängig bezieht der Autor Position gegen einen geschlechtersensiblen Sprachgebrauch, von Gender-Riege, Zicken und „Queer-Theoretikern“ in Anführungszeichen ist dort ebenso die Rede wie von Zwittern und Tunten. Seine Argumente sind: Geschlechterinklusive Sprache sei unverständlich, unnötig, zwanghaft und nicht ästhetisch.

Peter Eisenbergs Text haben wir schon kennengelernt.

Martin Ebel ist Kulturredakteur und freier Literaturkritiker, sein Beitrag erscheint 2017 im Schweizer Tagesanzeiger. Für seinen Beitrag ist der erste Satz stilbildend: „PC regt alle auf“. Er zeigt an verschiedenen Beispielen, wie herausfordernd das Konstrukt der Political Correctness im Einzelfall ist. Auffällig ist zum einen die nicht reflektierte Nutzung des N-Wortes ebenso wie die häufig verwendeten Argumente gegen das Gendern, es sei unverständlich und unpräzise (Lehrende würden nicht die gesamte Zeit lehren).

Ulrich Greiner ist Journalist und Literaturkritiker. Sein Beitrag ist im Feuilleton der Zeit erschienen. Überschrift und erster Absatz geben die Richtung vor:

> Der Kampf für eine ‚gendergerechte‘ Sprache ist ein Kampf gegen die deutsche Sprache. Er ignoriert den Unterschied zwischen dem grammatischen Geschlecht (dem Genus) und dem biologischen (dem Sexus). Der Sachverhalt liegt so klar auf der Hand, und er ist schon derart oft unwiderleglich beschrieben worden, dass alle, die ihn nicht wahrnehmen wollen, offenbar in ideologischer Absicht handeln und durch Argumente nicht erreichbar sind.

Claudia Fromme ist Redakteurin der Süddeutschen Zeitung. Grundlage des Textes ist ein Interview mit Lann Hornscheidt. Claudia Fromme nutzt die Perspektivierung von Lann Hornscheidt, um Lann Hornscheidts Forderungen ebenso wie die damit zusammenhängenden Herausforderungen zu veranschaulichen, z. B. die Vermeidung von Personalpronomen, die Entwicklung eines eigenen Flexionssystems. Der Text ist im Aufgabenpool von 2021, stammt aber selbst von 2017, die Personenstandsveränderung im Dezember 2018 hat ihn – und eine der im Text genannten Herausforderungen – quasi überholt.

Im Materialpaket werden insgesamt 8 Materialien aufgeführt, bis auf Anatol Stefanowitsch, der Anglist ist, sind neben Grundgesetz, Gender-Wörterbuch und Genderwürfel die Texte von (Kultur-)Journalist:innen verfasst, die Einschätzung zum geschlechterinklusiven (→ Kap. 2) Sprachgebrauch ist weitgehend ausbalanciert.

Sind die Aufgaben geeignet, das Thema geschlechterinklusive Sprache abzubilden? Die Aufbereitung der Debatte stellt an die Verfasser:innen der Abituraufgaben mehrere Herausforderungen. Anders als andere Themen wird geschlechterinklusiver Sprachgebrauch breit und intensiv diskutiert. Um die Debatte abzubilden, muss dem

Rechnung getragen werden, dass hier ggf. aktuelles und eigenes Wissen vorhanden ist. Die Diskussion um geschlechterinklusive Sprache wird emotional und oftmals sehr persönlich geführt. Als Prüfungsaufgabe müssen die Verfasser:innen der Aufgabe um diese Emotionalität wissen und sie ggf. zu lenken bzw. zu rahmen wissen. Weiter, die Diskussion verlangt ein sprachlich fundiertes Wissen um zentrale Kategorien des Sprachsystems, u. a. die Unterscheidung von Genus und Sexus, die Flexion im Deutschen bzw. die Referenz durch Pronomina. Abiturient:innen, insbesondere im Deutsch-Leistungskurs, sollten um diese Begrifflichkeiten wissen, gleichwohl lassen sie sich nicht in jedem Fall voraussetzen. Dann, die Aufgaben sind in der Regel dem Kompetenzbereich „Sprache, Denken, Wirklichkeit" zuzuordnen, sie müssen also Bezüge dazu ermöglichen können. Schließlich, wenn es um eine Analyse bzw. Erörterung gehen soll, müssen Positionen erkennbar herausgearbeitet und unterschieden werden können. Gerade auch, wenn es nur Einzeltexte sind, lässt sich fragen, ob sie in der Lage sind, die Kontroversität abzubilden, ob Schüler:innen also ausgehend von dem Text ein wissenschaftliches Streitgespräch führen könnten.

Die herangezogenen Analysekriterien sind :
- Wird die aktuelle Diskussion aufgegriffen?
- Erlaubt der Text eine distanzierte Diskussion?[42]
- Wie viel linguistisches Wissen wird vorausgesetzt?
- Werden Bezüge zum Themenkomplex „Sprache, Denken, Wirklichkeit" hergestellt?
- Bildet der Text die Kontroversität des Themas ab?

Kaum eine der Aufgaben ist in der Lage, diese Ansprüche einzulösen. Dies gelingt lediglich dem noch weitgehend differenzierten Text von Eisenberg sowie der materialgestützten Schreibaufgabe, die allein durch die Vielzahl von Materialien eine Ausgewogenheit ermöglicht. Zwei weitere Aufgaben sind zumindest in Teilen dazu geeignet, die Debatte wiederzugeben (Claudia Frommes und Martin Ebels Text gehören dazu), in keiner Weise geeignet sind die Texte von Matthias Schulz und Ulrich Greiner. Neben den hier aufgeführten Kriterien sind sie auch insofern fragwürdig, da sie verschiedene Gruppen von Menschen sprachlich diskriminieren. Der Erwartungshorizont zu den beiden Aufgaben, besonders die Hinweise zur Analyse der sprachlich-stilistischen Gestaltungsmittel, erstaunt, denn hier wird von „Ironie, salopper Schreibweise, Metaphern und Umgangssprache" geschrieben, die sich in den Texten entdecken lassen würden. Diskriminierende Äußerungen gehen über stilistische Fragen, so wie sie hier verhandelt werden, aber deutlich hinaus und müssten auch im Erwartungshorizont entsprechend benannt werden.

42 Stärker polemische Texte sind für Schüler:innen zunächst einmal leichter zu entschlüsseln, das Unterrichtsziel muss dennoch eine differenzierte und sachlich begründete Diskussion ermöglichen. Die Texte, die dafür verwendet werden, müssen dazu beitragen können.

Tabelle 10: Auswertung der Analysekategorien am Beispiel der iqb-Aufgaben

Nr.	Aktuelle Diskussion	Distanzierte Diskussion möglich	Linguistisches Wissen vorausgesetzt	Bezüge zu „Sprache, Denken, Wirklichkeit“	Eristisches Schreiben unterstützt/ Kontroversität abgebildet	Bewertung
1	teils	nein	nein	teils	nein	nicht geeignet
2	ja	ja	ja	ja	teils	geeignet
3	teils	ja	nein	nein	ja	teilweise geeignet
4	nein	nein	teils	teils	nein	nicht geeignet
5	teils	ja	teils	teils	ja	teilweise geeignet
6	ja	ja	teils	ja	ja	geeignet

Die Herausforderungen, die eine Bearbeitung eines derart komplexen Themas mit sich bringt, waren bereits bei der Analyse des Eisenberg-Textes deutlich geworden. 17 Schüler:innen der 11., 12. und 13. Jahrgangsstufe am Oberstufenkolleg Bielefeld und dem Gymnasium Sigmaringen haben sich mit dem Text von Claudia Fromme auseinandergesetzt, in der ein Interview mit Lann Hornscheidt im Mittelpunkt steht. Lann Hornscheidt lehnt ein geschlechterbezogenes Pronomen für sich ab, wie auch schon die Überschrift des Textes eindeutig erkennbar macht („Lann Hornscheidt will weder Frau noch Mann sein“). Den Schüler:innen fällt es in ihren Bearbeitungen eindeutig schwer, diese Position auch in ihren Texten sprachlich abzubilden. Offensichtlich fehlen sprachliche Routinen für diese Form der Referenz (Die folgenden Ausschnitte stammen aus den Schülertexten, sie sind nicht orthographisch oder stilistisch redigiert worden.):

- Dabei fängt sie zuerst mit allgemeinen Informationen über Lann Hornscheidt an, indem sie **dessen** Lebenslauf kurz zusammenfasst.
- In dem Artikel geht es um Lann Hornscheidt, **der** sich zu keinem Geschlecht bekennen will.
- Lann Hornscheidt will „weder Mann noch Frau" (Z. 1) sein. **Dieser** wolle sich keinem „Geschlecht bekennen", denn **er** könne sich mit keinem identifizieren. Trotz dessen stünde in **seinem** Personalausweis das Geschlecht „weiblich".
- So hat Lann Hornscheidt **seine** Anrede einfach erfunden. Auf einer Webseite stand so zum Beispiel „Sehr geehrtx. Profx. Lann Hornscheidt" (Z. 54f .). Das Problem ist, dass es nicht möglich ist, sich in gewohnter Sprache, mit jemandem wie Lann Hornscheidt zu unterhalten, da **er** es sofort als „Akt der Gewalt" (Z. 24) und „willentlich Böse" (Z. 26) empfindet, wenn· **er** falsch angesprochen wird, selbst wenn die andere Person es nicht Böse meint.

Die Unbeholfenheit, mit der die Schüler:innen die Personenmarkierung gerade nicht vermeiden, verweist auf fehlende sprachliche Muster. Neben einer inhaltlichen Auseinandersetzung mit dem Thema bedarf es auch einer Vermittlung sprachlicher Formen, wie über dieses Thema gesprochen und geschrieben werden kann. Dabei bewegen sich Lehrkräfte durchaus in einem schwierigen Spannungsfeld. Zwar werden sie – auch durch die entsprechenden schulischen Vorgaben z. B. zum *gender mainstreaming* und der Berücksichtigung von Geschlechtergerechtigkeit – ermuntert, geschlechterinklusiv zu formulieren, diese Vorschläge sind aber nur in Teilen durch die orthografischen Normen gedeckt; oftmals werden Umformulierungen notwendig. Im obigen Fall wäre es denkbar, den Namen der Person zu wiederholen, also z. B. „In dem Artikel geht es um Lann Hornscheidt. Lann Hornscheidt will sich zu keinem Geschlecht bekennen" zu schreiben. Denn geschlechterinklusive Pronomen gibt es für das Deutsche nicht.

Gerade weil es im Deutschen noch keine geschlechterinklusiven Pronomen gibt, ist es erstrebenswert, dass alle Diskursteilnehmer:innen bereit für eine offene Haltung sind, sich erinnern, dass noch nichts festgeschrieben ist und im Sprechen/Schreiben Entwicklungspotenzial liegt. Fehlertolerante Räume sind dabei eine wichtige Errungenschaft, weil in diesen alle dazulernen können. Für all das ist ein offenes und respektvolles Miteinander die Grundvoraussetzung.

Zusammenfassung

In diesem Kapitel wird deutlich, dass es für alle Schulstufen implizite und explizite Anknüpfungspunkte in den Kernlehrplänen sowie den Schulbüchern und zusätzlichen Materialien gibt, um die Kategorie Geschlecht im Deutschunterricht (und fächerübergreifend) zu thematisieren und zu diskutieren. Deutlich wird aber auch, dass noch nicht alle Ansätze gelingen, in didaktischen Materialien umgesetzt sind und es einer hohen Kompetenz der Lehrkraft bezüglich der Kategorie Geschlecht bedarf, damit diese die bereits vorliegenden Materialien kritisch reflektieren und ggf. eigene erstellen kann.

Literaturverzeichnis

Unterrichtsmaterialien, Lehrpläne, Bildungsstandards

Bannenberg, Christina (2021). *Gendern – Nervig oder nötig?* Westermann. https://www.westermann.de/anlage/4621241/Gendern-Nervig-oder-noetig-Deutsch-ab-Klasse-8

Kempen, Willibert & Mutschler, Frieder (Hg.) (2016). *deutsch.kompetent. Qualifikationsphase/Kursstufe*. Klett.

Kompetenzen – Themen – Training. Arbeitsbuch für die Qualifikationsphase (2007). Westermann.

Kultusministerkonferenz (KMK) (2020). *Laut, Buchstabe, Wort und Satz. Verzeichnis grundlegender grammatischer Fachausdrücke (von der Kultusministerkonferenz zustimmend zur Kenntnis genommen am 7. November 2019)*. Leibniz-Institut für Deutsche Sprache. https://doi.org/10.14618/kmk_gra_fachausdruecke_2020

Kultusministerkonferenz (KMK) (2022). *Bildungsstandards für das Fach Deutsch Primarbereich* [Beschluss der Kultusministerkonferenz vom 15.10.2004, i. d. F. vom 23.06.2022]. https://www.kmk.org/fileadmin/Dateien/veroeffentlichungen_beschluesse/2022/2022_06_23-Bista-Primarbereich-Deutsch.pdf

Ministerium für Schule und Bildung des Landes Nordrhein-Westfalen (2020). *Kernlehrplan für die Gesamtschule/Sekundarschule in Nordrhein-Westfalen. Gesellschaftslehre*. https://www.schulentwicklung.nrw.de/lehrplaene/lehrplan/237/gesk_gl_klp_3120_2020_07_01.pdf

Ministerium für Schule und Bildung des Landes Nordrhein-Westfalen (2021). *Lehrpläne für die Primarstufe in Nordrhein-Westfalen*. https://www.schulentwicklung.nrw.de/lehrplaene/upload/klp_PS/ps_lp_sammelband_2021_08_02.pdf

Ministerium für Schule und Bildung des Landes Nordrhein-Westfalen (2022). *Kernlehrplan für die Sekundarstufe I Gesamtschule/Sekundarschule in Nordrhein-Westfalen. Deutsch*. https://www.schulentwicklung.nrw.de/lehrplaene/lehrplan/310/gesk_d_klp_2022_06_17.pdf

Ott, Christine (2018). „Für Mädchen" und „für Jungs". Sprachreflexion und Medienkritik am Beispiel von Gender-Marketing. *Praxis Deutsch*, 267, 26–31.

P.A.U.L. D. – Persönliches Arbeits- und Lesebuch Deutsch – Oberstufe (2014). Westermann.

QUA-LiS NRW (2022): *Schulentwicklung*. https://www.schulentwicklung.nrw.de/lehrplaene/lehrplannavigator-grundschule/deutsch/lehrplan-deutsch/kompetenzen/index.html

Schroedel Abitur – Ausgabe für Nordrhein-Westfalen 2023. Schülerpaket Leistungskurs zum Abitur 2023 (2021). Westermann.

Schroedel Abitur – Ausgabe für Nordrhein-Westfalen 2024. Schülerpaket Leistungskurs zum Abitur 2024 (2022). Westermann.

Texte, Themen und Strukturen. Deutschbuch für die Oberstufe (2019). Cornelsen.

Tietz, Michaela (2021). *Gendern im Duden: Was ist der richtige Weg?* Westermann. https://www.westermann.de/anlage/4628530/Gendern-im-Duden-Was-ist-der-richtige-Weg-Deutsch-Ethik-Politik-ab-Klasse-10

Utheß, Sabine & Nutz, Maximilian (Hg.) (2016). *deutsch.kompetent. Einführungsphase.* Klett.

Von der Kammer, Marion (2020). Reflexion über Sprache. Der, die, das – das Deutsche als Genus-Sprache. Wie gerecht kann Sprache sein? *RAAbits*, 103, 5–20.

Walden, Robert (2022). *Gendern. Hintergründe und Diskussionsmaterial zum Thema gendergerechte Sprache. 7.-10. Klasse.* Persen.

Wölke, Alexandra (2018). *EinFach Deutsch Unterrichtsmodelle. Sprachvarietäten – und die Sapir-Whorf-Hypothese in der Diskussion.* Westermann.

Gerichtsurteile, Verordnungen

BGH (2018). *VI ZR 143/17.* https://openjur.de/u/2120802.html

BVerfG (2020). *1 BvR 1074/18.* https://openjur.de/u/2375815.html

LG Ingolstadt (2022). *Az. 83 O 1394/21.* https://www.gesetze-bayern.de/Content/Pdf/Y-300-Z-BECKRS-B-2022-N-19421?all=False

Ministerium des Innern des Landes Nordrhein-Westfalen (2016). *Verordnung über den Zugang zum nordrhein-westfälischen Vorbereitungsdienst für Lehrämter an Schulen und Voraussetzungen bundesweiter Mobilität (Lehramtszugangsverordnung – LZV). Vom 25. April 2016.* https://recht.nrw.de/lmi/owa/br_bes_text?anw_nr=2&gld_nr=2&ugl_nr=223&bes_id=34604&menu=1&sg=0&aufgehoben=N&keyword=LZV

OLG Frankfurt (2022). *9 U 92/20.* https://openjur.de/u/2434757.html

PStG (2018/2022). https://www.gesetze-im-internet.de/pstg/BJNR012210007.html

Fachliteratur

Abraham, Ulf & Frederking, Volker (2020). ‚Fachliches Lehrerwissen' und ‚fachdidaktisches Wissen' aus der Sicht der Allgemeinen Fachdidaktik. In Frederike Schmidt & Kirsten Schindler (Hg.), *Wissen und Überzeugungen von Deutschlehrkräften: Aktuelle Befunde in der deutschdidaktischen Professionsforschung* (S. 29–45). Peter Lang.

Adler, Astrid & Hansen, Karolina (2020). Studenten, StudentInnen, Studierende? Aktuelle Verwendungspräferenzen bei Personenbezeichnungen. *Muttersprache, 130*(1), 47–63.

Baar, Robert (2013). „Ich möchte nicht so eine typische Grundschultante sein." Männlichkeitskonstruktionen von Grundschullehrern und deren Auswirkungen auf die professionelle Handlungspraxis. In Bea Lundt & Toni Tholen (Hg.), *„Geschlecht" in der Lehramtsausbildung. Die Beispiele Geschichte und Deutsch* (S. 371–386). Lit.

Baar, Robert, Hartmann, Jutta & Kampshoff, Marita (2019). Geschlechterreflektierte Professionalisierung – Geschlecht und Professionalität in pädagogischen Berufen. Eine Einführung. In Dies. (Hg.), *Geschlechterreflektierte Professionalisierung: Geschlecht und Professionalität in pädagogischen Berufen* (S. 31–54). Barbara Budrich.

Babka, Anna & Posselt, Gerald (2016). *Gender und Dekonstruktion. Begriffe und kommentierte Grundlagentexte der Gender- und Queer-Theorie.* Facultas.

Baurmann, Jürgen (2009). *Sachtexte lesen und verstehen: Grundlagen – Ergebnisse – Vorschläge für einen kompetenzfördernden Unterricht.* Klett Kallmeyer.

Bedijs, Kristina (2021). Schlägt Verständlichkeit Diversität – oder schafft Diversität Verständlichkeit? Zu Möglichkeiten und Grenzen gendersensibler Sprache in der Leichten Sprache. *trans-kom, 14*(1), 145–170.

Beißwenger, Michael, Lemnitzer, Lothar & Müller-Spitzer, Carolin (Hg.) (2022). *Forschen in der Linguistik: Eine Methodeneinführung für das Germanistik-Studium.* Brill Fink. https://doi.org/10.36198/9783838557113

Bieker, Nadine & Schindler, Kirsten (2020). Notwendigkeit, Potenziale und Umsetzungsmöglichkeiten einer geschlechterreflektierenden Deutschdidaktik. *k:ON – Kölner Online Journal für Lehrer*innenbildung, 2*(2/2020). https://doi.org/10.18716/ojs/kON/2020.2.07

Bieker, Nadine & Schindler, Kirsten (2022). Geschlechterreflektierender Deutschunterricht (für DaZ-Lernende). In Wiebke Dannecker & Kirsten Schindler (Hg.), *Diversitätsorientierte Deutschdidaktik: Theoretisch-konzeptionelle Fundierung und Perspektiven für empirisches Arbeiten* (S. 51–68). Universitätsbibliothek der Ruhr-Universität Bochum. https://doi.org/10.46586/SLLD.223

Blake, Christopher & Klimmt, Christoph (2010). Geschlechtergerechte Formulierungen in Nachrichtentexten. *Publizistik, 55*(3), 289–304. https://doi.org/10.1007/s11616-010-0093-2

Bräu, Karin (2015). Soziale Konstruktionen in Schule und Unterricht – eine Einführung. In Karin Bräu & Christine Schlickum (Hg.), *Soziale Konstruktionen in Schule und Unterricht. Zu den Kategorien Leistung, Migration, Geschlecht, Behinderung, Soziale Herkunft und deren Interdependenzen* (S. 17–32). Barbara Budrich.

Braun, Friederike, Gottburgsen, Anja, Sczesny, Sabine & Stahlberg, Dagmar (1998). Können Geophysiker Frauen sein? Generische Personenbezeichnungen im Deutschen. *Zeitschrift für germanistische Linguistik, 26*, 265–283.

Braun, Friederike, Oelkers, Susanne, Rogalski, Karin, Bosak, Janine & Sczesny, Sabine (2007). „Aus Gründen der Verständlichkeit …“: Der Einfluss generisch maskuliner und alternativer Personenbezeichnungen auf die kognitive Verarbeitung von Texten. *Psychologische Rundschau, 58*(3), 183–189. https://doi.org/10.1026/0033-3042.58.3.183

Bredel, Ursula & Pieper, Irene (2015). *Integrative Deutschdidaktik.* Ferdinand Schöningh.

Bubenhofer, Noah (2009). *Sprachgebrauchsmuster. Korpuslinguistik als Methode der Diskurs- und Kulturanalyse.* De Gruyter. https://doi.org/10.1515/9783110215854

Bundesverband der Kommunikatoren e. V. (BdKom) (2020). *Kompendium Gendersensible Sprache.* BdKom.

Busch, Albert & Stenschke, Oliver (2018). *Germanistische Linguistik. Eine Einführung* (4., aktualis. Aufl.). Narr Francke Attempto.

Butler, Judith (1990). *Gender Trouble. Feminism and the Subversion of Identity.* Routledge.

Butler, Judith (2015). *Psyche der Macht. Das Subjekt der Unterwerfung* (8. Aufl.). Suhrkamp.

Cheng, Winnie & Lam, Phoenix (2022). What can a corpus tell us about language teaching? In Anne O'Keeffe & Michael J. McCarthy (Hg.), *The Routledge Handbook of Corpus Linguistics* (2. Aufl., S. 299–312). Routledge.

Christmann, Ursula (1989). *Modelle der Textverarbeitung: Textbeschreibung als Textverstehen.* Aschendorff.

Dammers, Ben, Krichel, Anne & Staiger, Michael (Hg.) (2022). *Das Bilderbuch: Theoretische Grundlagen und analytische Zugänge.* J. B. Metzler.

Dannecker, Wiebke & Schindler, Kirsten (Hg.) (2022). *Diversitätsorientierte Deutschdidaktik: Theoretisch-konzeptionelle Fundierung und Perspektiven für empirisches Arbeiten.* Universitätsbibliothek der Ruhr-Universität Bochum. https://doi.org/10.46586/SLLD.223

Decker, Lena, Guschker, Birgit, Hensel, Sonja & Schindler, Kirsten (2021). *Wissenschaftliches Schreiben lernen in der Sekundarstufe II. Fachdebatte und Praxisprojekte.* wbv.

Diedrich, Jennifer, Schiepe-Tiska, Anja, Ziernwald, Lisa, Tupac-Yupanqui, Ana, Weis, Mirjam, McElvany, Nele & Reiss, Kristina (2019). Lesebezogene Schülermerkmale in PISA 2018: Motivation, Leseverhalten, Selbstkonzept und Lesestrategiewissen. In Kristina Reiss, Mirjam Weis, Eckhard Klieme & Olaf Köller (Hg.), *PISA 2018: Grundbildung im internationalen Vergleich* (S. 81–109). Waxmann.

Diewald, Gabriele (2018). Zur Diskussion: Geschlechtergerechte Sprache als Thema der germanistischen Linguistik – exemplarisch exerziert am Streit um das sogenannte generische Maskulinum. *Zeitschrift Für Germanistische Linguistik, 46*(2), 283–299. https://doi.org/10.1515/zgl-2018-0016

Diewald, Gabriele (2018, 17. September). *Streit um das generische Maskulinum. Mitgemeint, aber ausgeschlossen.* Tagesspiegel. https://www.tagesspiegel.de/wissen/streit-um-das-generische-maskulinum-mitgemeint-aber-ausgeschlossen/23077686.html

Diewald, Gabriele & Steinhauer, Anja (2017). *Duden, richtig gendern. Wie Sie angemessen und verständlich schreiben.* Dudenverlag.

Diewald, Gabriele & Steinhauer, Anja (2020). *Handbuch geschlechtergerechte Sprache. Wie Sie angemessen und verständlich gendern.* Dudenverlag.

Doleschal, Ursula (2002). Das generische Maskulinum im Deutschen. Ein historischer Spaziergang durch die deutsche Grammatikschreibung von der Renaissance bis zur Postmoderne. *Linguistik Online, 11*(2), 39–70. https://doi.org/10.13092/lo.11.915

Döring, Nicola & Bortz, Jürgen (2016). *Forschungsmethoden und Evaluation in den Sozial- und Humanwissenschaften* (5. vollst. überarb., aktualis. u. erw. Aufl.). Springer. https://doi.org/10.1007/978-3-642-41089-5

Dudenredaktion (Hg.) (2020). *Duden – die deutsche Rechtschreibung: Auf der Grundlage der aktuellen amtlichen Rechtschreibregeln* (28. bearb. u. erw. Aufl.). Dudenverlag.

Düker, Ronald (2018, 30. Mai). *Eins mit Sternchen. Der Kampf um die Geschlechtergerechtigkeit beschäftigt jetzt den Rat für deutsche Rechtschreibung, die Duden-Redaktion und Sprachwissenschaftler. Eine Reportage.* Zeit online. https://www.zeit.de/2018/23/gendergerechte-sprache-rechtschreibung-duden-binnen-i-sternchen

Ebel, Martin (2017, 29./30. November). *Die Probleme mit der Political Correctness.* Tagesanzeiger. https://www.tagesanzeiger.ch/die-probleme-mit-der-political-correctness-218258410463

Eckes, Thomas (2010). Geschlechterstereotype. In Ruth Becker & Beate Kortendiek (Hg.), *Handbuch Frauen- und Geschlechterforschung: Theorie, Methoden, Empirie* (3. erw. u. durchges. Aufl., S. 178–189). VS Verlag für Sozialwissenschaften.

Eisenberg, Peter (2018, 8. August). *Debatte um den Gender-Stern: Finger weg vom generischen Maskulinum!* Tagesspiegel Online. https://www.tagesspiegel.de/wissen/finger-weg-vom-generischen-maskulinum-5929225.html

Eisenberg, Peter (2020a). *Grundriss der deutschen Grammatik: Das Wort* (5. aktualis. u. überarb. Aufl.). J. B. Metzler. https://doi.org/10.1007/978-3-476-05096-0

Eisenberg, Peter (2020b). *Grundriss der deutschen Grammatik: Der Satz* (5. aktualis. u. überarb. Aufl.). J. B. Metzler. https://doi.org/10.1007/978-3-476-05094-6

Feigl, Susanne (2009). *Geschlechtergerechte Stellenausschreibung. Unabhängiger Bericht der Gleichbehandlungsanwaltschaft i. S. § 3 Abs. 5 GBK/GAW-Gesetz.* Bundesministerin für Frauen und Öffentlichen Dienst, Bundeskanzleramt Wien.

Franz, Katja, Jöster, Anna, Kuhlmann, Martin, Méndez, Josefine, Schwarzbach, Beatrix, Schulte, Iris & Trischler, Franziska (2021). „Wie wir gendern könnten, wenn wir wöllten“ [sic!]. *Sprechen, 38*(72), 7–16.

Friedrich, Marcus (2017). *Textverständlichkeit und ihre Messung: Entwicklung und Erprobung eines Fragebogens zur Textverständlichkeit.* Waxmann.

Friedrich, Marcus C. G., Drößler, Veronika, Oberlehberg, Nicole & Heise, Elke (2021). The Influence of the Gender Asterisk („Gendersternchen“) on Comprehensibility and Interest. *Frontiers in Psychology, 12.* https://doi.org/10.3389/fpsyg.2021.760062

Friedrich, Marcus C. G. & Heise, Elke (2019). Does the Use of Gender-Fair Language Influence the Comprehensibility of Texts? An Experiment Using an Authentic Contract Manipulating Single Role Nouns and Pronouns. *Swiss Journal of Psychology, 78*(1–2), 51–60. https://doi.org/10.1024/1421-0185/a000223

Friedrich, Marcus, Muselick, Jennifer & Heise, Elke (2022). Does the use of Gender-Fair Language Impair the Comprehensibility of Video Lectures? An Experiment Using an Authentic Video Lecture Manipulating Role Nouns in German. *Psychology Learning & Teaching, 21*(3), 1–14. https://doi.org/10.1177/14757257221107348

Fröhlich, Wiebke & Spiecker genannt Döhmann, Indra (2018, 26. Dezember). *Können Algorithmen diskriminieren?* Verfassungsblog: On Matters Constitutional. https://verfassungsblog.de/koennen-algorithmen-diskriminieren/

Fromme, Claudia (2017, 5./6. August). Ja und? Lann Hornscheidt will weder Frau noch Mann sein und die deutsche Sprache neutralisieren. Vielen ist das zu viel. *Süddeutsche Zeitung, 179,* 43.

Fuchs, Michael & Zutavern, Michael (2005). Pädagogischer Doppeldecker und Qualitätssicherung. Eine Lerngelegenheit für Dozierende und Studierende. *Journal für LehrerInnenbildung, 5*(3), 29–36.

Genette, Gérard (2010). *Die Erzählung* (3. durchges. und korr. Aufl.). Fink.

Genscher, Hans-Dietrich (1972, Januar 16). *Führung der Bezeichnung „Frau“ – Gesch.Z. VI7–126 101/1* [Rundschreiben vom Bundesminister des Innern].

Göhlsdorf, Novina (2022, 8. August). *„Wir schütteln nur den Kopf darüber". Die Ansprüche haben sich geändert: Die Sprachwissenschaftlerin Damaris Nübling über den jüngsten Aufruf gegen gendergerechte Sprache und zum Blick der Linguistik auf die hitzigen Debatten darum, wer wie spricht.* FaZ. https://www.faz.net/aktuell/feuilleton/debatten/gender-debatte-im-rundfunk-sprachwissenschaftlerin-im-interview-18223882.html

Greimas, Algirdas Julien (1971). *Strukturale Semantik. Methodologische Untersuchungen.* Vieweg.

Greiner, Ulrich (2018, 31. Mai). *Droht uns die Sprachzensur? Ja!* Zeit. https://www.zeit.de/2018/23/gendern-schrift-deutsche-sprache-zensur-ja

Groeben, Norbert (1982). *Leserpsychologie: Textverständnis – Textverständlichkeit.* Aschendorff.

Guentherodt, Ingrid, Hellinger, Marlis, Pusch, Luise F. & Trömel-Plötz, Senta (1980). Richtlinien zur Vermeidung sexistischen Sprachgebrauchs. *Linguistische Berichte, 69,* 15–21.

Gunten, Anne von, Morger, Olga & Wenger, Nadine (2022). *Gender und Literatur. Geschlechterreflexion im Deutschunterricht.* Reclam.

Gygax, Pascal, Gabriel, Ute, Sarrasin, Oriane, Oakhill, Jane & Garnham, Alan (2008). Generically intended, but specifically interpreted: When beauticians, musicians, and mechanics are all men. *Language and Cognitive Processes, 23*(3), 464–485. https://doi.org/10.1080/01690960701702035

Hasebrink, Uwe, Hölig, Sascha & Wunderlich, Leonie (2021). *#UseTheNews: Studie zur Nachrichtenkompetenz Jugendlicher und junger Erwachsener in der digitalen Medienwelt.* Verlag Hans-Bredow-Institut. https://doi.org/10.21241/ssoar.72822

Hausendorf, Heiko & Kesselheim, Wolfgang (2008). *Textlinguistik fürs Examen.* Vandenhoeck & Ruprecht.

Heins, Jochen (2018). Qualitative Inhaltsanalyse. In Jan Boelmann (Hg.), *Empirische Forschung in der Deutschdidaktik. Band 2: Erhebungs- und Auswertungsverfahren* (S. 303–321). Schneider Hohengehren.

Heise, Elke (2000). Sind Frauen mitgemeint? Eine empirische Untersuchung zum Verständnis des generischen Maskulinums und seiner Alternativen. *Zeitschrift für Sprache & Kognition, 19*(1/2), 3–13.

Heise, Elke (2003). Auch einfühlsame Studenten sind Männer: Das generische Maskulinum und die mentale Repräsentation von Personen. *Verhaltenstherapie & psychosoziale Praxis, 35*(2), 285–291.

Hellinger, Marlis & Bierbach, Christine (1993). *Eine Sprache für beide Geschlechter: Richtlinien für einen nicht-sexistischen Sprachgebrauch.* Dt. UNESCO-Kommission.

Hennig, Mathilde (Hg.) (2021). *Duden – Sprachliche Zweifelsfälle. Das Wörterbuch für richtiges und gutes Deutsch* (9. überarb. u. erw. Aufl.). Dudenverlag.

Hermeler, Jeanette (2021). Die Assoziation von Geschlecht bei Personenbezeichnungen ohne gebräuchliche feminine Ableitung. *Muttersprache, 131*(3), 270–289.

Hornscheidt, Lann (2017). *Gender. Was soll das ganze Theater?* SuKuLTuR.

Horvath, Lisa Kristina & Sczesny, Sabine (2016). Reducing women's lack of fit with leadership positions? Effects of the wording of job advertisements. *European Journal of Work and Organizational Psychology, 25*(2), 316–328. https://doi.org/10.1080/1359432X.2015.1067611

Huckauf, Anne, Hensel, Lisa, Oberzaucher, Elisabeth & Ehlers, Jan (2018). Okulomotorik und Lesefluss beim Lesen von Texten in geschlechterfairer Schreibung. In Clemens Schwender & Benjamin P. Lange (Hg.), *Geschlecht und Verhalten aus evolutionärer Perspektive* (S. 293–307). Pabst Science Publishers.

Hurrelmann, Bettina & Groeben, Norbert (2005). Geschlecht und Medien. Immer noch mehr Fragen als Antworten. *SPIEL, 23*(1), 175–186.

Irmen, Lisa & Köhncke, Astrid (1996). Zur Psychologie des „generischen" Maskulinums. *Sprache & Kognition, 15*(3), 152–166.

Irmen, Lisa & Linner, Ute (2005). Die Repräsentation generisch maskuliner Personenbezeichnungen. *Zeitschrift für Psychologie, 213*(3), 167–175. https://doi.org/10.1026/0044-3409.213.3.167

Ivanov, Christine, Lange, Maria B., Tiemeyer, Tabea & Ptok, Martin (2019). Geschlechtergerechte Sprache in der Wissenschaft. Gebrauch und Motivation. *gender < ed > thoughts. Working Paper Series.* https://doi.org/10.3249/2509-8179-gtg-9

Jäckle, Monika, Eck, Sandra, Schnell, Meta & Schneider, Kyra (2016). *Doing gender discourse: Subjektivation von Mädchen und Jungen in der Schule.* Springer.

Janich, Nina (2019). *Textlinguistik: 15 Einführungen und eine Diskussion.* Narr Francke Attempto.

Jansen, Dorothea (1999). *Einführung in die Netzwerkanalyse. Grundlagen, Methoden, Anwendungen.* Springer.

Jöckel, Sven, Dogruel, Leyla & Bachofer, Ronja (2021). Wirkung gendersensibler Ansprachen in Anmoderationen bei Erwachsenen und Heranwachsenden. *Publizistik, 66*(3–4), 441–462. https://doi.org/10.1007/s11616-021-00682-z

Journalistinnenbund e. V. (2020). *Genderleicht.* https://www.genderleicht.de/

Kalverkämper, Hartwig (1979). Die Frauen und die Sprache. *Linguistische Berichte, 62,* 55–71.

Kauer, Katja (2019). *Queer lesen. Anleitung zu Lektüren jenseits eines normierten Textverständnisses.* Narr Francke Attempto.

Keller, Rudi (2014). *Sprachwandel. Von der unsichtbaren Hand in der Sprache* (4. Aufl.). A. Francke.

Klann-Delius, Gisela (2005). *Sprache und Geschlecht.* J. B. Metzler.

Klein, Josef (1988). Benachteiligung der Frau im generischen Maskulinum – Eine feministische Schimäre oder psycholinguistische Realität. In Norbert Oellers (Hg.), *Das Selbstverständnis der Germanistik. Aktuelle Diskussionen* (S. 310–319). Max Niemeyer.

Klimmt, Christoph, Pompetzki, Verena & Blake, Christopher (2008). Geschlechterrepräsentation in Nachrichtentexten. *Medien & Kommunikationswissenschaft, 56*(1), 3–20. https://doi.org/10.5771/1615-634x-2008-1-3

Klocke, Ulrich, Latz, Sabrina & Scharmacher, Julian (2019). Empirische Arbeit: Schule unterm Regenbogen? Einflüsse auf die Berücksichtigung sexueller und geschlechtlicher Vielfalt durch Lehrkräfte. *Psychologie in Erziehung und Unterricht, 66*(2), 131–156. https://doi.org/10.2378/peu2019.art12d

Köpcke, Michael & Zubin, David A. (1997). Sechs Prinzipien für die Genuszuweisung im Deutschen. Ein Beitrag zur natürlichen Klassifikation. In Heinz Sieburg (Hg.), *Sprache-Genus/Sexus* (S. 86–115). Peter Lang.

Körner, Anita, Abraham, Bleen, Rummer, Ralf & Strack, Fritz (2022). Gender Representations Elicited by the Gender Star Form. *Journal of Language and Social Psychology, 41*(5), 553–571. https://doi.org/10.1177/0261927X221080181

Kotthoff, Helga & Nübling, Damaris (unter Mitarbeit von Schmidt, Claudia) (2018). *Genderlinguistik: Eine Einführung in Sprache, Gespräch und Geschlecht.* Narr Francke Attempto.

Krah, Hans (2016). Gender, Kinder- und Jugendliteratur und analytische Praxis. Grundlagen und Methodik. In Karla Müller, Jan-Oliver Decker, Hans Krah & Anita Schilcher (Hg.), *Genderkompetenz mit Kinder- und Jugendliteratur entwickeln: Grundlagen-Analysen-Modelle* (S. 45–64). Schneider Hohengehren.

Kraß, Andreas (2010). *Meerjungfrauen. Geschichten einer unmöglichen Liebe.* Fischer.

Krome, Sabine (2021). Gendern zwischen Sprachpolitik, orthografischer Norm, Sprach- und Schreibgebrauch. Bestandsaufnahme und orthografische Perspektiven zu einem umstrittenen Thema. *Sprachreport, 37*(2), 22–29. https://doi.org/10.14618/SR-2-2021-KROM

Krome, Sabine (2022). Gendern in der Schule: Zwischen Sprachwandel und orthografischer Norm. *Mitteilungen des Deutschen Germanistenverbandes, 69*(1), 86–110.

Kuckartz, Udo & Rädiker, Stefan (2022). *Qualitative Inhaltsanalyse: Methoden, Praxis, Computerunterstützung: Grundlagentexte Methoden* (5. überarb. Aufl.). Beltz Juventa.

Kunkel, Christina (2022, 29. Juli). *VW-Mitarbeiter verliert gegen Audi im Gendersprache-Prozess.* Süddeutsche Zeitung. https://www.sueddeutsche.de/wirtschaft/audi-gender-prozess-urteil-ingolstadt-1.5630012

Kurwinkel, Tobias (2020). *Bilderbuchanalyse: Narrativik – Ästhetik – Didaktik* (2. aktualis. u. erw. Aufl.). Narr Francke Attempto.

Kusterle, Karin (2011). *Die Macht von Sprachformen. Der Zusammenhang von Sprache, Denken und Genderwahrnehmung.* Brandes & Apsel.

Lakoff, Robin (1973). Language and Woman's Place. *Language in Society, 2*(1), 45–80.

Langer, Inghard, Schulz von Thun, Friedemann & Tausch, Reinhard (1974). *Verständlichkeit in Schule, Verwaltung, Politik und Wissenschaft: Mit e. Selbsttrainingsprogramm z. verständl. Gestaltung von Lehr- u. Informationstexten.* Reinhardt.

Lanser, Susan S. (2018). IV.2.1 Erzählen und Gender. In Martin Huber & Wolf Schmid (Hg.), *Grundthemen der Literaturwissenschaft: Erzählen* (S. 569–579). De Gruyter. https://doi.org/10.1515/9783110410747

Leiß, Judith (2022). Zum Potenzial von Universal Design for Learning für eine inklusionsorientierte Unterrichtsentwicklung und Lehrer*innenbildung im Fach Deutsch. In Wiebke Dannecker & Kirsten Schindler (Hg.), *Diversitätsorientierte Deutschdidaktik: Theoretisch-konzeptionelle Fundierung und Perspektiven für empirisches Arbeiten* (S. 18–34). Universitätsbibliothek der Ruhr-Universität Bochum. https://doi.org/10.46586/SLLD.223

Lemnitzer, Lothar (2022). Erhebung, Aufbereitung und Auswertung von Korpusdaten. In Michael Beißwenger, Lothar Lemnitzer, & Carolin Müller-Spitzer (Hg.), *Forschen in der Linguistik: Eine Methodeneinführung für das Germanistik-Studium* (S. 350–360). Brill Fink. https://doi.org/10.36198/9783838557113

Lemnitzer, Lothar & Zinsmeister, Heike (2015). *Korpuslinguistik. Eine Einführung* (3. überarb. u. erw. Aufl.). Narr.

Lobin, Henning (2021). Sprachkampf. Wie die Neue Rechte die deutsche Sprache instrumentalisiert. Dudenverlag.

Lobin, Henning & Nübling, Damaris (2018, 7. Juni). *Tief in der Sprache lebt die alte Geschlechterordnung fort.* Süddeutsche Zeitung. https://www.sueddeutsche.de/kultur/gender debatte-tief-in-der-sprache-lebt-die-alte-geschlechterordnung-fort-1.4003975

Lotman, Jurij Michajlovič (1986). *Die Struktur literarischer Texte* (2. unv. Aufl.). Fink.

LSVD (n. d.). *LSBTI in die Verfassung – Artikel 3 im Grundgesetz ergänzen.* https://www.lsvd.de/de/politik/gesetzgebung/artikel-3-gg-ergaenzen

Luserke-Jaqui, Matthias (2007). *Einführung in die neuere deutsche Literaturwissenschaft* (2. Aufl.). Vandenhoeck & Ruprecht.

Markwald, Maya (2020, 2. Juni). *Die Rechtsstellung von Trans*personen in Deutschland.* Bundeszentrale für politische Bildung. https://www.bpb.de/themen/gender-diversitaet/geschlechtliche-vielfalt-trans/308625/die-rechtsstellung-von-trans-personen-in-deutschland/

Martínez, Matías & Scheffel, Michael (2016). *Einführung in die Erzähltheorie* (10. überarb. u. aktualis. Aufl.). C. H. Beck. https://doi.org/10.17104/9783406705243

Mayring, Philipp (2015). *Qualitative Inhaltsanalyse: Grundlagen und Techniken* (12. überarb. Aufl.). Beltz.

Morgenroth, Claas (2016). *Literaturtheorie. Eine Einführung.* Wilhelm Fink.

Nolting, Antje & Radtke, Nadja (2019). Korpusbasierte Lexikografie: Nutzung von Korpora und Analysewerkzeugen im Unterricht für Deutsch als Muttersprache und Fremdsprache. *Zeitschrift für Interkulturellen Fremdsprachenunterricht, 24*(1), 107–126.

Nübling, Damaris (2009). Zur lexikografischen Inszenierung von Geschlecht. Ein Streifzug durch die Einträge von *Frau* und *Mann* in neueren Wörterbüchern. *ZFGL, 37*(3), 593–633. https://doi.org/10.1515/ZGL.2009.037

Nübling, Damaris (2019). *Sprachwandel und Geschlecht – Zu einigen Irrtümern in der Genderdebatte.* https://doi.org/10.17185/GENDER/20191014

Nübling, Damaris, Dammel, Antje, Duke, Janet & Szczepaniak, Renata (2017). *Historische Sprachwissenschaft des Deutschen: Eine Einführung in die Prinzipien des Sprachwandels.* Narr Francke Attempto.

Nünning, Vera & Nünning, Ansgar (Hg.) (2004). *Erzähltextanalyse und Gender Studies.* Metzler.

Perkuhn, Rainer, Keibel, Holger & Kupietz, Marc (2012). *Korpuslinguistik.* Fink. https://doi.org/10.36198/9783838534336

Peuschel, Kristina (2022). KEINE GRÖẞERE HÜRDE ALS ... Gendergerechte Sprache im Deutschen aus der Perspektive des Lehrens und Lernens. *APuZ, 72*(5–7), 49–54.

Pfister, Manfred (1994). *Das Drama: Theorie und Analyse* (8. erw. u. aktualis. Aufl.). Wilhelm Fink.

Pöschko, Heidemarie & Prieler, Veronika (2018). Zur Verständlichkeit und Lesbarkeit von geschlechtergerecht formulierten Schulbuchtexten. *Zeitschrift für Bildungsforschung, 8*(1), 5–18. https://doi.org/10.1007/s35834-017-0195-2

Pusch, Luise F. (1984). *Das Deutsche als Männersprache.* Suhrkamp.

Rat für deutsche Rechtschreibung (2018a). *Regeln und Wörterverzeichnis. Aktualisierte Fassung des amtlichen Regelwerks entsprechend den Empfehlungen des Rats für deutsche Rechtschreibung 2016.* https://www.rechtschreibrat.com/DOX/rfdr_Regeln_2016_redigiert_2018.pdf

Rat für deutsche Rechtschreibung (2018b, 16. November). *Bericht und Vorschläge der AG „Geschlechtergerechte Schreibung" zur Sitzung des Rats für deutsche Rechtschreibung am 16.11.2018. Revidierte Fassung aufgrund des Beschlusses des Rats vom 16.11.2018.* https://www.rechtschreibrat.com/DOX/rfdr_2018-11-28_anlage_3_bericht_ag_geschlechterger_schreibung.pdf

Rat für deutsche Rechtschreibung (2021, 26. März). *Geschlechtergerechte Schreibung: Empfehlungen vom 26.03.2021.* https://www.rechtschreibrat.com/DOX/rfdr_PM_2021-03-26_Geschlechtergerechte_Schreibung.pdf

Rosar, Anne (2022). Mann und Frau, Damen und Herren, Mütter und Väter – Zur (Ir-)Reversibilität der Geschlechterordnung in Binomialen. In Gabriele Diewald & Damaris Nübling (Hg.), *Genus – Sexus – Gender* (S. 267–292). De Gruyter.

Rothmund, Jutta & Christmann, Ursula (2002). Auf der Suche nach einem geschlechtergerechten Sprachgebrauch. Führt die Ersetzung des generischen Maskulinums zu einer Beeinträchtigung von Textqualitäten? *Muttersprache, 112*(2), 115–135.

Rothmund, Jutta & Scheele, Brigitte (2004). Personenbezeichnungsmodelle auf dem Prüfstand. *Zeitschrift für Psychologie/Journal of Psychology, 212*(1), 40–54. https://doi.org/10.1026/0044-3409.212.1.40

Samel, Ingrid (2000). *Einführung in die feministische Sprachwissenschaft* (2., überarb. und erw. Aufl). Erich Schmidt.

Scheschonk, Anne & Schumann, Kerstin (2021). *Einfach gendern... Geschlechtervielfalt in der barrierefreien Sprache.* Kompetenzzentrum geschlechtergerechte Kinder- und Jugendhilfe Sachsen-Anhalt e. V. (KgKJH). https://www.geschlechtergerechtejugendhilfe.de/wp-content/uploads/2021/05/final_Sprache.pdf

Schmidt, Frederike & Schindler, Kirsten (Hg.) (2020). *Wissen und Überzeugungen von Deutschlehrkräften: Aktuelle Befunde in der deutschdidaktischen Professionsforschung.* Peter Lang. https://doi.org/10.3726/b16771

Schmidt, Marek (2007). Einsatz von korporagestützten Bedeutungserklärungsverfahren im fortgeschrittenen DaF-Unterricht am Beispiel der deutschen Adjektive „fühlbar" vs. „spürbar". *Aussiger Beiträge : germanistische Schriftenreihe aus Forschung und Lehre, 1*, 211–220.

Schößler, Franziska & Wille, Lisa (2022). *Einführung in die Gender Studies* (2. aktualis., überarb. u. erw. Aufl.). De Gruyter.

Schröter, Juliane, Linke, Angelika & Bubenhofer, Noah (2012). „Ich als Linguist" – Eine empirische Studie zur Einschätzung und Verwendung des generischen Maskulinums. In Susanne Günthner, Dagmar Hüpper, & Constanze Spiess (Hg.), *Genderlinguistik: Sprachliche Konstruktionen von Geschlechtsidentität* (S. 359–379). De Gruyter.

Schulz, Matthias (2014, 23. März). *»Die Polizei, deine Freundin«. Geschlechtergerechtes Blähdeutsch breitet sich in Amtsstuben, Sportclubs und Klassenzimmern aus. An Unis lehrt Herr »Dozentin«. Verfällt die Republik dem grammatischen Irrsinn?* Spiegel. https://www.spiegel.de/wissenschaft/die-polizei-deine-freundin-a-1fb52b17-0002-0001-0000-000126149163

Schünemann, Isabel & Lebert, Yannick (2019). *Algorithmen & Gesellschaft. Zur Zukunft sozialer Teilhabe in Deutschland.* betterplace lab. https://www.betterplace-lab.org/algorithmen-gesellschaft

Schuster, Carolin, Narciss, Susanne & Bilz, Jessica (2021). Well done (for someone of your gender)! Experimental evidence of teachers' stereotype-based shifting standards for test grading and elaborated feedback. *Social Psychology of Education, 24*(3), 809–834. https://doi.org/10.1007/s11218-021-09633-y

Schwanebeck, Wieland (2013, 28. April). *Poststrukturalismus.* Gender Glossar. https://www.gender-glossar.de/post/poststrukturalismus

Selting, Margret u. a. (2009). Gesprächsanalytisches Transkriptionssystem 2 (GAT 2). *Gesprächsforschung – Online-Zeitschrift zur verbalen Interaktion,* 10, 353–402.

Shulman, Lee S. (1986). Those who understand, Knowledge growth in teaching. *Educational Researcher, 15*(2), 4–14.

Silveira, Jeanette (1980). Generic masculine words and thinking. *Women's Studies International Quarterly, 3*(2–3), 165–178. https://doi.org/10.1016/S0148-0685(80)92113-2

SPD, BÜNDNIS 90/DIE GRÜNEN und FDP (2021). *Koalitionsvertrag zwischen SPD, BÜNDNIS 90/DIE GRÜNEN und FDP.* https://www.bundesregierung.de/breg-de/service/gesetzesvorhaben/koalitionsvertrag-2021-1990800

Stahlberg, Dagmar & Sczesny, Sabine (2001). Effekte des generischen Maskulinums und alternativer Sprachformen auf den gedanklichen Einbezug von Frauen. *Psychologische Rundschau, 52*(3), 131–140. https://doi.org/10.1026//0033-3042.52.3.131

Staiger, Michael (2014). Erzählen mit Bild-Schrifttext-Kombinationen. Ein fünfdimensionales Modell der Bilderbuchanalyse. In Julia Knopf & Ulf Abraham (Hg.), *BilderBücher. Theorie* (S. 12–23). Schneider Hohengehren.

Staiger, Michael (2022). Kategorien der Bilderbuchanalyse – ein sechsdimensionales Modell. In Ben Dammers, Anne Krichel & Michael Staiger (Hg.), *Das Bilderbuch: Theoretische Grundlagen und analytische Zugänge* (S. 3–28). J. B. Metzler.

Statista (2021). *Anteil der befragten Jugendlichen, die folgende Medien täglich oder mehrmals in der Woche nutzen in den Jahren 2004 bis 2022.* Statista. https://de.statista.com/statistik/daten/studie/168014/umfrage/nutzungsentwicklung-von-printmedien-bei-jugend lichen-seit-2004/

Stefanowitsch, Anatol (2018, 7. Juni). *Geschlechtergerechte Sprache: Nützliche Sternchen brauchen keine Amtshilfe.* Tagesspiegel. https://www.tagesspiegel.de/wissen/nutzliche-sternchen-brauchen-keine-amtshilfe-3958504.html

Steiger, Vera & Irmen, Lisa (2007). Zur Akzeptanz und psychologischen Wirkung generisch maskuliner Personenbezeichnungen und deren Alternativen in juristischen Texten. *Psychologische Rundschau, 58*(3), 190–200. https://doi.org/10.1026/0033-30 42.58.3.190

Steiger, Vera & Irmen, Lisa (2011). Recht verständlich und „gender-fair“: Wie sollen Personen in amtlichen Texten bezeichnet werden? Ein Vergleich verschiedener Rezipientengruppen zur Akzeptanz geschlechtergerechter Rechtssprache. *Linguistische Berichte, 227*, 297–322.

Steiger-Loerbroks, Vera & von Stockhausen, Lisa (2014). Mental representations of gender-fair nouns in German legal language: An eye-movement and questionnaire-based study. *Linguistische Berichte, 237*, 57–80.

Tlusty, Ann-Kristin (2018, 16. Juni). *„Sprache ist nur eine von vielen Baustellen.“* Zeit online. https://www.zeit.de/kultur/2018-05/politische-korrektheit-sprache-diskriminierung-linguist-anatol-stefanowitsch

Trömel-Plötz, Senta (1978). Linguistik und Frauensprache. *Linguistische Berichte, 57*, 49–68.

Uhl, Benjamin (2018). Quantitative Inhaltsanalyse. In Jan Boelmann (Hg.), *Empirische Forschung in der Deutschdidaktik. Band 2: Erhebungs- und Auswertungsverfahren* (S. 323–340). Schneider Hohengehren.

Verein Deutsche Sprache (2008). *Satzung.* https://vds-ev.de/verein/satzung/

West, Candace & Zimmerman, Don H. (1987). Doing Gender. *Gender & Society, 1*(2), 125–151. https://doi.org/10.1177/0891243287001002002

Willems, Katharina (2007). *Schulische Fachkulturen und Geschlecht: Physik und Deutsch – natürliche Gegenpole?* Transcript.

Wienfort, Nora (2022). Geschlechterinklusive Sprache an Hochschulen aus rechtlicher Perspektive. In Sandra Beaufaÿs, Jeremia Herrmann & Beate Kortendiek (Hg.), *Geschlechterinklusive Sprache an Hochschulen fördern. Handreichung* (S. 24–27). Netzwerk Frauen- und Geschlechterforschung NRW. https://doi.org/10.17185/duepublico/75203

Winheller, Sandra, Müller, Michael, Hüpping, Birgit, Rendtorff, Barbara & Büker, Petra (Hg.) (2012). Dokumentation der Studie ProLEG: Professionalisierung von Lehrkräften für einen reflektierten Umgang mit Ethnizität und Geschlecht in der Grundschule. Ausgewählte Daten, Skalen und Ergebnisse. *PLAZ-Forum, 19*.

Wirth, Uwe (Hg.) (2002). *Performanz. Zwischen Sprachphilosophie und Kulturwissenschaft.* Suhrkamp.

Wöllstein, Angelika (Hg.) (2016). *Die Grammatik. Unentbehrlich für richtiges Deutsch* (9. vollst. überarb. u. aktualis. Aufl.). Dudenverlag.